É *absolutamente falso* que as igrejas precisam sacrificar qualidade a fim de obter quantidade, fazer uma escolha artificial entre evangelismo e discipulado, do contrário não poderão ter profundidade e crescimento ao mesmo tempo. *Que bobagem!* Na verdade, qualidade atrai quantidade, e pessoas genuinamente transformadas sempre motivam muitas outras a irem para Cristo! Poucas coisas provam melhor esse fato que o ministério do meu querido amigo Andy Stanley, responsável por expandir a North Point Community Church com *propósito* e *paixão*. Nenhum líder cristão pode se dar ao luxo de não ler este livro.

— Rick Warren, pastor da igreja Saddleback;
autor de *Uma vida com propósitos*

A pergunta mais comum que ouço de pastores é: "Como faço as pessoas da minha igreja se abrirem para as mudanças?". De agora em diante, minha resposta será: "Leia *Intensa e envolvente*, de Andy Stanley". Obrigado, Andy. Ótimo livro!

— Craig Groeschel, pastor da LifeChurch.tv
e autor de *O cristão ateu*

Eu não poderia sentir mais orgulho do meu filho, Andy, nem estar mais empolgado com o conteúdo deste livro. Queria que existisse um recurso como este quando comecei no ministério.

— Dr. Charles Stanley, fundador do
In Touch Ministries

Andy Stanley ocupa a linha de frente de uma grande transformação na maneira pela qual cristãos e não cristãos vivenciam a "igreja" nos Estados Unidos. Em *Intensa e envolvente*, Andy revela sua estratégia para fazer da North Point Community Church uma das mais eficazes do país, compartilha abertamente as vitórias e os fracassos que eles tiveram e mostra como levar sua igreja a mergulhar mais fundo na Palavra e ser mais abrangente no apelo. Este livro é uma olhadela atrás da cortina que você não pode perder!

— Dave Ramsey, autor *best-seller* do
*New York Times* e locutor de rádio

Ninguém me deu mais instrumentos práticos para o estabelecimento de uma visão focada do que Andy Stanley. *Intensa e envolvente* é recurso de peso para ajudar todos nós a mantermos o propósito em relação ao principal — edificar uma igreja que alcance pessoas distantes de Deus.

— Steven Furtick, pastor líder da igreja Elevation Church

*Intensa e envolvente* deveria vir com uma etiqueta de advertência. Nunca mais você enxergará sua igreja local do mesmo modo!

— Perry Noble, pastor sênior da NewSpring Church

Por sua completa honestidade e franqueza, *Intensa e envolvente* pode levar você a experimentar o mesmo que eu: nos bastidores das igrejas encontramos a realidade do pecado, a dificuldade das relações humanas e toda a magnitude do fato de a extraordinária graça de Deus usar pecadores como você e eu para apresentar as maravilhas de Jesus Cristo ao nosso mundo.

—Scot McKnight, autor de *The King Jesus Gospel* e *The Jesus Creed*

Em todas estas páginas, temos a sensação de que Andy passou a maior parte da vida escrevendo este livro. Isso porque de fato foi o que aconteceu. O livro convida você aos bastidores da jornada pessoal de Andy para desenvolver uma equipe e uma igreja que levam a Grande Comissão muito a sério.

— Reggie Joiner, fundador e CEO da Orange

Para Liz e eu, a semana gira em torno do comparecimento à Buckhead Church. A experiência nos enche de energia, ultrapassa o domingo e conecta o profundo com o prático, a inspiração com a ação. Andy e sua equipe criaram algo poderoso que vale a pena estudar e compreender.

— Frank Blake, dirigente e CEO do The Home Depot

Em *Intensa e envolvente*, Andy demonstra uma transparência revigorante e uma generosidade de espírito que o constrange a querer compartilhar tudo que aprendeu com todos que queiram saber. O que você encontrará aqui não é um plano inteligente ou engenhoso, mas um mergulho na grandiosidade que nasce da clareza de propósito e da disposição para mudar. Creia: para cada líder, pastor e implantador de igreja, há algo a ser aprendido com a jornada extraordinária e transformadora que Andy vem empreendendo!

— Louie Giglio, amigo de Andy há muito, muito tempo

Minha família e eu amamos a North Point Community Church. Depois de ler *Intensa e envolvente*, você entenderá por quê.

— Jeff Foxworthy, comediante e ator

Andy Stanley

# INTENSA & ENVOLVENTE

*UMA IGREJA SIGNIFICATIVA QUE TODOS AMAM PARTICIPAR*

Vida

Vida
EDITORA VIDA
Rua Conde de Sarzedas, 246 – Liberdade
CEP 01512-070 – São Paulo, SP
Tel.: 0 xx 11 2618 7000
atendimento@editoravida.com.br
www.editoravida.com.br



Todos os grifos são do autor.

■



Todas as citações bíblicas e de terceiros foram adaptadas segundo o Acordo Ortográfico da Língua Portuguesa, assinado em 1990, em vigor desde janeiro de 2009.

Editor responsável: Gisele Romão da Cruz
Editor-assistente: Marcelo Martins
Tradução: Jurandy Bravo
Revisão de tradução: Andrea Filatro
Revisão de provas: Josemar de Souza Pinto
Diagramação: Claudia Fatel Lino
Capa: Arte Peniel (adaptado)

**1. edição:** jun. 2019
*1ª reimp.:* mar. 2022

**Dados Internacionais de Catalogação na Publicação (CIP)**
**(Câmara Brasileira do Livro, SP, Brasil)**

Stanley, Andy
Intensa & envolvente : uma Igreja significativa que todos amam participar / Andy Stanley ; tradução Jurandy Bravo. -- 1. ed. -- São Paulo : Editora Vida, 2019.

Título original: Deep and wide.
ISBN 978-85-383-0395-4

1. Crescimento espiritual 2. Missão da Igreja 3. Religião 4. Renovação da Igreja 5. Teologia 6. Vida cristã I. Título.

19-24636 CDD-262.0017

**Índices para catálogo sistemático:**

1. Renovação da Igreja : Cristianismo 262.0017

Maria Alice Ferreira - Bibliotecária - CRB-8/7964

*Intensa e envolvente*
é dedicado aos 708 membros fundadores
da North Point Community Church.[1]

Quem podia imaginar?
Obrigado!

*Andy*

1 É possível encontrar a lista dos membros fundadores da North Point Community Church no original desta obra, no Apêndice E. [N. do E.]

# Sumário

**Apêndices**

# Agradecimentos

Costuma-se dar o crédito de um livro a seu autor, mas nenhum livro é produto de esforço individual. Este com certeza não é exceção. *Intensa e envolvente* reflete o trabalho, a criatividade e a generosidade de milhares de homens, mulheres e crianças que resolveram concretizar um sonho. Na linha de frente está um grupo de amigos queridos que literalmente puseram a carreira em risco para criar o conteúdo deste livro. Serei para sempre grato a Julie Arnold, Rick Holliday, Reggie Joiner, Lane Jones, Bill Willits e Kevin Ragsdale por deixarem empregos muito bons, em que recebiam um salário regular, para abraçarem uma ideia sem nenhum resultado garantido.

Do lado da produção, este projeto jamais teria alçado voo sem os esforços incansáveis de Suzy Gray, minha agente. Suzy, obrigado por cuidar dos detalhes. Obrigado por ler, reler e então ler outra vez. Seu compromisso com a qualidade e a clareza se reflete no produto acabado. Quando eu quis pôr um *ponto final*, você quis que ele ficasse ainda *melhor*. E ficou, graças a você.

A John Raymond, da Zondervan, obrigado pelo interesse pessoal pelo livro desde o início. Foi sua paixão por este conteúdo que nos convenceu de que a Zondervan era, de fato, a melhor oportunidade que tínhamos de levar nossa mensagem a líderes de igrejas mundo afora. Obrigado pela parceria.

A Diane Grant, minha assistente há mais de treze anos, obrigado por cuidar de tudo que desconheço, pois você resolveu que eu não precisava saber! É o que você faz melhor. Não me admira que tantos pastores mandem os assistentes para aprenderem com você. Na criação do espaço necessário para a escrita e o desenvolvimento deste livro, você foi fundamental.

Como você, leitor, está prestes a descobrir, este livro reflete uma espécie de jornada pessoal. Uma jornada que eu jamais empreenderia nem poderia empreender sem o apoio, a inspiração e o incentivo da minha melhor amiga na vida, Sandra. Não existem palavras. Por isso, não vou nem tentar. Obrigado. Amo você de todo o coração.

# Introdução

Bendito o homem que tem a oportunidade de dedicar a vida a algo maior que ele mesmo e que se descobre rodeado de amigos compartilhando sua paixão. Nesse sentido, sou desproporcionalmente abençoado.

Este é um livro sobre criar igrejas que homens, mulheres e crianças desigrejados amam frequentar. Para ser mais específico, um livro sobre como alguns amigos e eu criamos esse tipo de igreja. Não é tudo que existe para saber sobre o assunto. Só é tudo que *nós* sabemos. Como líderes, nunca somos responsáveis por encher o cálice de ninguém. Mas somos responsáveis por esvaziar o nosso. Portanto, ao longo das próximas mais de 300 páginas, derramarei gota após gota sobre o tema da criação de igrejas que os desigrejados amam frequentar.

Antes de mergulharmos no conteúdo, porém, há algo que você precisa saber a meu respeito. Não sou apaixonado por coisas grandes. Sempre frequentei e trabalhei em igrejas grandes. Na época em que cursei o ensino fundamental, nossa família frequentava uma igreja grande em Miami, Flórida. Nos ensinos médio e superior, frequentei a maior igreja de Atlanta. Durante a pós-graduação, estagiei em uma das maiores igrejas do Texas. Do Texas! Além do mais, sou filho de pastor (FP). Não é fácil impressionar filhos de pastores. Se você é um FP, sabe muito bem o que quero dizer.

Os filhos de pastores que gravitam em torno do ministério são *commodities*. Contrato todos que posso. Enxergamos a igreja de maneira diferente de todo mundo. Nosso olhar é de dentro para fora. Sabemos que, quando as pessoas dizem "senti o Espírito se mover", o provável significado disso é que o auditório estava cheio e a música era boa. Sabemos que o que acontece em casa é *a* prova de fogo na caminhada de um homem ou de uma mulher com Deus, não quanto ele ou ela se sai bem a partir do momento em que lhe oferecem um microfone. Conhecemos a diferença entre dom e piedade. Sabemos que as duas coisas podem ser mutuamente excludentes. Também sabemos que os melhores *performers* costumam construir as maiores igrejas, mas não necessariamente as mais saudáveis. Não nos impressionamos com luzes que se movimentam, apresentações habilidosas, "Deus me falou", "o Espírito me conduziu" ou longas orações. Ora, todos os homens que conheci capazes de impressionar todo mundo com longas e animadas orações públicas tinham problemas morais. Por isso, as minhas orações são curtas. Receio que exista uma correlação. Na verdade, acho que Jesus disse alguma coisa sobre isso. Portanto, este não é um livro sobre como tornar sua igreja *maior*. Você não precisa de mim para isso. Se seu objetivo é ser maior, basta começar a prometer coisas em nome de Jesus. Pessoas religiosas adoram esse tipo de coisa.

Este é um livro sobre como tornar sua igreja mais atraente para as pessoas que repudiam todas as artimanhas que dão à igreja, às grandes igrejas em particular, uma reputação ruim — gente que sabe que há mais vida para viver, mas é incapaz de imaginar que a igreja tenha alguma indicação do que isso significa. E, caso você esteja se perguntando, sim, acho que toda igreja deveria ser um lugar que pessoas não religiosas amam frequentar. Por quê? Porque a igreja é a expressão local da presença de Jesus. Somos seu corpo. Considerando que pessoas nada parecidas com Jesus gostavam dele, pessoas nada parecidas com ele deveriam gostar de nós também. Alguma coisa em nós deveria fazer que elas se reunissem ao nosso redor, mesmo guardando certa distância, e nos olhassem espantadas.

Perguntam-me com frequência se me surpreende o tamanho que a North Point atingiu. Quando a pergunta é feita por líderes de igrejas, asseguro-lhes que não. Eis o porquê. Quando iniciamos a North Point, as demais igrejas de Atlanta competiam pelo mercado das pessoas igrejadas. Resolvemos entrar no mercado das pessoas desigrejadas. O mercado é muito maior, e não tínhamos competição na época. Para quem gostava do nosso formato, éramos a única opção. Se quisessem levar um amigo desigrejado ou um familiar à igreja, éramos o destino lógico. Não tínhamos nada de melhor que as outras igrejas da cidade. Apenas éramos a única igreja desenhada desde a fundação para atrair o interesse dos desigrejados. Convenhamos, se você for dono do único carrinho de cachorro-quente da cidade, seus cachorros-quentes não precisarão ser tão bons assim.

Como discutirei mais adiante em detalhes, nosso desafio constante é nos certificarmos de que *permanecemos* no mercado dos desigrejados. Agora que somos grandes, isso nem é necessário. Quem notaria a diferença? Quem se importaria? A verdade é que só nossa essência saberia. Mas todos abandonaríamos o barco se achássemos que permanecer significa passar o resto da vida produtiva comandando uma igreja grande, em vez de fazendo uma grande diferença.

## Apurando os fatos

Você descobrirá que somos meio paranoicos em relação à possibilidade de nos tornarmos uma igreja para pessoas igrejadas. Por isso, procuramos o tempo todo maneiras de saber quem tem vindo à nossa igreja, quem convidou quem, quem tem e quem não tem permanecido conosco. Como você, amamos histórias.

Mas evidências não científicas dificilmente podem ser consideradas evidências. Você participa da igreja local há tempo suficiente para saber que é possível encontrar histórias para sustentar quase qualquer ideia. Inclusive as más. Em especial as más. Assim, ao mesmo tempo que celebramos histórias de transformação de vida, continuamos procurando maneiras de coletar dados concretos que nos indiquem se somos mesmo uma igreja que os desigrejados amam frequentar em nossas diversas comunidades.

Por sorte, um senhor da nossa igreja, Brian Kaznova, tem nos prestado tremenda ajuda nessa área. Nos últimos anos, Brian investiu em nossa organização desenvolvendo pesquisas e depois fornecendo análise e recomendações objetivas baseadas nas descobertas. Ele tem vasta experiência em consultoria de *performance* e excelência organizacional em empresas privadas. Muitas das empresas com as quais ele tem trabalhado foram vencedoras do Prêmio Malcolm Baldrige.[1] Uma das ferramentas criadas por Brian para nós é a pesquisa que divulgamos duas a três vezes ao ano em nossos cultos de fim de semana. O Apêndice A contém o formulário da nossa pesquisa e também uma amostra de como os resultados são computados. A mágica dessa ferramenta particular é que ela nos permite colher informação tanto dos frequentadores regulares quanto daqueles que compareceram à igreja cinco vezes ou menos durante o ano.

De acordo com a pesquisa, 40% dos que comparecem com regularidade aos nossos locais de adoração para adultos se descrevem como desigrejados antes de começarem a frequentar nossa igreja

[1] O Malcolm Baldrige National Quality Award formaliza o reconhecimento às organizações dos Estados Unidos que atuam nos setores de negócios, assistência médica, educação e sem fins lucrativos pela excelência em *performance*.

(definimos *desigrejado* como aquele que não frequenta uma igreja há cinco anos ou mais). Em um fim de semana qualquer, 10% do nosso público se identifica como visitante (sendo *visitante* alguém que esteve presente entre nós cinco vezes ou menos). Mais de 40% desse grupo se identificam como desigrejados também. Uma das coisas em que mais estamos interessados é saber até que ponto tornamos fácil para que nossos frequentadores convidem visitantes. Mais de 83% de nossos frequentadores regulares responderam ao formulário da pesquisa dizendo que convidaram pelo menos uma pessoa para ir à igreja nos últimos doze meses. O nível de satisfação sempre gira em torno dos 97%, considerando frequentadores regulares e visitantes. De acordo com Brian, nossas respostas são três ou quatro vezes o número necessário para permitir uma interpretação acurada.

Por que estou contando isso? Bem, eu disse para meu editor que a introdução teria pelo menos 2 mil palavras e precisava chegar a esse número de alguma forma... Não, estou contando isso por querer que você saiba que não despendemos nossa energia com o intuito de sermos grandes. Queremos mesmo ser uma rede de igrejas que os desigrejados consideram irresistíveis. Não nos avaliamos pelo tamanho, mas com base em quanto somos atraentes para nosso público-alvo. Bem, antes que você me venha com um discurso todo teológico e nos classifique como um espetáculo cujo único intento é atrair a atenção das pessoas, note bem:

> Somos uma igreja. Nosso objetivo não é criar um *evento* que os desigrejados amam frequentar. Estamos criando *igrejas*.

Um último detalhe a meu respeito: não me considere um implantador de igrejas. Como descreverei no capítulo 2, a North

Point Community Church teve início na esteira de um divórcio notório e de um racha na igreja. Ou seja, um modelo não muito fácil de ser replicado e que com certeza eu não recomendaria a terceiros. Mas foi assim que tudo começou. Não fosse pelo fato de eu ter sido arrancado da minha zona de conforto, não estou certo se me envolveria no que meu coração dizia que eu precisava fazer. Por isso, nunca me senti tentado a tomar para mim o crédito pelo que conseguimos realizar. Sempre me perguntam como conservo a humildade. Se de fato sou humilde, é em grande parte porque nada disso foi ideia minha. Como você está prestes a descobrir, quase tudo que aconteceu foi apesar de mim, não por minha causa.

## DETALHES

*Intensa e envolvente* é organizado em cinco seções. Sinta-se livre para pular de uma para outra. No entanto, se você já considerou a possibilidade de contratar um dos seus filhos, a **Seção Um** é leitura obrigatória. Descrevo ali como foi ser criado como um FP, trabalhar para meu pai durante dez anos e então pedir as contas no momento mais inoportuno que se possa imaginar. A seção contém uma porção de detalhes sobre minha família e em particular sobre o relacionamento com meu pai, a ponto de eu saber que precisaria obter permissão dele para publicá-la. Em vez de mandar o livro para ele ler, fui até sua casa, sentei-me à mesa da cozinha e li-o em voz alta. Rimos. Choramos. Em, seguida choramos mais um pouco. Como você verá, o simples fato de ele me permitir contar nossa história faz dele o herói.

Na **Seção Dois**, apresento a justificativa bíblica para nossa abordagem da igreja. Desde o primeiro dia, tenho recebido críticas. Por mim, tudo bem. Todos os meus críticos são pessoas religiosas. (Talvez seja a única coisa que tenho em comum com Jesus.) Assumo a atração que exercemos. Na busca por pontos comuns com os desigrejados, descobrimos que, como nós, eles são consumidores. Desse modo, tiramos vantagem de seus instintos de consumo. Por falar nisso, se sua igreja tem calefação e ar condicionado, você também tem. Quando você lê os Evangelhos, é difícil ignorar o fato de que Jesus *atraía* grandes multidões em toda parte que ia. Ele manipulava os instintos de consumo de suas multidões. Sejamos francos: não era o conteúdo de suas mensagens que atraía as massas. Na maioria das vezes, elas nem compreendiam sobre o que ele estava falando. Ora bolas, nem sempre *nós* sabemos ao certo sobre o que ele estava falando. As pessoas afluíam a Jesus porque ele *alimentava*, *curava*, *confortava* e *prometia* coisas para elas.

Além disso, qual o oposto de atração? Missão? Acredito que não.

A **Seção Três** é a parte profunda. Nela eu revelo nosso tempero secreto. E isso nada tem a ver com montagem de cenários ou saltos acrobáticos. Explico e ilustro nosso modelo de formação espiritual. Nos velhos tempos, chamaríamos isso de modelo de discipulado. Tudo que fazemos em termos programáticos orienta as pessoas sobre cinco dinâmicas de edificação da fé. Fazemos isso com o pressuposto de que o desenvolvimento da fé, que se traduz em obediência, é o catalisador do crescimento pessoal. E o crescimento pessoal acaba resultando em maturidade pessoal. Desde o primeiro dia, rejeitamos o modelo de sala de aula, bem como a abordagem de currículo sequencial para o desenvolvimento espiritual. Conquanto valorizemos o aprendizado como um componente da maturidade espiritual, acreditamos que existem outros quatro componentes igualmente necessários.

Se você está envolvido com a programação de culto para qualquer faixa etária em sua igreja, a **Seção Quatro**, a parte da ampliação, foi escrita tendo você em mente. Ali delineio os três ingredientes essenciais para ambientes irresistíveis. Além disso, explico em detalhes a que nos referimos como nossas "Regras de Envolvimento".

É a primeira vez que passamos isso para o papel. Este é o molde que seguimos sempre que criamos ambientes nos quais os desigrejados estarão presentes. Depois, para os comunicadores presentes, escrevi um capítulo inteiro sobre como pregar na presença de desigrejados. Esboço na seção o que aprendi ao longo dos anos sobre o envolvimento de audiências duplas com a mesma mensagem.

A **Seção Cinco**, *Tornando-se intensa e envolvente*, contém três capítulos sobre liderar uma igreja local durante o processo de transformação. Espero ter escrito algo que inspire, ou talvez provoque, você a procurar maneiras de aumentar o nível de envolvimento entre sua igreja e os desigrejados da sua comunidade. Se for esse o resultado do nosso tempo juntos, ficarei muito feliz; mas a você caberá a tarefa desafiadora de convencer seus congregantes a acompanhá-lo em sua missão. Por isso, pareceu-me apropriado registrar o que tenho aprendido sobre instituir mudanças em uma instituição que resiste a elas como nenhuma outra.

Oh, sim, sobre o título. Os melhores já estavam todos tomados.

Falando sério, tenho certeza de que em algum lugar do mundo flui mesmo uma fonte intensa e envolvente, como na cantiga infantil americana. Mas isso não tem nada a ver com o título. Quando você acabar de ler este livro, espero que esteja tão convencido quanto eu de que igrejas locais saudáveis podem e devem ser tão *intensas* quanto *envolventes*. Não uma coisa *ou* outra, mas uma coisa *e* outra. Elas devem ser caracterizadas pela profundidade da raiz e pela amplitude do seu alcance. Devem ser teologicamente sadias *e* culturalmente relevantes. Deveríamos ser ousados em nossa proclamação *e* cativantes em nossa abordagem. Nos Evangelhos, encontramos em Jesus a corporificação das duas coisas. Como seu corpo, também deveríamos sê-lo. Aqui está uma abordagem para fazer exatamente isso.

Divirta-se!

Seção Um

# MINHA HISTÓRIA

## Começando e recomeçando

*Capítulo Um*

# NADA MUITO PROFUNDO

A primeira recordação que tenho de uma igreja é o meu pai me batizando quando eu tinha 6 anos de idade. Ainda me lembro do que ele disse:

— Não existe maior privilégio para um pastor que batizar os próprios filhos.

Ele tinha razão.

Mais tarde, batizei os meus três.

Como filho de pastor (FP), nunca houve época da minha vida em que eu não estivesse envolvido com a igreja. Mas, ao contrário de muitos FP, não me recordo de algum dia ter sido obrigado a nada. Eu gostava disso. A igreja sempre foi o centro da minha vida social. Foi onde fiz amigos para a vida inteira, e continuo conectado hoje em dia com vários deles.

Meus pais começaram o ministério juntos em 1957, na cordilheira da Carolina do Norte conhecida como Smoky Mountains. Depois de se formar no seminário, meu pai aceitou um convite para pastorear a igreja batista de Fruitland. Ele também foi convidado para dar aulas no Fruitland Baptist Bible Institute (FBBI), localizado na frente da igreja, do outro lado do estacionamento. O FBBI foi fundado em 1946 com o intuito de auxiliar os pastores locais sem condições financeiras para a educação teológica. Assim, lá estava ele, do alto dos seus 24 anos, ensinando homens com quase o dobro da idade que pastoreavam havia anos, mas carentes de educação formal. E ele amava fazer isso.

Para minha sorte, não havia hospital em Fruitland. Também por sorte, minha mãe não quis dar à luz em casa. Assim, tecnicamente, não sou de Fruitland. Nasci dobrando a esquina, em Hendersonville.

De Fruitland, nos mudamos para Fairborn, Ohio, onde minha irmã nasceu. Então meu pai aceitou o convite da Primeira Igreja Batista de Miami, Flórida. Vivemos em Miami sete anos antes de nos transferirmos para a Primeira Igreja Batista de Bartow, a 65 quilômetros de Tampa, Flórida. Tínhamos mudado havia 15 meses apenas quando um amigo ligou pedindo para meu pai orar sobre se transferir para a Primeira Igreja Batista de Atlanta como pastor associado sênior. Ele não ficou nem um pouco interessado. Amávamos Bartow. Mas meu pai assegurou a Felix que oraria a respeito, na esperança de que o amigo não o chamasse mais. Mas ele chamou. E continuou chamando. Ao que tudo indica, quem também o estava chamando era Deus.

Em 1969, nossa família se mudou para Atlanta. Foi uma transição difícil. Miami e Bartow eram o paraíso em comparação. A igreja em Atlanta não era sadia. Mas, claro, ninguém lhe diz esse tipo de coisa em um processo de entrevista. Talvez eles não soubessem. Outra coisa que não se deram ao trabalho de contar ao meu pai foi que ninguém sabia onde estava a chave da sua escrivaninha.

Dois anos depois que nos mudamos para Atlanta, os diáconos pediram a renúncia do pastor sênior, que atendeu ao pedido. Eles cometeram então o erro de pedir a meu pai que ocupasse o púlpito enquanto montavam uma comissão para procurar um substituto. Como talvez seja do seu conhecimento, meu pai sabe alguma coisa sobre pregar. Não demorou muito para a igreja começar a crescer. Os homens influentes da igreja consideraram esse fato um tanto desconcertante. Não sentiam que meu pai estivesse qualificado para ser pastor sênior por causa da idade, da educação e da irritante tendência a pregar sobre pecado, arrependimento e salvação pessoal. Imagine só. Não demorou muito para decidirem que meu pai também teria de renunciar. Mas não seria tão fácil. A igreja experimentava uma nova vida. A classe de novos membros estava cheia. O batistério era usado toda noite de domingo. As ofertas cresciam.

Estava evidente que meu pai não era o homem certo para aquela posição.

Apesar de tanta coisa boa acontecendo, pressionaram-no para que renunciasse. Foram sutis no início. Explicaram como seria difícil para a igreja encontrar o homem "certo" enquanto ele estivesse por perto. Promessas foram feitas. Uma indenização foi assegurada. Cartas de recomendação favoráveis seriam escritas. Presumiram que ele iria embora tranquilamente, como os pastores que o precederam. Mas meu pai era farinha de um saco bem diferente dos outros caras. Explicarei com mais detalhes no capítulo dois, mas ele foi criado em uma atmosfera na qual o único componente previsível e imutável era a soberania de Deus. Descobrir e fazer a vontade de Deus era tudo. Tudo. Esse ímpeto interminável trouxe ordem ao caos da sua infância. Por isso, ele não permitiria a um grupo de diáconos reescrever o roteiro da sua vida. Acreditava então, como acredita até hoje, que as decisões deviam ser tomadas de joelhos, não em uma reunião da mesa diaconal. Por isso, após cada encontro com os poderosos, ele respondia:

— Permitam-me ir para casa e orar a respeito.

Eles não dispunham de uma categoria para esse tipo de coisa. Com o tempo, o tom das reuniões mudou. Lembro-me dele comparando as reuniões com os diáconos à cova dos leões. Como ele mesmo diz:

— Naquele tempo, quando eu olhava para as circunstâncias, tudo dizia "Vá". De joelhos, no entanto, eu sentia Deus falar: "Você veio para cá em obediência a mim. Eu o farei saber quando for hora de partir".

Quando ficou evidente que ele não cederia à orientação da junta de diáconos, as coisas ficaram feias de verdade. O que começou como sugestões sutis se converteu em ameaças não tão delicadas. Disseram que, se ele não renunciasse, nunca mais trabalharia em uma igreja batista do Sul. Recebemos cartas anônimas sórdidas em casa. No meu livreto *Louder Than Words* [Mais alto que palavras],[1] relato os detalhes da noite em que um membro do conselho da igreja deu um soco no rosto do meu pai durante uma reunião de negócios. Aquela história de "dar a outra face" adquiriu um sentido completamente novo. Sentado na terceira fileira, eu, um garoto da oitava série que idolatrava o pai, quis matar o sujeito.

Enquanto meus pais se torturavam para decidir se ficariam, eles não tinham a menor ideia do impacto que seu exemplo estava causando sobre os filhos. Esses acontecimentos se deram há mais de quarenta anos, mas consigo recordá-los como se fosse ontem. Sou capaz de me lembrar da nossa família reunida em torno da mesinha de nogueira lustrosa no centro do escritório para orar pedindo direção. Posso ver o rosto do homem que bateu em meu pai. Lembro-me de onde eu estava e no que eu pensava. Lembro-me de ter odiado os homens que queriam fazer mal a meu pai. Todavia, o que mais me impactou foi a coragem dos meus pais — sua disposição para fazer a coisa certa mesmo sendo tão difícil, mesmo isso lhes cobrando um preço, mesmo eles não conhecendo toda a dimensão desse preço.

[1] STANLEY, Andy. **Louder Than Words**. Portland, Ore.: Multnomah, 2004.

Com 13 anos, vi por mim mesmo a importância da igreja local. Valia a pena brigar por ela. Valia o risco, o sacrifício e até a dor física. Vi meu pai dar a outra face, mas ele nunca deu no pé. Ele fazia a coisa certa. Obedecia a Deus, e Deus o honrava. O que eu não tinha como saber naquela época, no entanto, era que, vinte e quatro anos mais tarde, seria a confiança que eu enxergava nele na época que me daria a confiança necessária para tomar a decisão mais difícil da minha vida.

## Guerras na igreja

A transição do meu pai de pastor *associado* para *sênior* se deu durante uma reunião de negócios da igreja, convocada com o propósito expresso de obrigá-lo a renunciar. Ao irem para a reunião, meus pais sabiam que poderiam voltar desempregados e "inempregáveis". Dada a natureza hostil do encontro, deram-me instruções estritas para ficar no escritório do meu pai até a reunião acabar.

Para minha felicidade, um amigo fez hora extra aquela noite para garantir que eu tivesse uma descrição bastante minuciosa de tudo que acontecia dentro do santuário. Você o conhece como Louie Giglio, pastor e também escritor. Na época, todo mundo o chamava de Butch, "campeão" em inglês. Louie se esgueirou até o interior do batistério vazio, com os ouvidos bem atentos, e depois se esgueirou até o escritório do meu pai a fim de relatar o que estava acontecendo. A reunião durou mais de três horas. Havia cerca de 2 mil pessoas ali. Uma a uma, elas foram à frente contando histórias de como a presença do meu pai "ferira a igreja" e como a continuidade do seu envolvimento obstruiria o processo de encontrarem um novo e qualificado pastor sênior.

No fim, todos os presentes votaram para determinar se meu pai teria permissão para continuar ocupando a posição de pastor associado. A maioria esmagadora votou para mantê-lo. E então aconteceu algo que pegou a oposição de surpresa. Alguém fez uma moção para eleger meu pai como pastor sênior. O presidente da mesa diaconal, responsável por dirigir a reunião, correu para o microfone e propôs o encerramento imediato dos trabalhos! Um de seus amigos apoiou a moção. No entanto, infelizmente para eles, um senhor de nome Henry Robert III estava na plateia aquela noite. Henry é neto do finado general Henry M. Robert, autor de *Robert's Rules of Order* [Regras de ordem de Robert]. Como talvez você saiba, esse livro é considerado a "cartilha" do procedimento parlamentar, a palavra final em termos de condução de uma reunião oficial de quase qualquer espécie. Como havia sido decidido antes que todo negócio oficial da igreja seria conduzido de acordo com esse padrão, Henry se sentiu constrangido a ir à frente e informar ao presidente da mesa diaconal que a reunião não poderia ser adiada se houvesse uma moção em análise.

Bem, as coisas ficaram meio caóticas na Primeira Igreja Batista aquela noite. Mas, no fim, eles resolveram seguir as regras, acatar a moção e votar. O presidente da mesa exigiu eleição secreta. Alguém mais propôs que a votação fosse pública, pela contagem de mãos erguidas. Com isso, precisaram fazer uma votação sobre como seria a votação. Não tem como não amar uma coisa dessas... A essa altura, os homens influentes da igreja já tinham percebido os sinais. Na verdade, eles perceberam muitas mãos balançando no ar. Quando a reunião acabou, meu pai era o pastor sênior da Primeira Igreja Batista de Atlanta. Mas, quando ele e minha mãe voltaram para o escritório a fim de me darem as boas-novas, elas já estavam velhas. Graças a Louie.

## À ESPERA DE UM CHAMADO E DE UM TELEFONEMA

A igreja continuou crescendo depressa. Nesse meio-tempo, concluí o ensino médio e me matriculei na Universidade Estadual da Geórgia, onde acabei recebendo meu diploma em jornalismo. Durante o primeiro semestre do penúltimo ano de faculdade, resolvi me dedicar ao ministério por vocação. A vida inteira eu ouvira falar em ser "chamado" para o ministério. Vários amigos meus sentiram o "chamado" de Deus em sua vida. Iam à frente depois do culto nas noites de domingo e oravam com meu pai. Depois disso, após a conclusão do culto, ele os apresentava à congregação e anunciava que Deus os havia chamado para o ministério. As pessoas batiam palmas, aproximavam-se e parabenizavam-nos depois do cântico de encerramento. Muitos deles ainda servem como pastores, missionários, líderes de ministérios paraeclesiásticos e professores de seminário.

Quanto a mim, no entanto, nunca senti "o chamado". Com certeza, tentei. Mas, por algum motivo, não aconteceu comigo.

Por isso, uma tarde, quando meu pai e eu seguíamos de carro para algum lugar, perguntei:

— Pai, uma pessoa precisa ser "chamada" para o ministério, ou pode simplesmente se oferecer como voluntária?

Ele pensou por um instante antes de responder:

— Acho que tudo bem se a pessoa apenas se oferecer voluntariamente.

Contei então que eu gostaria de fazer isso. Ele pareceu satisfeito. E pronto. Por muito tempo, não conversei a esse respeito com mais ninguém. Não queria o sobrepeso da pressão. E sabia que o tema poderia limitar minhas opções relacionais, se é que você me entende.

Depois da faculdade, fui direto para o Dallas Theological Seminary (DTS), onde recebi meu diploma de mestre em teologia (ThM, em inglês). Amei o seminário. Estava no DTS na época de Charles Ryrie, Dwight Pentecost, Howard Hendricks e Norm Geisler. Lembro-me do meu pai assistindo a uma aula noturna comigo. No meio da aula, ele se virou para mim e disse:

— Você não faz ideia da sorte que tem em se submeter a esse tipo de ensino.

No intervalo, o dr. Ryrie perguntou a meu pai se ele gostaria de falar à classe. Ainda me recordo de sua resposta:

— De jeito nenhum! Estou aprendendo demais.

Ao mesmo tempo que concluía o último semestre do DTS, candidatei-me à Universidade Baylor em busca de um ph.D. em religião. Não me aceitaram. Doeu. Apesar de a rejeição com certeza trazer à tona feridas não curadas de determinado baile do ensino médio, não tive tempo de me afogar na dor. Se eu não ia voltar para a escola, precisava arrumar um emprego. Aconteceu de o diretor responsável pelo ministério estudantil na igreja do meu pai pedir demissão seis meses antes. Quando o diretor da área de educação me ouviu dizer que eu procurava um serviço relevante, ele telefonou e perguntou se eu estaria interessado em ocupar a vaga enquanto eles buscavam uma substituição permanente. Embora essa história de "substitua até encontrarmos a pessoa certa" tenha se transformado em pesadelo para meu pai, aceitei. Afinal, como meu amigo e mentor Charlie Renfroe gosta de dizer, "Todo mundo precisa comer e ter um teto para viver".

O que começou como um emprego de verão se converteu em dez anos de trabalho. Não sei ao certo quando pararam de procurar "a pessoa certa". Só sei que me apaixonei pelo ministério estudantil. Não me imaginava fazendo outra coisa. Ao longo de minhas responsabilidades habituais, tive a oportunidade de pregar quando meu pai se ausentava. Para ser franco, não sei como as pessoas da Primeira Igreja Batista de Atlanta me levaram a sério. O prédio ainda ostentava as cicatrizes da minha adolescência. Mas as pessoas são graciosas. Tinham sempre coisas agradáveis para dizer. Em troca, eu as deixava irem embora no horário.

Foi nos meus dias de ministério estudantil que conheci Sandra. Ela era aluna do Georgia Tech.[2] Fomos apresentados em um estudo bíblico no *campus* do instituto. Muito conveniente. Na verdade, não me recordo de ter conhecido Sandra aquela noite. Eu estava substituindo o professor regular. O responsável pelo corpo docente, amigo meu, convidou-me para preencher a lacuna. No dia seguinte ao do estudo bíblico, ele telefonou e perguntou se eu me lembrava de ter conhecido uma menina chamada Sandra Walker. Respondi que me lembrava de ter conhecido duas meninas, ambas loiras. Ele me assegurou que uma delas era Sandra. Em seguida insistiu em que eu lhe telefonasse e a convidasse para sair. Achei a ideia de mau gosto, por isso recusei. Gary largou do meu pé. Afinal condescendi e anotei o número do telefone dela. Quando enfim liguei, Sandra havia trocado de dormitório. Sem se deixar dissuadir, Gary descobriu o novo número dela. Liguei. Saímos. Continuamos saindo desde então. E nos casamos em 6 de agosto de 1988.

## Falando sobre o futuro

Nos meus dias de ministério estudantil, as pessoas costumavam me perguntar como eu enxergava meu futuro ou quanto tempo eu planejava trabalhar com "gente tão nova".

[2] O Georgia Institute of Technology, também conhecido como Georgia Tech, é uma das principais universidades públicas e uma das principais instituições de pesquisa dos EUA. Atende mais de 25 mil estudantes em áreas que abrangem desde engenharia, computação e ciências, até negócios, *design* e artes liberais [N. do T.].

Minha indagação predileta era: "Andy, quando você vai ter sua própria igreja?". Eu reagia a essas perguntas sempre da mesma maneira.

— Deus concedeu ao meu pai uma plataforma extraordinária. Estou aqui para servi-lo e ajudá-lo a cumprir bem sua missão.

E era verdade. Eu não tinha nenhuma ambição além do que estava fazendo. Amava meu emprego. Amava minha igreja. E, a partir do momento em que meu pai começou a transmitir meus sermões pela televisão, consegui pregar para mais pessoas em um único domingo do que o faria em vinte anos na igreja. Por que iria para algum outro lugar? Para onde mais poderia desejar ir?

## Transferência

Em 1987, diante do espaço limitado e do envelhecimento das instalações, a Primeira Igreja Batista de Atlanta votou por se transferir do centro da cidade para o subúrbio.

Quando procurava um comprador para nossa propriedade do centro, a igreja adquiriu a unidade de empacotamento da Avon Products na zona norte da cidade. Junto dos 200 mil metros quadrados de terreno, havia certa de 37 mil metros quadrados de espaço para armazenamento. Um ano depois de tomada a decisão de nos mudarmos, um grupo europeu assinou a promessa de compra da propriedade do centro. Ao constatarem que, mesmo com um comprador, seriam necessários uns dois anos para que a igreja conseguisse construir no novo endereço e se mudar de vez, os diáconos perguntaram se eu estaria disposto a realizar cultos em uma parte do nosso complexo de armazenamento recém-adquirido. A lógica deles era que isso aliviaria o prédio superlotado do centro, bem como estabeleceria uma presença em nosso endereço futuro.

Na reunião em que me pediram para assumir essa nova responsabilidade, o presidente da mesa diaconal se desculpou o tempo todo pelo fato de que tudo seria bem mais limitado. Não haveria coro nem orquestra. Ele quis saber se eu teria problema em usar uma banda até conseguirmos desenvolver um espaço mais apropriado para um ambiente de adoração tradicional. Para eles, era importante que eu compreendesse onde estava me metendo. Como um senhor pontuou:

— Provavelmente não será como estar em uma igreja.

E, claro, tudo em que consegui pensar nessa hora foi no Coelho Brer. "Por favor, não me atire no espinheiro!"[3] Por isso, mantive o rosto impassível e respondi que estava disposto a me sacrificar pelo bem de todos.

É importante ter em mente que não existiam igrejas distribuídas em múltiplas instalações na época. Algumas começavam a testar a ideia, mas era novidade. O território era novo para todos nós. Não fazíamos ideia do que estávamos aprontando, mas não poderíamos nos sentir mais empolgados. Sete de nós fomos designados para a equipe de implantação da igreja no armazém. Integravam o grupo original Julie Arnold, Lane Jones, Rick Holliday, Bill Willits e Reggie Joiner. Uma equipe campeã.

[3] Conta esse folclore do sul dos Estados Unidos que a raposa, ávida por apanhar o coelho, construiu um boneco de piche e melado a fim de atraí-lo. O coelho tentou puxar conversa com o boneco, mas, como não obteve resposta, enfureceu-se e quis socá-lo. Vendo-o preso ao piche afinal, a raposa festejou a conquista até ouvir o coelho suplicar: "Faça o que quiser, só não me atire no espinheiro!". Foi justamente o que ela fez. Só se deu conta de que havia sido enganada quando viu o coelho sair ileso e cheio de si do meio dos espinhos, cantarolando que nascera e fora criado em um espinheiro. Em adaptações para o cinema e os quadrinhos, o Coelho Brer ficou conhecido no Brasil também como Compadre Coelho e Coelho Quincas. [N. do T.]

Mas não sabíamos disso na época. Por que nos escolheram, jamais saberei. Suponho que por sermos considerados um efetivo dispensável da sede no centro, de modo que nos enviaram para terras áridas a fim de estabelecermos um posto avançado. Ficamos zonzos com a ideia.

Meu pai e sua equipe correram um risco enorme dando-nos tanto poder assim. Eles depositaram sua reputação em nossas mãos. Verdade seja dita, financiaram o projeto sem se intrometerem nos detalhes. Disseram-nos para alcançar nossa nova comunidade e então nos deram liberdade total para sonhar, projetar e criar. Foi o que fizemos. Embora não soubéssemos com exatidão o que estávamos fazendo, sabíamos o que não queríamos. Não queríamos recriar ambientes desenhados para os igrejados. Queríamos criar uma igreja que as pessoas desigrejadas amariam frequentar. Não sabíamos se era possível. Na verdade, disseram-nos que já fora tentado e que *não* era possível no sul do país tão cheio de igrejas. Mas acreditamos que valia a pena tentar, de modo que partimos à caça da imaginação e, em última análise, do coração das pessoas desigrejadas daquela comunidade.

A parte do armazém da qual nos apropriamos para o centro de adoração acomodava 800 pessoas. Não havia corredores ou átrios. Quem vinha de fora, entrava direto no salão principal. Construímos um pequeno palco flanqueado por andaimes para servirem de apoio aos nossos alto-falantes. O chão de concreto mantinha qualquer que fosse a temperatura lá de fora. A área das crianças (a área, não as salas de aula) era mais um pedaço do armazém que reformamos, acessível por meio de outro conjunto de portas que se abriam para fora. A área das crianças tinha ventiladores, não ar-condicionado.

O ambiente era rústico, para dizer o mínimo. E o complexo todo era muito feio.

Inauguramos no Domingo de Páscoa de 1992 com cerca de 700 pessoas, a maioria da igreja do centro. A partir do momento em que elas perceberam que a "adoração no armazém" significaria o abandono integral de tudo a que estavam acostumadas, mais ou menos a metade decidiu não voltar mais. No entanto, elas foram rapidamente substituídas por pessoas da comunidade. Era muita gente. Na terceira semana, dispensamos pessoas. Foram tantos os carros que mandamos embora, que um comitê de outra igreja da região nos perguntou se eles podiam ficar junto à entrada dos nossos estacionamentos e distribuir folhetos convidando os motoristas que não tinham conseguido participar dos nossos cultos.

Acrescentamos um segundo culto e começamos a criar espaço para o excesso de contingente. No fim do segundo mês, tínhamos quase 2 mil adultos na adoração. Uma loucura.

Conquanto Deus estivesse nos usando para transformar o que as pessoas pensavam sobre a igreja local, uma transformação ocorria também no nosso coração. Tomando emprestada uma expressão do meu herói e amigo Bill Hybels, *estávamos perdidos*. Não tínhamos como voltar atrás. Aquela era a igreja como nunca a tínhamos vivenciado. A verdade é que já me senti perdido no dia da inauguração. Depois da minha primeira mensagem, Sandra e eu retornamos ao *trailer* que funcionava como nossos bastidores. Assim que chegamos aos frágeis degraus de madeira, voltei-me para ela com lágrimas nos olhos e disse:

— É isso que quero fazer pelo resto da vida.

(Droga. Fiquei com os olhos marejados outra vez só de digitar essas palavras.)

Mas não era só comigo. Todos nos sentíamos assim. Não surpreende que cinco de nós, da equipe original, continue trabalhando junto. E se Reggie Joiner não tivesse ficado tão ocupado ajudando igrejas de todo o país a repensar a cultura de seus ministérios infantil e estudantil, também teria continuado conosco. Estamos todos perdidos. Amamos o ambiente. Amamos a informalidade. Amamos a liberdade que ela deu de nos comunicarmos de maneiras criativas. Amamos como o espaço rústico do nosso armazém desarmava aqueles que estavam retornando ou buscando a igreja. A liberdade de expressão que hoje temos como certa não existia na época. Era novidade. E queríamos sempre mais.

## Sinal de tempestade

Nesse meio-tempo, as coisas não iam tão bem no centro da cidade. A venda da propriedade não se concretizou. O comprador desistiu seis meses antes da data de concretizar o negócio, e o contrato não nos dava nenhum respaldo. Para complicar ainda mais as coisas, a economia deu uma guinada para pior, e o valor das propriedades em Atlanta despencou. Ficou dolorosamente evidente que o que a igreja imaginara conseguir pela propriedade estava muito fora da realidade, considerando a atual realidade econômica. Assim, o que começou como um período de dois anos de transição se converteu em um intervalo indefinido de espera. Mais tempo significava mais oportunidade para os dois endereços desenvolverem identidades diferentes e contrastantes. Não foi intencional. Mesmo levando em conta o que sei hoje, não tenho certeza de que o problema poderia ser evitado.

Famílias que vinham frequentando o centro, mas moravam na zona sul da cidade e não planejavam mudar para o novo local, começaram a procurar novas igrejas. Em vez de esperarem a realocação definitiva acontecer, adiantaram-se e mudaram para outras igrejas. Os primeiros a partirem foram os solteiros e as famílias jovens com filhos. Ao que parecia, de uma hora para outra a população do centro se tornara mais velha. Em contrapartida, o endereço da região norte da cidade atraía solteiros e famílias jovens às centenas. Em pouco tempo, a frequência pendeu para nossa direção.

Como mencionei antes, tínhamos estilos de adoração muito diferentes. Por isso, éramos vistos como "descolados", um fator inexistente na igreja do centro. Ternos, gravatas e saias foram ficando cada vez mais raros. O crescimento explosivo do endereço da zona norte criou um nível revigorante de entusiasmo e expectativa, ao passo que as pessoas do centro tinham a sensação de estarem "presas a um só lugar" até a propriedade ser vendida.

No fim, todo mundo começou a fazer comparações. Passamos a ouvir conversas do tipo "nós/eles". As coisas se tornaram competitivas. Era o antigo contra o novo, o tradicional contra o contemporâneo. Não conseguíamos entender por que a igreja-mãe relutava tanto em financiar as nossas iniciativas. E a igreja-mãe não conseguia entender por que, com nossa ampla frequência, não éramos capazes de nos manter sozinhos. Apesar de tudo isso, no entanto, demos um jeito de operar como uma igreja em dois locais. Isso em grande parte por causa do fato de que meu pai e eu nos recusávamos a deixar que alguém se interpusesse entre nós. Não tolerávamos a ideia de pai contra filho. Sabíamos que, enquanto estivéssemos no mesmo barco, poderíamos nos aguentar até as duas congregações voltarem a se juntar na nova propriedade.

Em junho de 1993, no entanto, algo aconteceu que acabaria criando um fosso entre nós. Minha mãe deu entrada com um pedido de divórcio.

*Capítulo Dois*

# ASSUNTOS DE FAMÍLIA

Entender o que aconteceu em seguida exige que eu retroceda um pouquinho. As primeiras fissuras no casamento dos meus pais surgiram quando eu estava na décima série. Até então, pareciam ter o relacionamento perfeito. Nunca os vi brigarem. Não me lembro nem deles discordando em alguma coisa. A única vez que ouvi minha mãe falar mais alto foi quando tive aulas de piano na primeira série. Meu pai jura que foi a primeira vez que ele a ouviu erguer a voz. A consequência disso foi eu não deixar meus filhos estudarem piano.

Já sustentei todo tipo de teorias como a raiz dos problemas deles. As mais comuns não davam conta do recado. Não houve infidelidade. Não havia problemas financeiros. Meu pai sempre trabalhou muito, mas nunca o considerei um *workaholic*. E minha mãe jamais o acusou de nenhuma dessas coisas.

Os dois foram criados em lares que hoje consideraríamos altamente problemáticos. Meu avô paterno faleceu quando meu pai tinha 17 meses de vida. Ele não deixou nenhum seguro. Sua mãe arranjou emprego em uma tecelagem. Ele se tornou uma dessas crianças que passam o dia sozinhas em casa antes que isso fosse algo habitual. Eram de uma pobreza impressionante. Ele descobriu o que era Papai Noel na manhã de Natal em que encontrou dentro da meia a laranja que estivera na geladeira na noite anterior.

Sua mãe casou de novo quando ele tinha 12 anos para assegurar uma presença masculina na vida do filho. A fim de não melindrar minha família estendida, não posso entrar em detalhes quanto ao pesadelo que isso se revelou. Meu pai implorou à mãe que se divorciasse, mas ela recusou. Na cabeça dela, voto era voto. E ela não o quebraria. Já o casamento quase a quebrou ao meio. Quando o marido ficou mal de saúde, ela assumiu a responsabilidade de cuidar dele como se tivesse sido o marido exemplar. Eu tinha idade suficiente para entender que o relacionamento era unilateral e para reconhecer como ela foi completamente abnegada nos últimos anos de vida dele. Depois que ele morreu, meu pai se mudou com sua mãe para Atlanta, onde fez o que pôde para compensar as décadas de dificuldade que ela suportara.

Os pais da minha mãe se divorciaram quando ela estava no ensino médio. O pai, David, era meu avô predileto. Sabia se divertir, coisa que acabou se tornando parte do problema. Quando eu tinha 9 anos, passei com ele duas semanas do verão. Ele me comprou um jacaré. Como não amar um avô que compra um réptil de 60 centímetros para o neto? Ele era *sensacional* antes que as pessoas começassem a usar esse termo. Guardava potes de dinheiro na geladeira. Costurava diamantes na barra das cortinas. Sempre dirigia um Cadillac dourado novo. Sua indumentária padrão era terno champanhe com abotoaduras.

Ele era dono de um apartamento em Fort Lauderdale, de uma casa junto ao canal de West Palm Beach com um iate ancorado nos fundos e de uma fazenda na Carolina do Norte.

No lado negativo desse balanço, ele foi casado quatro vezes. Quatro casamentos. Hoje é muito. Na época, era *demais*. Por influência da quarta esposa, uma mulher maravilhosa, acabou se tornando cristão. A essa altura, estava com 60 e tantos anos. A partir do momento em que proferiu a oração do pecador, quis compensar o tempo perdido. Nos últimos anos de vida, só queria saber de discutir sobre as Escrituras. Ainda me lembro de sua

Bíblia de couro marrom e letras gigantescas. Conquanto fosse rápido em se dizer cristão, nunca se sentiu confiante quanto a ir para o céu. Dizia:

— Bem, em relação ao céu, não sei dizer. Fiz muita coisa ruim na vida.

Nunca lhe perguntamos nada. Só imaginávamos. E, apesar de sua conversão no fim da vida ser reconfortante, o estrago que só um pai consegue infligir já fora feito.

Assim, um rapaz que cresceu sem pai e para quem a compartimentalização se tornou um meio de sobrevivência, acabou casando com uma mulher cujo pai vivia distraído, para dizer o mínimo; e eles partiram juntos para mudar o mundo. Mas, você sabe, o passado só é passado durante algum tempo. Ele mete as garras em nosso futuro como ninguém. E, se você não o reconhecer pelo que ele é, os resultados podem ser devastadores. Meus pais não eram exceção.

Em 1992, minha mãe arrumou as malas e se mudou para a casa no lago dos meus pais, nos arredores de Atlanta. Vários meses depois, recebi um telefonema do meu pai dizendo que fora notificado por um oficial de justiça com uma série de papéis. Papel me lembra jornal, que foi onde a notícia foi parar. Em todos os jornais. Todo mundo tinha uma opinião sobre o que meu pai devia fazer. Enquanto a maioria dos congregantes da Primeira Igreja Batista de Atlanta (FBA, em inglês) estava disposta a apoiar meu pai independentemente do que acontecesse, um grupo insistiu em que ele se afastasse por algum tempo para cuidar de seu casamento. O que eles não sabiam, nem tinham como saber, era que seis meses antes de minha mãe se mudar para o lago, meus pais passaram três semanas com uma equipe muito bem treinada de médicos e terapeutas "cuidando do casamento deles". E não era a primeira vez. Eles tinham consultado todo tipo de terapeuta que se possa imaginar. Quando ela entrou com o pedido de divórcio, o casamento estava morto havia anos. Mas ambos se opunham com tanta determinação ao divórcio que nenhum dos dois queria saber de entrar na justiça com esse intuito. Em uma ocasião, senti-me tão frustrado que cheguei a perguntar se podia contratar um advogado e entrar eu mesmo com o pedido do divórcio deles!

Além do pessoal do "afastem-se por algum tempo", um grupo específico da igreja achou que meu pai devia renunciar. Eles estavam convencidos de que, se minha mãe desse sequência ao divórcio, meu pai estaria desqualificado para servir na função que ocupava no momento. Por cruel que isso pareça, você precisa entender que, até então, a FBA nunca tivera um membro da equipe ou um diácono divorciado. Não podia ser eleito como diácono quem era divorciado. Assim, na cabeça do pessoal que pedia a renúncia, eles só estavam pondo em prática o que lhes fora ensinado.

Todavia, quando as coisas começaram a esquentar, minha mãe repentinamente anunciou que desistira da ação de divórcio. Todo mundo se alegrou. Parecia que Deus tinha respondido às orações e que o casamento deles seria salvo. Minha irmã, Becky, e eu sabíamos a verdade. Quatro meses mais tarde, minha mãe voltou a entrar com a ação. E começou tudo de novo.

## A RUPTURA

Poucas semanas depois de ser notificado pelo oficial de justiça, meu pai me chamou ao seu escritório a fim de ler uma carta recebida do advogado da minha mãe. Lembro-me da posição exata em que cada um de nós estava. Quando acabei de ler a carta, olhei para ele e disse:

— Pai, o senhor não me perguntou o que acho que o senhor deve fazer.

Ele sorriu e retrucou:

— Você sabe que eu quero saber o que você pensa.

Na verdade, eu não tinha certeza. Afinal, ele nunca perguntara. Eu sabia dos conselhos e "apoio" que ele vinha recebendo das pessoas que lhe eram mais chegadas. Todos tinham boa intenção. Só não dispunham de todos os fatos. E não gostavam do nível de oposição que começava a se formar.

Meu conselho foi no sentido de que ele entrasse no santuário na próxima manhã de domingo e lesse uma carta de renúncia. Então, depois que todo mundo se recuperasse do choque inicial, sugeri que dissesse à congregação que estava disposto a continuar a pregar desde que eles quisessem.

— Conte para eles que você não tem nenhum desejo de deixar a FBA e que gostaria de continuar a ser seu pastor — sugeri. — Dê-lhes uma oportunidade de escolher se querem um pastor que talvez acabe se divorciando.

Assegurei-lhe que a congregação da FBA não o deixaria ir a parte alguma. Eles o amavam muito. Minha mãe não frequentava a igreja havia anos. Eu estava convencido na época, como estou ainda hoje, que, apesar do divórcio iminente, se a igreja tivesse a oportunidade de reintegrá-lo como pastor, com certeza o faria. E toda controvérsia morreria ali.

Infelizmente, meu pai não ouviu nada que falei depois da palavra "renúncia". É compreensível. Havia meses que a escutava. Agora seu filho também a sugeria. Parecia que eu tomara partido do pessoal da renúncia. Ele não se lembra dessa conversa. Eu jamais a esquecerei. Daquele momento em diante, meu pai acreditou que eu queria vê-lo bem longe. Em caráter permanente. Logo suas desconfianças se confirmaram, pois as pessoas começaram a cochichar no seu ouvido que eu estava tentando assumir a igreja. Seus amigos mais próximos e seus partidários mais leais cerraram fileiras atrás da teoria de que eu usava o divórcio dos meus pais como trunfo para afastar meu pai e assim ocupar seu lugar. "Afinal de contas", argumentavam, "vejam o que ele está fazendo no armazém. Tanto sucesso lhe subiu à cabeça". Talvez tivesse subido mesmo. Mas duas coisas são certas. Eu não queria assumir a igreja. E não queria que meu pai fosse embora.

## Conflitos de lealdade

Nos dois anos seguintes, meu pai e eu frequentamos juntos um terapeuta uma vez por semana. Em algumas ocasiões, duas vezes por semana. Apesar disso, ele continuou desconfiado. E eu simplesmente furioso. Por ele não confiar em mim. Por não me defender quando as pessoas faziam as acusações mais ridículas. (Uma mulher enviou uma carta anônima para todos os membros da igreja me acusando de dirigir um carro esportivo de 100 mil dólares.) Furioso porque seus "amigos" não lhe contavam a verdade. Furioso com minha mãe. Eu me sentia confuso. Mas uma coisa nós dois fizemos: mantivemos o canal de comunicação aberto. Às vezes aberto demais. Uma noite, convidei-o para vir ver as crianças, pensando que seríamos cordiais um com o outro na frente da minha família. A noite acabou na entrada da garagem de casa, os dois gritando um com o outro como dois colegiais.

Nesse meio-tempo, postávamo-nos todo domingo na frente de nossas respectivas congregações, agindo como se tudo estivesse às mil maravilhas. A essa altura, tínhamos reformado mais uma parte grande do armazém da zona norte. Mais de 4 mil adultos compareciam toda semana. Portanto, lá estávamos nós. Pai e filho. Cada um com sua grande igreja. O problema era que as duas eram uma só, cujo pastor era meu pai. Mas eu me tornara o centro das atenções para quem achava que ele devia renunciar. Em pouco tempo, todo o pessoal do "afastem-se para cuidar do seu casamento" e o pessoal do "renuncie já" estavam frequentando a adoração no armazém comigo. Por isso, lógico, meu pai ficou desconfiado. Quem não ficaria?

No fim, Sandra e eu concluímos que, na verdade, só havia uma opção decente para nós. Começamos então a pedir a Deus permissão para ir embora. Sair dali seria complicado. Mas sabíamos que, quanto mais tempo permanecêssemos, maior seria a discórdia. Eu não tinha a menor credibilidade junto aos partidários do meu pai e não concordava com seus detratores. E já disse que estava furioso?

A situação atingiu o ponto crítico no verão de 1995. Sandra estava no quinto mês de gravidez da Allie quando começou a sofrer de perda da visão periférica do lado esquerdo a intervalos regulares. Marcamos consulta com um neurologista. Estávamos assustados. Na manhã de 3 de agosto, saí do escritório por volta de 10h30 para encontrá-la no consultório. Sabia que provavelmente seríamos confinados a uma sala de espera, de modo que, na saída, passei os olhos pela estante à procura de alguma coisa para ler. Meus olhos se iluminaram diante de um livro que alguém me dera um ano antes: *Perfil de três reis*, de Gene Edwards.[1] Eu não fazia ideia do que o livro tratava. Nunca nem lhe entreabrira as páginas. Peguei-o e rumei para a porta.

Não havia ninguém na sala de espera, de modo que comecei a ler em voz alta. Era como se o autor tivesse nos seguido por toda parte nos últimos vinte e quatro meses. Eu não conseguia acreditar. Continuei lendo enquanto o médico aplicava testes em Sandra. O neurologista não parecia muito preocupado. Disse-nos que podíamos esperar os resultados dentro de sete a dez dias. Vinte minutos

[1] **Edwards, Gene. Perfil de três reis: cura e esperança para corações quebrantados. São Paulo: Vida, 2005.**

depois, almoçávamos no Silver Spoon Café, na Rua Peachtree, e eu ainda estava lendo. Quando estamos prestes a terminar a refeição, li uma frase que mudaria a trajetória da nossa vida:

> Começar de mãos vazias e sozinho intimida os melhores homens. Também revela quanto eles estão seguros de que Deus está ao lado deles.

Parei de ler e olhei para Sandra. Já sabíamos. Nós dois sabíamos. Era hora de partir. Tínhamos nosso alvará de soltura. Estava muito claro. Nunca tive esse tipo de lucidez antes ou depois. Acompanhei Sandra até o carro dela, dei-lhe um beijo de despedida e voltei para o escritório a fim de renunciar ao meu posto de pastor.

## Renúncia

Assim que cheguei, reuni a equipe e disse quanto gostava deles, mas anunciei que estava na hora de partir. Ninguém ficou surpreso. Eles sabiam que eu não suportaria a pressão e a desconfiança que tinham passado a caracterizar nosso ambiente de trabalho. Estavam desgastados também. Amávamos o que acontecia no domingo. Mas a porção compreendida entre a segunda e a sexta-feira vinha nos destruindo. Por inevitável que fosse, minha renúncia sinalizou o fim repentino da nossa parceria. Mais que isso, indicou o fim de nossa parceria no que Deus estava fazendo na zona norte da cidade. Por sua graça tínhamos decifrado a senha para atrair os desigrejados à igreja, os quais, além de virem, começavam a trazer os amigos desigrejados. Nunca se ouvira falar em nada parecido no nosso lado do país. Mas agora tudo isso havia chegado ao fim.

Saí da reunião e fui direto até o escritório do meu pai. Acompanhado da assistente, ele separava a correspondência.

Quando ergueu os olhos e me viu parado à porta, tive a estranha sensação de que ele sabia o que eu fora fazer ali. A assistente reuniu suas coisas e bateu em retirada para a antessala. Ele continuou sentado na cadeira enorme atrás da mesa enorme, resquícios da administração anterior. Os móveis eram grandes demais para passar pela porta, de modo que ele resolveu usá-los, em vez de desmontá-los.

Não me recordo das minhas palavras exatas, mas lhe comuniquei que estava renunciando, o que deveria ter efeito imediato, e que ele teria minha carta de renúncia em mãos até o fim do dia. Meu pai me encarou por um instante. Tive medo do que poderia acontecer a seguir. Ele se levantou devagar, deu a volta no canto da mesa e me abraçou. Choramos os dois. E choramos. E choramos. Minha renúncia era muito mais que o fim de um emprego. Indicava a morte de um sonho não confessado. O que poderia ter sido, e talvez devesse ter sido, não seria mais. Por isso nos limitamos a ficar ali parados e a chorar.

No domingo seguinte, compareci à adoração no armazém como de costume. Sorri. Apertei algumas mãos. Cantei. E renunciei. Foi terrível. Terrível. Até hoje encontro pessoas que dizem: "Andy, meu primeiro dia na igreja do armazém foi o domingo em que você renunciou". A sensação ainda é de uma faca atravessando meu coração. Aquelas pessoas confiavam em mim. Seguiam-me. Doavam com sacrifício. Serviam feito loucas. Vivenciamos Atos 2 juntos. A julgar pelas aparências, estávamos apenas começando. E agora eu ia embora. A parte mais difícil era não poder lhes revelar o motivo. Cheguei a lhes dizer que não podia contar por quê. Assegurei-lhes que meu casamento ia muitíssimo bem. Minha saúde estava ótima. Ninguém me mandara embora. E eu não recebera uma oferta melhor. Então orei e fui para casa.

Na mesma hora, um grupo deu início a uma campanha para separar os dois endereços em duas igrejas independentes. Uma delegação me procurou com o intuito de perguntar se eu voltaria a pastorear a unidade da zona norte se a FBA lhe concedesse a autonomia de uma igreja separada. Na época, o boato era que eu fazia parte desse grupo desde o princípio e que, por saber que não conseguiria tomar conta da igreja inteira, tramava para ficar com o endereço no norte da cidade. Agradeci a todos pela oferta e assegurei-lhes que não tinha o menor interesse em voltar.

## NÃO DEBAIXO DO MEU NARIZ

Como sabemos, toda história tem dois lados. Assim, antes de seguir em frente, quero parar e pedir a você para se colocar no lugar do meu pai. Ele passara os últimos dezoito anos construindo um vasto ministério sem nenhum apoio em casa. Então sua esposa entra na justiça com um pedido de divórcio, o que, além de humilhá-lo em público, cria uma ruptura na congregação. Logo em seguida, seu filho, a quem ele abençoou com toda oportunidade que se possa imaginar, inclusive permitindo-lhe criar uma igreja drasticamente diferente da dele, tenta obrigá-lo a sair para assumir seu lugar! Como não deu certo, o filho procura reunir apoio para dividir a igreja e sequestrar metade da congregação. Como o complô falhasse, ele renuncia, deixando vários milhares de pessoas sem pastor e sem nenhuma explicação para o motivo da saída. Se fosse meu pai, você voltaria a falar comigo? Pais já mudaram o testamento por menos que isso. Tanto quanto eu sei, ele mudou o dele. E quem poderia culpá-lo por isso?

É nesse ponto que não tenho como tecer elogios suficientes ao meu pai. Ele é da geração dos mocinhos e dos bandidos, dos caubóis e dos índios, do ou você está comigo ou está contra mim. Para ele, lealdade sempre foi o valor supremo.

Combinando esse fato com o filtro pelo qual interpretou meus atos, houve toda razão do mundo para ele me pintar como uma *prima donna* ingrata, desleal, egoísta. Como podia alguém a quem tinham sido dadas as oportunidades que me foram concedidas tratar o próprio pai com tanto desprezo? Sob o seu ponto de vista, ele estava mais do que justificado ao me considerar uma causa perdida e seguir em frente.

Mas não foi o que ele fez.

Em vez disso, convidou-me para almoçar.

Inúmeras vezes.

## O QUE VEM POR AÍ

As conversas foram tensas e formais, para dizer o mínimo. Estávamos os dois furiosos e machucados. Mas ele continuou tomando a iniciativa. E eu continuei aparecendo sempre que marcávamos alguma coisa. Durante um de nossos almoços constrangidos, ele disse algo que conseguiu perfurar a carapaça do meu coração e abriu a porta para o relacionamento que temos hoje:

— Nós dois sabemos o que costuma acontecer a pais e filhos que passam por algo desse tipo. — Depois de uma pausa, ele me olhou direto nos olhos. — Andy, não quero que terminemos assim.

— Nem eu, pai — foi só o que consegui murmurar.

Dois meses depois da minha renúncia, partilhávamos um dos nossos almoços silenciosos em um restaurante mexicano quando meu pai desviou os olhos de sua salada e perguntou:

— E então, o que você pretende fazer agora?

Fora difícil tanto para ele quanto para o pai de Sandra aceitarem o fato de que eu abrira mão do emprego perfeito sem ter outro em vista. Considerando que tínhamos duas crianças pequenas e que Sandra estava grávida da terceira, sou capaz de compreender a perplexidade deles. Não é algo que eu recomende. Após minha renúncia, visitamos uma igreja em outro estado em que preguei na expectativa de receber um convite. E ele veio. E nós recusamos. No começo da mesma semana, eu fora convidado por um grupo para discutir a implantação de uma nova igreja na região de Atlanta. Entusiasmou-me pensar a respeito. Mas, naquele momento, ainda era só uma ideia.

— Bem — respondi —, se fosse possível escolher, eu reuniria algumas pessoas com as quais trabalhei na FBA, iria para o norte da cidade e começaria do zero.

As palavras ainda saíam da minha boca e eu já sabia que não estava em condições de começar nada. E com certeza eu não deveria tentar pastorear ninguém. Ainda me consultava com um terapeuta. O drama dos últimos vinte e quatro meses desalojara todo tipo de coisa que estivera cravada nas paredes da minha alma durante anos. Três dias antes apenas, eu desabafava com meu terapeuta sobre como todo mundo estava errado e eu, certo. Quando enfim parei para respirar, Steve, o terapeuta, comentou:

— Andy, permita-me fazer uma pergunta. Como acha que reagiria se você fosse um dos discípulos de Jesus e ouvisse Pedro negando conhecer Jesus?

Antes mesmo de pensar no assunto, ouvi-me responder:

— Ele seria expulso!

A boca fala do que o coração está cheio. Lá estava o meu coração. Cheio de raiva. Distribuindo sentenças para todo lado. Presunçoso. Steve sorriu e me propôs a segunda pergunta:

— Como Jesus reagiu?

Percebendo que não seria de bom-tom apelar para a emenda da Constituição que desobriga o réu de testemunhar contra si, eu disse:

— Jesus o colocou como responsável de toda a empreitada.

Aquele foi um momento crucial para mim. Tive um vislumbre de algo que nunca enxergara e detestei o que vi. Confrontado com a hipocrisia do meu coração, desesperei-me por mudar. Reconheci ser esse o filtro pelo qual eu pregava, aconselhava, lia as Escrituras e liderava. Pedi a Deus que tirasse tudo aquilo de mim. Assim começou um processo que com certeza continua até hoje.

Portanto, quando me abri com meu pai naquela tarde e devaneei em voz alta, eu não tinha um intervalo de tempo em mente. Ele me perguntou o que eu gostaria de fazer se pudesse fazer qualquer coisa, e eu apenas respondi.

Mas então ele contou para todo mundo.

Na noite de domingo seguinte, sem meu conhecimento, meu pai trocou a ordem regular da adoração por uma atualização surpresa sobre meu paradeiro e meus planos.

— Alguns de vocês têm se perguntado o que Andy está fazendo atualmente. Bem, almoçamos juntos esta semana. Ele planeja ir para a zona norte da cidade e começar uma igreja. — Então fez uma pausa e completou: — E ele tem a minha bênção.

As feridas eram recentes demais para meu pai dizer aquilo a sério. Ele *queria* dizer a sério. Com o tempo, *acabaria* dizendo a sério. Mas ele me amava. E sabia como era importante para mim saber que me apoiava. Por isso, falou aquilo. À noite, meu telefone começou a tocar. O papel do fax de casa acabou por volta do meio-dia seguinte. Todo mundo queria saber quando e onde e como podiam se envolver. Eu só queria tirar um cochilo.

Em 19 de novembro de 1995, tivermos uma reunião organizacional com o intuito de dar início a uma nova igreja. Cerca de 500 pessoas compareceram. Eu não me sentia pronto.

Mas isso parecia não importar. As engrenagens tinham sido postas em movimento. Os acontecimentos se sucediam. Prontos ou não, estávamos começando uma igreja. Ou era o que parecia. Na verdade, na verdade, estávamos reinaugurando uma igreja.

O grupo que se reunira naquela noite não era um punhado aleatório de curiosos da comunidade. Quem estava ali formava a base de tudo. Aquele era o grupo que nos últimos três anos trabalhara para criar a experiência de igreja mais exclusiva e dinâmica da cidade. Eles acreditavam. Compreendiam. Como eu, tinham sido destruídos pelo que viram e experimentaram no armazém. Sabiam o que podia e devia acontecer. Não precisavam de uma visão; precisavam apenas de permissão.

Assim, depois de uma série de adorações emocionalmente carregadas, subi à plataforma e lhes disse o que já sabiam.

> Atlanta não precisa de outra igreja. Atlanta precisa de um tipo diferente de igreja. Atlanta precisa de uma igreja na qual quem frequenta a igreja se sinta à vontade para trazer os amigos, os familiares e os vizinhos desigrejados. Uma igreja na qual os descrentes possam ir e ouvir a verdade transformadora de que Deus se importa com eles e de que Jesus Cristo morreu por seus pecados. Nós nos reunimos aqui para criar uma igreja que os desigrejados amarão frequentar.

E assim começamos.

De novo.

Na manhã seguinte ao nosso encontro organizacional, digitei uma pequena declaração em inglês, mudei a fonte para "grego" por questão de privacidade, imprimi e a deixei em cima da mesa, onde ela continua até hoje. Diz o seguinte:

> Λορδ, τηις ωας νοτ μψ ιδεα. Ψου γοτ με ιντο τηισ. Ιμ τρυστινγ ψου το σεε με τηρουγη ιτ.

> Traduzindo: Senhor, a ideia do que está acontecendo não foi minha. O Senhor me colocou nessa. Confio no Senhor para me dar suporte até o fim.

E assim foi criada a North Point Community Church. A partir de um divórcio notório e uma igreja partida em duas. Durante algum tempo, considerei de verdade pendurar um retrato dos meus pais no saguão da North Point. Ninguém achou graça, só eu. Não me considero um implantador de igreja. Nunca pretendi dar início a uma igreja. Deus tinha outros planos.

Meu pai completou 80 anos neste ano. Não preciso dizer que sou beneficiário direto de tudo que ele fez. Ele realmente beneficiou muita gente. Umas duas gerações de líderes de igreja dividem comigo essa dívida. E nos sentimos todos muito gratos. Eu mais que todo mundo. Olhando para trás, concluí que meu pai e eu reagimos ao conflito na FBA do mesmo modo. Os dois fizemos o que estávamos convencidos ser a vontade de Deus. Eu estava convencido de que Deus queria que eu saísse da igreja. Meu pai estava convencido de que Deus queria que ele ficasse. E foi como agimos. É o que procuramos fazer desde então. Se você pedisse ao meu pai para resumir sua vida em uma frase, ele responderia: "Obedeça a Deus e deixe todas as consequências com ele".

É um bom conselho.

Agora vamos conversar sobre igreja.

*Seção Dois*

# NOSSA HISTÓRIA

## A caminho do caos

Um dos fatos desconcertantes que enfrentamos como líderes de igreja é que a maioria dos frequentadores não sabe *o que* é a igreja ou *por que* ela existe. Obviamente, parte da culpa é nossa. Mas, com dois mil anos de história nas costas, deveríamos estar mais adiantados. Pergunte a uma pessoa qualquer o que lhe vem à mente ao ouvir a palavra "igreja" e você obterá todo tipo de resposta.

- Um prédio
- Um evento de fim de semana
- A hora mais longa da semana
- Discutir com meus pais nas manhãs de domingo
- Discutir com meus filhos nas manhãs de domingo

Para quem está fora, mas também para alguns que estão dentro, a igreja é uma instituição para pessoas com uma consciência superativa. Há quem a perceba como um centro social. Para outros, é só um centro de serviço aos pobres de uma comunidade. A tragédia reside em saber que o que vem à mente, quando uma pessoa comum pensa em igreja, está a quilômetros de distância do que de fato aconteceu na época do nascimento da igreja.

No início, a igreja era um movimento gloriosamente caótico, dotado de uma mensagem centrada como um *laser* e de uma missão global. Era liderada por homens e mulheres alimentados não por aquilo em que acreditavam, mas por aquilo que tinham visto. Esse fato simples distingue *a igreja* de todos os outros movimentos religiosos na história do mundo. Afinal, não foi o ensino de Jesus que enviou seus seguidores para as ruas. Foi sua ressurreição. Homens e mulheres que constituíam o núcleo da *igreja* não eram simples crentes em uma filosofia abstrata ou seguidores fiéis de um grande líder; eram testemunhas oculares de um acontecimento.

Estou convencido de que a atual confusão relacionada com o propósito e a missão da *igreja* nasce da falta de conhecimento em relação à história da *igreja*. Não a história de uma igreja em particular, mas *da* Igreja. Essa escassez de conhecimento explica em parte a condição anêmica da igreja local em muitas regiões do nosso país e do mundo. A história do nascimento e da expansão global da igreja local é fascinante e inspiradora. Mais importantes ainda para o objeto da discussão, o nascimento, a sobrevivência e o crescimento da igreja são inexplicáveis e inegáveis. *Inexplicáveis* porque, bem, não existe uma explicação viável e natural para a Igreja ter sobrevivido ao século I, muito menos a vinte séculos. Como você, tenho lido livros e artigos de historiadores, sociólogos e antropólogos seculares que tentam chegar a explicações plausíveis e naturais do nascimento, sobrevivência e crescimento do movimento eclesiástico. São todos muito interessantes. Mas nenhum convence. Aplaudo o esforço deles. Procurar causas naturais é uma empreitada de extraordinária importância para todo campo de estudo.[1] Mas, em se tratando da história da Igreja, as explicações naturais ficam aquém do esperado.

1 É provável que você não indicasse nem retornasse a um médico que, depois de examiná-lo, informasse que Deus o fez doente. Você quer um médico capaz de diagnosticar a causa *natural* da enfermidade e prescrever um remédio. Esperamos isso inclusive de médicos cristãos.

Nada faz muito sentido. As explicações seculares ressaltam o fato de que há alguma coisa *anti*natural nessa história. Alguns de nós chegariam a dizer *sobre*natural.

De uma perspectiva puramente secular, a história da Igreja reza algo mais ou menos assim:

> Um pequeno grupo de judeus dissidentes desafiou uma superpotência e um sistema religioso constituído por mil anos e, no fim, prevaleceu. No centro desse movimento das massas, originariamente chamado de *o Caminho*, estava um carpinteiro judeu cujas mensagens giravam em torno de um "Reino" sem conexão direta com este mundo. Ele falava a maior parte das vezes em parábolas que poucos compreendiam. Insistia para que seus seguidores amassem os romanos e lhes pagassem os impostos pesados. Distanciava-se dos influentes e dos poderosos. Ofendia quase todo mundo. Sua família achava que ele enlouquecera. Depois de apenas três anos de ministério público, foi preso, humilhado publicamente e executado.

Parece o jeito perfeito de iniciar um movimento, não?

Mas a história vai ficar ainda mais estranha. Após sua execução, os seguidores de Jesus, desacorçoados e desesperados, afirmaram que ele havia ressuscitado dos mortos e que eles o tinham visto! Tocaram nele. Comeram com ele. Em questão de semanas após essa suposta ressurreição, dezenas e depois centenas de pessoas a alguns passos de distância de onde Jesus estava enterrado acreditaram nesse disparate e começaram a contar para outras pessoas. Em pouco tempo, Jerusalém ficou abarrotada de seguidores do *Caminho*. Quando a resistência tanto de Roma quanto das autoridades judaicas ruiu, vários membros do grupo original foram executados e os seguidores foram dispersos.

Ora, se essa insurreição tivesse sido como cerca de uma dezena de insurreições messiânicas ocorridas nessa mesma época histórica, teria passado por mera nota de rodapé. Mas essa era diferente.

Por toda parte onde iam, os seguidores do *Caminho* insistiam em que Deus fizera algo único naquela geração: ressuscitara um homem dos mortos.

Em um período de tempo relativamente curto, essa cópia falsificada da religião judaica substituiu o panteão pagão inteiro de deuses como sistema de crenças primordial do Império Romano, o mesmo responsável por crucificar sua personagem central. O mesmo que encetou várias inquisições cruéis com o intento de erradicar o *Caminho* por completo.

Não faz muito sentido, faz? Não sem uma ressurreição real, pelo menos.

Mas a história da *Igreja* não é só inexplicável; é inegável. Hoje mais de um terço da população mundial afirma ter algum tipo de fé em Jesus. O Império Romano há muito acabou. O antigo judaísmo morreu com a destruição do templo judaico em 70 d.C. Mas hoje um terço da população mundial afirma que Jesus é a peça central de sua experiência religiosa. Ele ensinou por três anos e, vinte séculos depois, é adorado em cada continente do Planeta. Que história incrível! Uma história que todo cristão e frequentador de igreja deveria conhecer. E, na condição de líderes de igreja, uma história da qual temos o privilégio de participar. Na verdade, uma história que somos responsáveis por moldar. Gostemos ou não, somos os mordomos da igreja para a nossa geração. Mais intimidador que isso é o fato de que determinamos o que vem à mente da próxima geração quando ela ouve o termo "Igreja".

## Removendo o mover de movimento

Se você conhece a história da Igreja, tem a doída consciência de que, a partir do momento em que ela foi legalizada, tornou-se organizada. Aflitivamente organizada. O que começou como inexplicável tornou-se institucional. Em pouco tempo, a igreja era menos movimento e mais estabelecimento. Dois mil anos depois, ela continua lutando para recuperar sua identidade, propósito e paixão originais. Diga a palavra "igreja" hoje, e pouquíssimas pessoas pensarão em "movimento". Embora grande parte disso pareça ter sido evitável, com certeza é compreensível. Uma das realidades fundamentais da vida organizacional é que os sistemas se fossilizam com o tempo. A igreja não é exceção. A sua e a minha não são exceções. É preciso grande esforço, liderança vigilante e às vezes a boa e velha incitação para manter um movimento em operação. A leitura superficial do livro de Atos, ou de qualquer uma das epístolas de Paulo, lembra-nos de que, mesmo na era em que testemunhas oculares da ressurreição ainda estavam vivas para contar sua história, a igreja lutava para manter o foco e a missão.

Mas é justo que essa luta, essa tensão, essa necessidade constante de correção do curso e de inspiração torne nossa presença e liderança tão importantes nesta geração. A incerteza e a necessidade de mudança na cultura da igreja atual ressaltam a necessidade de uma liderança corajosa, de uma liderança disposta a acolher a ordem imutável prescrita a nós no século I e a proclamá-la de tal forma que nossas audiências do século XXI a compreendam e a recebam. A Igreja precisa de líderes dispostos a fazer todo o necessário para assegurar que a passemos às mãos da próxima geração em melhor forma do que a encontramos.

De certo modo, todos estamos tentando nos reconectar ou permanecer conectados com a missão, a teologia e o propósito da Igreja que Jesus prometeu. Este livro é uma elucidação de nossas tentativas de fazer exatamente isso. Nos próximos capítulos, falaremos de maneira mais profunda sobre os aspectos práticos da vida da igreja e da liderança. Pelo fato de você ser líder, não concordará comigo em todos os pontos. Sem problema. Você não pode evitar.

Mas, antes que sigamos cada qual seu caminho em termos de método e abordagem, é fundamental que encontremos pontos comuns no que diz respeito a duas perguntas importantes:

1. O que é a igreja?
2. Para quem ela existe?

Suas respostas a essas perguntas *deveriam* moldar sua abordagem ao ministério eclesiástico. Como veremos, costuma ser a desconexão entre as respostas que as pessoas dão a essas perguntas e as abordagens que adotam que cria a tensão por elas experimentadas. Mergulhemos então na primeira pergunta: o que é a igreja?

*Capítulo Três*

# PALAVRAS IMPORTAM

Durante o ministério terreno de Jesus, houve um debate constante sobre sua identidade. Seria ele um mestre? Um rabino? Um profeta? Ele era mesmo divino ou apenas alguém dotado de poder divino? Ele tinha autoridade sobre a natureza, mas de onde vinha essa autoridade? Fosse Nicodemos ou a mulher junto ao poço, a pergunta era sempre a mesma: "Quem é esse sujeito?" ("E por que ele não se revela de uma vez e nos conta quem é?")

Afinal, Jesus resolveu ser direto ao lidar com a questão. Tocou no assunto com seus discípulos junto à bela cidade de Cesareia de Filipe. Augusto César a dera para Herodes, o Grande, em recompensa por sua lealdade. Herodes erigira um templo magnífico de pedra branca, onde os cidadãos podiam adorar seu deus-imperador, Augusto. Após a morte de Herodes, o Grande, seu filho, Filipe, embelezou a cidade e a transformou em capital. Talvez com Cesareia retratada no horizonte acima do seu ombro, a pouco mais de 300 metros subindo a encosta do monte Hermom, Jesus tenha proposto aos 12 discípulos a mesma pergunta exata que homens e mulheres vinham lhes fazendo: "Quem dizem que eu sou?".[1] Que história anda correndo pelas ruas?

Você há de lembrar que os discípulos responderam baseados no que tinham ouvido. Alguns acreditavam que Jesus era João

[1] V. Mateus 16.13; Marcos 8.27; Lucas 9.18.

Batista ressuscitado dos mortos (talvez enviado por Deus para se vingar de Herodes Antipas, a quem João denunciara pelo casamento com a ex-mulher de Herodes Filipe). Outros sugeriram que ele era o profeta Elias, a respeito de quem muitos judeus acreditavam que voltaria para apresentar o Messias.

Jesus então dirigiu a pergunta para todos os 12: "Quem *vocês* dizem que eu sou?".

Simão Pedro respondeu de imediato: "[...] Tu és o Cristo [o Messias], o Filho do Deus vivo".[2] Com a mesma rapidez, Jesus retrucou: "[...] Feliz é você, Simão, filho de Jonas! Porque isto não foi revelado a você por carne ou sangue, mas por meu Pai que está nos céus. E eu digo que você é Pedro, e sobre esta pedra *edificarei a minha igreja*, e as portas do Hades não poderão vencê-la".[3]

Para registro, esta é minha profecia bíblica predileta. Jesus profetizou sobre nós! Toda vez que nos reunimos com outros cristãos para adorar e aprender, somos o cumprimento nos dias de hoje das palavras de Jesus proferidas dois mil anos atrás. Parabéns!

Mas estou me antecipando.

Essa é a primeira vez que o termo "igreja" aparece no Novo Testamento, e isso acontece no contexto de uma previsão. Jesus previu que edificaria a igreja e que nada, nem a morte, se interporia em seu caminho. Além do mais, ele declara que a "pedra angular" da igreja seria essa declaração inspirada feita por Pedro em relação à identidade dele, Cristo.

Durante milênios, antes da invenção do concreto, os construtores usavam pedras para criar o alicerce de um novo prédio. Eles juntavam granito, mármore ou pedra calcária extraída de alguma pedreira e talhavam o material até obterem blocos

[2] Mateus 16.16.

[3] Mateus 16.17,18.

gigantescos em forma de tijolo. Selecionavam então uma pedra particular e a designavam como "pedra angular" — *a* pedra de referência que determinaria a disposição de todas as outras do alicerce. Ao disporem outras pedras em fileiras para compor o contorno do alicerce, certificavam-se de que cada uma estivesse nivelada e no esquadro da pedra angular.

Em um jogo inteligente de palavras, Jesus usou o sobrenome de Pedro para conectar sua declaração ao que haveria de vir. A pedra angular ou alicerce dessa nova entidade chamada *Igreja* seria a crença de que Jesus é o Cristo, o Filho do Deus vivo. Dois milênios depois, esse ainda é o fator unificador da Igreja. A verdade é que a crença em Jesus como o Filho de Deus é praticamente a única coisa que todas as igrejas têm em comum. Como Jesus previu, a declaração de Pedro se tornou o ponto comum e um indicativo da direção que tudo haveria de seguir.

No entanto, algo mais de extraordinária importância foi transmitido nessa troca, algo que a tradução da Bíblia deixou passar. Sendo mais específico, refiro-me ao significado do termo traduzido por *igreja*. Talvez você já saiba que a palavra grega traduzida por *igreja* em todo o Novo Testamento é *ekklesia*.[4] O que talvez você desconheça é que não se tratava de termo religioso. Podia se referir a cidadãos convocados para se *reunirem* por razões cívicas, ou a soldados convocados para se *reunirem* com propósitos militares. A *ekklesia* nada mais era que uma concentração ou assembleia de pessoas convocadas com um propósito específico. *Ekklesia* nunca se referia a um lugar especial, apenas a um agrupamento específico.

[4] BAUER, Walter. **A Greek-English Lexicon of the New Testament and Other Early Christian Literature**. 2. ed. Chicago: University of Chicago Press, 1957, 1979. p. 240-241.

A audiência de Jesus talvez estivesse familiarizada com essa palavra em razão de outros contextos. A *Septuaginta*, tradução grega do Antigo Testamento, descreve os antigos israelitas como uma *ekklesia*. É interessante notar que, quando os hebreus foram espalhados pelo mundo, continuaram a ser conhecidos na coletividade como uma *ekklesia*, uma "assembleia, concentração, comunidade, congregação". Embora disperso, o povo de Israel se ajuntava em comunidades coesas e estabelecia sinagogas. Cada comunidade de Deus chamava sua sinagoga — a concentração local do povo de Deus — de *ekklesia*, compreendida como um agrupamento local e literal de pessoas que também integravam a concentração mais ampla e espiritual conhecida como Israel. Tanto na literatura secular quanto nos textos sagrados, *ekklesia* sempre se referiu a uma reunião de pessoas unidas por identidade e propósito comuns.

Portanto, quando Jesus usou o termo, seus discípulos compreenderam que ele dizia: "Edificarei minha própria assembleia de pessoas, e o alicerce dessa nova assembleia serei EU!".

Ora, se você vem acompanhando tudo isso — e sei que estou sendo um pouco técnico —, há duas perguntas que deveria fazer agora. Não, nada de "Qual o tamanho deste capítulo, afinal de contas?". As perguntas que você deveria estar fazendo são: "Se a palavra grega quer dizer *reunião*, por que nossas Bíblias não dizem simplesmente 'reunião'? De onde veio a palavra 'igreja'?".

Fico feliz que você tenha perguntado. As respostas a essas dúvidas são mais importantes do que sou capaz de enfatizar. Elas explicam em parte por que o movimento desencadeado pela ressurreição de Jesus se tornou institucionalizado e, no fim, culturalmente marginalizado. E por que a maioria das pessoas pensa na igreja como um prédio ou lugar. No entanto, para responder, precisamos deixar a narrativa bíblica e dar um salto de cerca de duzentos e cinquenta anos no tempo.

Aqui está o que aconteceu.

## Da assembleia de pessoas para os locais de assembleia

Em 313 d.C., Constantino, prestes a se tornar imperador de Roma, legalizou o cristianismo no Império Romano. Na verdade, ele legalizou a liberdade religiosa em geral. Antes desse edito, o cristianismo tinha sido proibido porque os cristãos insistiam em que Jesus, não o imperador, era seu rei. Além disso, recusavam-se a aceitar o caráter divino de qualquer imperador. Por conseguinte, a igreja sofreu perseguição localizada, mas intensa, nos trezentos primeiros anos de sua existência. Isso foi particularmente verdade no reinado dos imperadores Nero, Domiciano e Diocleciano. Mesmo nos períodos de suspensão temporária dos castigos, os cristãos eram proibidos de ocupar posições de autoridade, condenados ao ostracismo pela comunidade, acusados de crimes fortuitos e espoliados de suas propriedades. Reunir-se era difícil e perigoso. Todavia, com a chegada de Constantino, as coisas começaram a mudar.

No início, poucos governantes prestaram atenção no edito. À medida que o poder de Constantino crescia, no entanto, a tolerância para com o cristianismo também aumentava. Até que algo importante de verdade aconteceu. Constantino se declarou cristão. Imagine o choque que atravessou o império. Um imperador cristão. Depois de gerações de tentativas fracassadas em erradicar essa religião judaica falsificada que girava em torno de um carpinteiro galileu, o imperador em pessoa aderia ao culto. Inacreditável. De repente, ser cristão estava na moda.

Antes que Constantino subisse ao poder, a adoração cristã era relativamente informal. Os cristãos se reuniam nas casas para desfrutar do que chamavam "celebração do amor", o equivalente na Antiguidade às festas em que cada um leva alguma coisa de comer. Após a refeição, eles cantavam hinos, liam as Escrituras, discutiam teologia e partilhavam a comunhão. Em raros casos, a concentração de cristãos em uma cidade mais tolerante podia contar com um cômodo especial ou uma pequena construção dedicada às reuniões. Mas essas construções nada mais eram que casas comuns decoradas com murais. Depois da conversão de Constantino, pessoas poderosas levaram consigo antigos conceitos de adoração, ao passarem a crer em Cristo, e começaram a influenciar as comunidades cristãs. A adoração cristã começou a incorporar elementos do protocolo imperial, incluindo incenso, roupas paramentadas, procissões, coros e cortejos. A adoração se tornou formal e hierarquizada, relegando a congregação a um grupo de meros espectadores.

Antes da ascensão de Constantino, não era incomum que os cristãos comemorassem o aniversário da morte de um mártir partilhando da comunhão junto ao túmulo dele ou dela. A partir do momento em que o cristianismo se tornou a religião da elite romana, essa elite usou sua influência para alçar essa prática a um novo nível. Começou a erigir edificações dedicadas à adoração nos locais identificados com a morte de um mártir. E, quando não podiam construir sobre o túmulo do mártir, exumavam os ossos, transportavam-nos para um lugar de adoração e colocavam-nos sob a mesa da comunhão, na frente do santuário.

Em uma década, a *ekklesia* parou de ser movimento. Não mais era um grupo crescente de pessoas que compartilhavam identidade e propósito únicos. Tornara-se uma localização. Os romanos davam a cada um desses lugares de reunião o nome [basílica], palavra latina empregada para denotar um prédio público ou um local de reunião pública. Culturas góticas (ou germânicas), também influenciadas pelo cristianismo, usavam o termo *kirika,* que se converteu no *kirche* do alemão moderno.[5] O termo significa "casa do senhor" e era utilizado em referência a qualquer lugar de reunião ritual, cristã ou pagã.

Esse termo germânico se tornou o mais frequente para remeter à *ekklesia* de Jesus, e dele o inglês extraiu a palavra *church* (*igreja,* em português). Embora a maioria das Bíblias em inglês seja uma *tradução* palavra por palavra do texto grego, não é o que acontece nesse caso. *Church*, ou *igreja*, não é a *tradução* de um termo grego, mas uma *substituição*. E uma substituição ruim. O alemão *kirche* e o grego *ekklesia* se referem a duas ideias muito diferentes. *Kirche* é um lugar. *Ekklesia* é uma concentração de pessoas com um propósito. Pode-se trancar as portas de uma *kirche*, mas não da *ekklesia* de Jesus.

Essa mudança de vocabulário assinalou uma mudança dramática de ênfase e direção. A igreja não era mais um movimento popular edificado sobre o simples entendimento de quem é Jesus. Ela se tornou sinônimo de um lugar. Isso criou uma dinâmica nova e inesperada para ela. Agora, quem controlasse o prédio da igreja controlava a igreja. Pior ainda, do século IV em diante, quem controlasse o prédio da igreja controlava as Escrituras. Na Idade Média, a Bíblia ficava literalmente acorrentada ao púlpito na Europa! Isso levou a uma tragédia ainda maior. Quem controlasse a propriedade da igreja e as Escrituras acabou controlando as pessoas e, por fim, o governo.

[5] Disponível em: <www.aotfb.com/ekklesia/church.html>. Acesso em: 15 out. 2018, 10:03:16.

O que começou como um movimento dedicado a levar a verdade de Jesus para todos os cantos do mundo, acabou tornando-se uma instituição voltada para dentro, hierarquizada, ritualizada, que pouca semelhança guardava com suas origens. Essa mudança levou a uma era de história da Igreja que só pode ser descrita como horrenda. As atrocidades perpetradas em seu nome seriam consideradas terrorismo pelos padrões modernos. A crueldade usava uma cruz ao redor do pescoço. A hipocrisia se cobria de vestes sacerdotais. Tortura e assassinato eram justificados como ritos de purificação. A igreja se tornava cada vez mais rica e poderosa. Os reis lhe eram devedores. As pessoas viviam com medo da excomunhão. Conquanto seja impressionante que a igreja sobrevivesse à perseguição do século I, mais impressionante ainda talvez seja que sobrevivesse à institucionalização e à corrupção dos séculos seguintes.

Mas ela sobreviveu.

Jesus assegurou que seria assim.

No fim das contas, a *kirche* do homem não conseguiu conter a *ekklesia* de Jesus.

## Reformadores ao resgate

Em 1453, o Império Otomano conquistou Constantinopla, na época a capital do Império Romano, sede dos poderes político e religioso. Viu-se então uma reviravolta trágica, pois o império acabou se revelando uma bênção disfarçada para a Igreja verdadeira. Quando a ameaça da invasão otomana se materializou, os estudiosos cristãos fugiram para o oeste, rumo à Europa, levando consigo antigos manuscritos da Bíblia em hebraico e grego. Esses manuscritos encontraram uma audiência receptiva entre os reformadores no Ocidente: homens influenciados por Jan Hus, convictos de que a Bíblia, não o papa, deveria ser a autoridade final da igreja. Além disso, eles acreditavam que o papa — ou qualquer oficial da igreja — que não obedecia à Bíblia não devia ser obedecido. Nesse período, os oficiais eclesiásticos eram os únicos com acesso a Bíblias, cujo texto era em uma tradução latina chamada *Vulgata*, criada originariamente mais de mil anos antes! Elas ou ficavam trancafiadas em bibliotecas ou, como já mencionei, eram acorrentadas a púlpitos.

Como os manuscritos gregos e hebraicos acabaram indo parar nas mãos dos reformadores da igreja, decidiu-se que deveriam ser traduzidos para uma língua que o povo comum fosse capaz de ler. Em 1522, William Tyndale resolveu traduzir a Bíblia para o inglês. Quando um clérigo, colega dele, o desafiou sugerindo que as pessoas "talvez estivessem melhor sem a lei de Deus do que sem a lei do papa", Tyndale retrucou: "Se Deus poupar minha vida, em poucos anos possibilitarei a um menino atrás do arado conhecer mais as Escrituras do que você".[6] Sem encontrar apoio algum na Inglaterra, ele viajou para a Alemanha, onde finalizou a tradução direto do grego em vez de fazê-lo com base nos textos latinos. Em 1526, Tyndale começou a contrabandear cópias impressas dessa Bíblia em inglês para sua terra natal.

Colocar a Bíblia à disposição de seus conterrâneos tornou Tyndale um fora da lei na Inglaterra. Oficiais do governo e da igreja tramaram prendê-lo e julgá-lo por heresia. Depois de dez anos de buscas e maquinações, seus esforços foram recompensados quando um conhecido denunciou Tyndale a um grupo de soldados contratados pelos oficiais eclesiásticos. Um tribunal do Santo Império Romano condenou Tyndale como herege e entregou-o às autoridades civis, que o amarraram a uma trave, o

[6] Shelley, Bruce L. **História do cristianismo**. Rio de Janeiro: Thomas Nelson Brasil, 2018.

estrangularam com uma corda, queimaram seu corpo e espalharam seus restos mortais.

Imagine só. Oficiais da "igreja" executaram um homem por traduzir e distribuir as palavras de Jesus em uma língua que adultos e crianças eram capazes de ler e compreender. Você consegue se imaginar explicando uma coisa dessas para os cristãos do século I? Existe uma forma de reconciliar os atos daqueles homens com a ordem de Jesus de fazer discípulos de todas as nações? Não dispomos de uma categoria para esse tipo de raciocínio ou comportamento. Por meio do nosso filtro moderno, só nos resta perguntar: "Por que nutriam tanto ódio contra Tyndale? Por que se opunham com tanta veemência à ideia de cada pessoa ter uma cópia própria das Escrituras?". A resposta em uma só palavra: *controle*. Os oficiais eclesiásticos sabiam que, a partir do momento em que as pessoas comuns tivessem acesso às Escrituras, descobririam que a igreja do século XVI não se parecia nada com a igreja descrita no Novo Testamento. Leitores da tradução do Novo Testamento feita por Tyndale ficariam chocados também com outras coisas que encontrariam. Na verdade, eles ficaram chocados com algo que não encontraram na Bíblia de Tyndale: a palavra "igreja".

Tyndale teve a audácia de traduzir realmente a palavra *ekklesia*, em vez de sobrepô-la com o termo alemão *kirche*. Em lugar de *igreja,* ele usou *congregação*. Como se isso já não fosse ofensivo o bastante, o texto grego o levou a usar *ancião* em lugar de *sacerdote*, e *arrepender-se* em lugar de *fazer penitência*.[7] Ao longo de todo o Novo Testamento, ele espelhou corretamente a ênfase

[7] BROMILEY, Geoffrey W. **The International Standard Bible Encyclopedia, Revised**, v. 2. Grand Rapids: Wm. B. Eerdmans, 1988, 2002. p. 85.

do original na igreja como um movimento em vez de um lugar, nas pessoas em vez de nos prédios, e na mensagem do evangelho em vez de nas tradições, liturgia e hierarquia.

Graças à coragem de homens como Tyndale, Hus, Lutero e outros, a *ekklesia* de Jesus voltou a ser movimento. A Reforma Protestante soprou nova vida no que se tornara uma instituição hermeticamente controlada. O evangelho foi desacorrentado do púlpito e passou a ser acessível para o homem e a mulher comuns.

É lamentável que a tradução corajosa, mas acurada, de Tyndale para o termo *ekklesia* não tenha tido mais influência sobre tradutores e editores da Bíblia. Na época dos reformadores, o termo alemão "igreja" estava de tal forma enraizado na cultura e no diálogo cristão que não havia como voltar atrás. Assim, conquanto grande parte da tradução de Tyndale tenha conseguido chegar aos mundos moderno e pós-moderno, o termo *ekklesia* permanece vítima da tradição tradutória. Para nossa felicidade, no entanto, isso não se aplica à *ekklesia* de Jesus!

Do século I até o século XXI, sempre houve um remanescente, um grupo que se recusou a usar *kirche* em substituição à *ekklesia* de Jesus. Sempre houve e sempre haverá líderes eclesiásticos que se recusam a definir a igreja em termos apenas de localização física. Sempre haverá líderes que enxergam a igreja como um movimento com uma missão e um mandato divinamente inspirados. E, se você leu até aqui, é grande a probabilidade de que você seja um desses raros indivíduos.

O que tudo isso quer dizer para aqueles de nós chamados a liderar e moldar a *ekklesia* de Deus do século XXI? Quer dizer que necessitamos olhar ao redor das nossas *kirches* e fazer algumas perguntas perturbadoras, como:

- Estamos nos *movendo,* ou apenas nos *reunindo*?

- Fazemos diferença mensurável em nossa comunidade local, ou apenas oficiamos cultos?
- Estamos organizados em torno de uma missão ou de um modelo ministerial antiquado, herdado de uma geração anterior?
- Alocamos recursos como se Jesus fosse a esperança do mundo, ou é a cultura eclesiástica com suas engrenagens a ranger que vem direcionando nossas decisões orçamentárias?

Bastante perturbador, não? Inicie a próxima reunião com a equipe ou com os presbíteros lançando umas duas dessas perguntas e observe para onde a conversa flui. Por desconfortáveis que sejam, perguntas desse tipo nos reorientam para o que Jesus pretendeu quando anunciou a formação de seu novo agrupamento.

Quando os discípulos se alternavam para dar uma resposta a Jesus em relação à sua identidade, eles não faziam ideia de que se encontravam à beira de uma nova era. Não tinham como saber quão importante aquela conversa acabaria sendo. Com certeza, não imaginavam quão significativo seria seu papel nos acontecimentos prestes a se desenrolarem. Ainda pensavam em *reino*. A visão deles não era maior que as fronteiras de Israel. Mas Jesus tinha outra coisa em mente: a igreja. Sua *ekklesia* sem par. Ela levaria sua mensagem além das fronteiras de Israel. Em um intervalo de tempo extraordinariamente curto, a igreja asseguraria que sua mensagem alcançasse além das fronteiras do Império Romano. Em meio a crescimento e expansão explosivos e inexplicáveis, contudo, a *ekklesia* de Jesus se veria diante de uma questão com a qual continuamos a nos bater hoje: Para quem a *ekklesia* existe? Quem tem a oportunidade de participar dela?

Quais os requisitos para se tornar membro? Quão boas as pessoas têm de ser para fazer parte dela? Quão boas têm de continuar sendo depois de serem admitidas?

A igreja é para os igrejados?

Se sim, o que exatamente isso quer dizer?

E se não for?

Bem, continue lendo.

*Capítulo Quatro*

# Como não estou

Fui criado frequentando igrejas desenhadas para igrejados. Ninguém dizia isso, mas se pressupunha que a igreja era para os igrejados. A mensagem tácita gritava para o mundo: "A partir do momento em que você começar a crer e a se comportar como nós, será bem-vindo em nosso meio".

A inferência da igreja para igrejados era que tínhamos a tendência de ser *contra* a tudo aquilo que os desigrejados eram *a favor*. Nós nos opúnhamos a praticamente tudo em algum momento. Éramos contra determinados gêneros de música, o álcool, a loteria, a igualdade de direitos, os *gays* e os Democratas. Parecia que estávamos sempre procurando algo ou alguém para boicotar. Por estranho que tudo isso soe agora, não parecia estranho na época. É curioso ver o tempo fazer isso. Mas a igreja tem lutado com esse dilema ao longo da sua história. *Para quem a igreja existe? Quem pode fazer parte do agrupamento de Jesus?* Embora seja fácil balançar a cabeça em repúdio à mente estreita de uma geração anterior, cada geração é obrigada a se bater com essa questão em algum nível, e muitas vezes em torno de um problema inesperado. A geração atual não é exceção.

A primeira vez que deparei com a importância e a complexidade da questão foi em 1987, quando eu trabalhava para meu pai em nosso endereço no centro da cidade. Por alguma razão da qual ninguém é capaz de se lembrar, nossa igreja se desentendeu com a comunidade *gay* de Atlanta. Aconteceu em uma época na qual ninguém falava de verdade sobre esse tipo de coisa na igreja. Por isso, não sei muito bem o que causou tanta comoção. Fosse qual fosse o motivo, no entanto, os organizadores da parada pelo Dia do Orgulho *Gay*, que sempre acontecia no domingo, resolveram ajustar o cronômetro de modo que a parada passasse em frente à nossa igreja por volta do meio-dia — hora aproximada em que estaríamos nos despedindo da congregação após o culto das 11 horas.

Bem, assim que os líderes da igreja souberam disso, procuraram se defender. Decidir encerrar as atividades da igreja mais cedo e fazer que todos deixassem as instalações pelos fundos, de modo que, quando a parada estivesse na frente do prédio, todos nós, bons cidadãos igrejados, já estaríamos retornando para nosso reduto nos subúrbios! Mas o que aconteceu, em vez disso, foi que nos dispensaram a tempo de nos enfileirarmos na rua para assistirmos à parada. Afinal, a melhor maneira de assegurar que as pessoas vejam algo é dizer-lhes que não olhem. E então lá estávamos nós, boquiabertos com o espetáculo à medida que ele passava lentamente pela Rua Peachtree.

Duas circunstâncias associadas a esse evento o converteram em um momento decisivo para mim. A primeira foi o que houve do outro lado da rua, bem na frente da nossa igreja. A St. Mark United Methodist Church posicionou seus membros ao longo da rua entregando copos de água aos participantes da parada. Enquanto alguns entregavam a água, outros seguravam cartazes em que se lia: *Todos são bem-vindos! Venham adorar conosco! Deus é amor!* O contraste não poderia ser maior. Foi constrangedor.

A outra circunstância que me impactou naquele fim de semana foi nosso culto do domingo à noite. Eu estava escalado para pregar naquele culto antes de saber qualquer coisa sobre a parada. Quando descobri a controvérsia, perguntei a meu pai se ele planejava abordar o tema da homossexualidade em seu sermão da manhã. Ele não planejava. Perguntei-lhe então se ele estava de acordo se eu o fizesse. Ainda me lembro do ar de preocupação em seu rosto.

— O que você vai dizer? — indagou.

— Não sei — respondi —, mas, como o assunto estará na cabeça de todo mundo, alguém deveria dizer alguma coisa!

Ele concordou. E concordou que deveria ser eu.

Por isso, lá estava eu, do alto dos meus 28 anos, preparando o primeiro sermão que jamais vira, ouvira, ou menos ainda pregara, sobre o assunto mais controverso da nossa geração.

Na manhã da parada, meu pai anunciou para a igreja que eu pregaria no culto da noite sobre a questão da homossexualidade. Na nossa igreja, nunca se ouviam sermões sobre qualquer tipo de sexualidade. Imagine só a reação.

O culto da noite começou às 18h30. Às 17h45, o santuário já estava lotado. Tínhamos muitos "visitantes".

Enquanto eu preparava meu esboço, a dúvida que me atormentava era: "O que a Bíblia tem a dizer sobre a homossexualidade?". Essa é fácil. A mesma coisa que ela diz sobre os avarentos, os alcoólatras e os "trapaceiros".[1] Trapaceiros? Hummm. A verdadeira questão era a mesma contra a qual se batiam os cristãos desde o início. Para quem a igreja existe? Quem pode tomar parte dela? Quão bom você precisa ser? Que pecados, se houver algum, desqualificam a pessoa nesse sentido? A igreja pode *dar boas-vindas* a pecadores? E o que dizer dos impenitentes? Quanta bagagem a pessoa tem de deixar na porta antes de ser admitida? Alguém pode participar da igreja se ainda tiver pendências a resolver? Devíamos nos esgueirar pela porta dos fundos ou servir água e segurar cartazes?

[1] V. 1Coríntios 6.9-11.

Por irônico que pareça, as respostas a essas muitas perguntas estavam contidas no meu *Hinário Broadman*. Sendo mais específico, na letra do hino que entoamos no encerramento de quase todos os cultos de adoração: "Eu venho como estou". Amávamos o primeiro, o segundo e o quinto versos. Não me lembro de cantarmos o terceiro e o quarto. Ou, como diria nosso diretor de música, "a terceira e a quarta *estrofes*".

> Eu venho como estou, mesmo jogado de um lado para o outro
> cheio de conflitos, cheio de dúvidas,
> lutas e medos por dentro, sem nada,
> Cordeiro de Deus, me achego a ti.
>
> Eu venho como estou, pobre, miserável, cego;
> visão, riquezas, cura para a mente,
> sim, tudo necessito em ti encontrar,
> Cordeiro de Deus, eu venho a ti.[2]

Soa mais como um *venha adorar conosco* do que como um *vou sair de fininho pelos fundos*, não acha?

## Graça e verdade

Como eu disse anteriormente, não há nada de novo nessa tensão em torno de *para quem a igreja existe*. A igreja do século I também lutava com essa dúvida. Temos muito que aprender com a maneira pela qual eles administravam essa tensão. Talvez a lição mais importante seja reconhecer que na verdade essa é uma *tensão a ser administrada*, não um *problema a ser resolvido* ou mesmo uma *pergunta a ser respondida*. Quando você faz a leitura das epístolas de Paulo devagar o suficiente para considerar os tipos de questões

[2] Elliott, Charlotte. "Just as I Am", 1835. Tradução livre do texto em inglês. [N. do. T.]

com que a igreja primitiva se batia, começa a perceber que tudo era bastante caótico na verdade. Ao optarmos por nos envolver com a cultura no nível em que o apóstolo Paulo foi obrigado a se envolver, tudo fica caótico também para nós. É o meio-termo confuso que deixa alguns de nós incomodados. Algo em nós gostaria de uma resposta definitiva para cada nuança de cada questão. Contudo, com base em minha experiência, eu argumentaria que, quando tentamos eliminar todo o cinza, todo o meio-termo confuso, acabamos com uma caricatura pobre do que Cristo pretendeu originariamente ao anunciar sua *ekklesia*. Na verdade, acabamos tendo nas mãos caricaturas múltiplas. Discutimos então uns com os outros, tentando definir qual caricatura é a igreja verdadeira. Posicionamo-nos em lados opostos da rua, respondendo de maneiras antagônicas ao mesmo grupo de pessoas.

Fui criado em torno de gente convicta de que a igreja era para os salvos que se comportavam como salvos. Estou mais que familiarizado com esse tipo de igreja. O negócio era que eles decidiam o que significava *comportar-se como salvos*. Eles determinavam quais pecados os salvos podiam cometer e quais provavam que não eram salvos. Por estranho que pareça, as listas mudavam de poucos em poucos anos. Pior ainda, nunca coincidiam com nenhuma das listas de pecado do Novo Testamento. Por longo tempo, o divórcio constou dessa lista, mas começou a desaparecer como por encanto nos anos 1970. O casamento inter-racial também figurou na lista por algum tempo. A avareza nunca foi incluída, nem a difamação ou a fofoca. Com isso, quem de fato foi "jogado de um lado para o outro, cheio de conflitos, cheio de dúvidas, lutas e medos por dentro, sem nada" não sentia ter liberdade para conversar sobre suas lutas e temores nessas igrejas. Em vez disso, essas pessoas encobriam tudo. É claro que isso só piorou as coisas. Encobrir pode manter a pessoa nas boas graças da igreja, mas só alimenta o poder de qualquer que seja o pecado que ela está escondendo. As igrejas projetadas para os salvos estão cheias de hipócritas. Você precisa ser bem hipócrita para participar delas. Transparência e sinceridade são um perigo na igreja criada para igrejados. Por conseguinte, na igreja para igrejados, quem não sobrevive é a *graça*. É difícil estender graça para pessoas que parecem não necessitar dela. E é difícil admitir que você necessita dela quando não tem certeza de que a receberá.

No outro extremo do espectro eclesiástico, estão aqueles que declaram que a igreja é para todo mundo, independentemente de crença ou comportamento. São igrejas para as quais a sinceridade, a tolerância e a aceitação estão acima do que as igrejas mais conservadoras considerariam ortodoxia ou ortopraxia. À medida que amadurecemos, chamamos essas igrejas de *liberais*. O problema dessa abordagem se assemelha ao problema da visão mais conservadora. Você tem de escolher que partes do Novo Testamento vai abraçar. Nesse caso, quem não sobrevive é a *verdade*. Ela tem algo de absolutista. Nossa cultura tem se tornado cada vez menos à vontade com a ideia da verdade absoluta. Se existe um jeito certo de fazer as coisas, então existe um jeito errado também. Ninguém deseja estar errado. Portanto, junto da *verdade*, a noção de *pecado* também se conta entre as baixas. Mas o Novo Testamento é claro. Não somos pessoas *equivocadas* necessitadas de *correção*. Somos pecadores necessitados de um Salvador. Precisamos de mais que uma segunda oportunidade. Precisamos de um segundo nascimento.

Não surpreende que Jesus servisse de modelo para o caminho a seguir. Ele nos deixou uma abordagem notável para avançarmos pela tensão citada anteriormente. Como testemunha ocular de tudo que Jesus disse e fez, o apóstolo João resumiu da seguinte maneira a abordagem de Jesus:

> Aquele que é a Palavra tornou-se carne e viveu entre nós. Vimos a sua glória, glória como do Unigênito vindo do Pai, *cheio de graça e de verdade* (João 1.14).

Três versos depois, ele repete a mesma ideia:

> Pois a Lei foi dada por intermédio de Moisés; *a graça e a verdade* vieram por intermédio de Jesus Cristo (João 1.17).

Adoro isto: "cheio de graça e de verdade". Não se trata do equilíbrio entre uma coisa e outra, mas de sua plena personificação. Jesus não veio com o intuito de ajustar o equilíbrio entre graça e verdade. Ele trouxe a plena medida de ambas. João percebeu isso em primeira mão. Ele observou Jesus aplicando a medida completa da graça e da verdade a cada indivíduo que encontrava. Ele fazia parte da multidão quando Jesus disse à mulher flagrada em adultério: "[...] 'Eu não a condeno. Agora vá e abandone sua vida de pecado' ".[3] Traduzindo: "Você é uma pecadora. O que você fez é pecado. Está errado. Mas não a condeno. Não darei o que você merece. Estou oferecendo justamente o que você não merece: graça". Jesus não tentou contrabalançar graça e verdade. Não diluiu a Lei. Não impôs uma condição para a graça. Concedeu à mulher uma dose repleta das duas coisas.

Em Jesus, conseguimos a visão mais clara e próxima que jamais teremos de como a graça e a verdade se parecem em um mundo que, de outra forma, é desprovido de graça e voltou as costas para a verdade. Em Jesus, não havia conflito entre graça e verdade. Esse conflito artificial coloca as igrejas em extremos doentios e inúteis. Nossa compreensão equivocada da graça para a qual Jesus serviu de modelo e ensinou nos dá a sensação de

[3] V. João 8.10,11.

que a graça permite às pessoas "contornar os obstáculos". Nossa aplicação incorreta da verdade costuma fazer que as pessoas se sintam condenadas e isoladas. Em Jesus, contudo, descobrimos que não precisa ser assim. A graça não banaliza o pecado ao extremo de torná-lo mais palatável. Ela não precisa fazer isso. E o propósito da verdade não é isolar as pessoas de Deus ou do seu povo. Seguindo Jesus pelos Evangelhos afora, nós o descobrimos reconhecendo todas as implicações do pecado e, no entanto, sem condenar os pecadores. O único grupo que ele condenou sistematicamente foi o dos cruéis religiosos — aqueles que faziam mau uso da verdade com o intuito de controlar por meio da culpa, do medo e da condenação.

É fácil criar um modelo de igreja *totalmente devotada à verdade*. Pode ser ainda mais fácil criar um modelo de igreja *totalmente devotada à graça*. Mas Jesus não pôs nenhuma dessas opções sobre a mesa.

Se a concentração de pessoas formada por Jesus deve refletir a abordagem por ele adotada para o ministério, há de se caracterizar por uma dose repleta de verdade, acompanhada de uma dose repleta de graça. Isso é desafiador para nós. Há tensão entre lei e graça, justiça e graça, verdade e graça.

Onde se encontram, as coisas ficam confusas. Caóticas. Todavia, livrar-se de uma delas, tentar edificar um modelo de igreja em torno de qualquer uma delas, é abandonar o que Jesus tinha em mente quando anunciou a formação de seu agrupamento. Política e relatórios oficiais não dão muito certo em uma igreja comprometida com acolher o caos criado pela graça e pela verdade. É quase impossível ser coerente ou justo quando a graça e a verdade se tornam as forças motrizes de uma congregação local.

Pela minha experiência, *coerência* e *justiça* quase desaparecem da discussão a partir do momento em que uma igreja toma a decisão de abraçar a graça e a verdade. Leia os Evangelhos, e você terá dificuldade para encontrar um só exemplo de Jesus sendo justo. Ele escolheu 12 apóstolos entre centenas de discípulos. Dos 12, deu tratamento preferencial a três. Não curou todo mundo. Não alimentou toda multidão faminta. Parou no meio de um quase desfile e se convidou para ir à casa de Zaqueu. Por que Zaqueu? Ele assegurou que estranhos vivessem e permitiu que Lázaro morresse. E o que dizer do incidente junto ao tanque de Betesda? João nos conta que Jesus selecionou um homem entre um "grande número de pessoas doentes e inválidas: cegos, mancos e paralíticos".[4] Não tenho a intenção de ser grosseiro, mas não dá para deixar de imaginá-lo atravessando a multidão na ponta dos pés e dizendo: "Perdão, desculpe, perdão, desculpe", até finalmente alcançar o sortudo. Digo sortudo, mas o homem estava naquele lugar havia quarenta e oito anos. Jesus se inclina para ele e sussurra: "Você quer ficar bom?". Sempre que leio isso, retorno mentalmente à época do ensino médio, quando minha leitura predileta era a seção *Respostas cretinas para perguntas imbecis* da revista *Mad*. Se ele queria ficar bom? Sério mesmo? Isso deve ter acontecido de verdade. Ninguém inventaria uma pergunta dessas para colocar na boca de Jesus. O homem garante para Jesus que queria. Jesus o cura. E só ele. Em seguida, volta pelo meio da multidão de pessoas enfermas, na ponta dos pés, acompanhado do homem curado a carregar a própria maca. Já imaginou a cena? Isso sim que é injustiça. E considere essa aqui: Jesus diz ao sujeito conhecido como jovem rico que, para ganhar a vida eterna, ele precisa vender tudo

[4] João 5.3.

que tem e se juntar à sua comitiva. Então, poucos meses mais tarde, ele sussurra ao criminoso crucificado ao seu lado que, naquele mesmo dia, eles se encontrarão no paraíso! Verdade? Um sujeito precisa devotar o resto da vida a Jesus; o outro já está dentro mesmo faltando um minuto contado no relógio? Eu poderia continuar e continuar. A aparente incoerência de Jesus deixava os líderes religiosos enlouquecidos. Lendo o Novo Testamento, você pode acabar enlouquecendo também. Às vezes, isso devia enlouquecer o apóstolo João. É ele quem descreve a cura de um estranho cego e depois, dois capítulos adiante, relata que Jesus deixou Lázaro morrer de propósito. Com a vantagem de quem vê em retrospecto e com alguns anos de maturidade debaixo do braço, ele creditou tudo ao compromisso inexorável de Jesus com a graça e a verdade. Tenho a sensação de que, em algum lugar no meio da aparente falta de justiça e coerência de Jesus, há um indício de como a igreja local deveria operar.

Tenho trabalhado em igrejas que tentaram ser justas. No fim, a justiça se converteu em desculpa para a falta de engajamento. A busca por coerência se transformou em desculpa para não ajudar. Logo os líderes da igreja estavam se escondendo por trás do "se fizermos para um, teremos de fazer para todos". Diante disso, posso ouvir Jesus gritando: "Nada disso, não terão! Eu não tive!". Se não tomarmos cuidado, acabaremos não fazendo *nada* porque não podemos fazer para *todo mundo*. A melhor abordagem é fazer para um o que você gostaria de fazer para todos, sabendo que *todos* não serão tratados da mesma maneira. Tenho visto igrejas tentarem ser coerentes. Mas tenho visto o compromisso com a coerência se intrometer no ministério. Tenho visto pessoas com necessidades financeiras sendo dispensadas não pela inexistência de fundos suficientes para ajudar, mas porque determinada verba se esgotara. Essa é dura de engolir, não acha?

## O CAOS GLORIOSO

As igrejas que pegam pesado na questão da verdade e pegam leve na da graça enfrentam desafios únicos dessa abordagem. Igrejas que pegam leve com a verdade têm um conjunto próprio de problemas a enfrentar.

Igrejas comprometidas com a incorporação da graça e da verdade são forçadas a singrar um terceiro mar de complexidade. Todavia, falando por experiência, escolherei a porta número três todas as vezes. A abordagem "graça *e* verdade" é caótica. Gloriosamente caótica. Decidimos que isso é bom, na verdade. Um dos nossos pastores, John Hambrick, usa um ditado que adotamos em nível organizacional. Ele diz: "Caminhamos em direção ao caos". Em outras palavras, não nos sentimos compelidos a classificar tudo ou todos de antemão. Nem passamos horas criando políticas para cada eventualidade.

Em vez disso, escolhemos atravessar o rio com água até a cintura e resolver as coisas, um relacionamento, uma conversa de cada vez.

Nossa decisão de nos aferrarmos tanto à graça quanto à verdade impacta o modo com que fazemos quase tudo. E é importante que você tenha isso em mente ao estudar nosso modelo. Acertamos todas as vezes? Não. É impossível acertar todas as vezes, qualquer que seja seu modelo. E isso não é uma desculpa. Essa é a realidade do ministério.

Aposto que você sabe disso.

Somos incoerentes e às vezes injustos. Não de propósito. Só achamos que nos aferrarmos à graça e à verdade cria tensão. Uma tensão que, acreditamos, não deveria ser solucionada, mas administrada. Temos diretrizes para a benevolência e coisas dessa natureza? Claro. Mas são diretrizes, não regras rígidas e invariáveis. Na prática, não temos nenhuma política, mas temos toneladas de conversas. Decidimos de antemão não responder por *e-mail* a diversas questões. Mas são questões que alguém da nossa equipe fica sempre feliz em poder sentar e discutir pessoalmente. Há umas duas perguntas que absolutamente nos recusamos a responder. Aprendemos isso com Jesus.[5]

Outros exemplos da nossa tentativa de sermos uma igreja da graça e da verdade: colocamos pessoas em papéis de liderança cedo demais, de propósito. Adotamos o pressuposto de que os adultos aprendem pela "necessidade de saber". Quanto antes descobrirem o que não sabem, mais cedo se interessarão por aprender o que precisam saber. Não temos praticamente nenhum treinamento formal em liderança. Temos novos convertidos esforçando-se para liderar além da própria maturidade. Achamos isso bom. Às vezes, problemas aparecem. Gostamos desse tipo de problemas. Incentivamos nossos adolescentes a liderarem pequenos grupos de crianças apenas dois ou três anos mais novas que eles. Estimulamos incrédulos a participarem de viagens missionárias de curta duração, mas não lhes permitimos liderar. Nem sempre eles compreendem isso. Nem sempre explicamos de maneira que considerem satisfatória. Seria mais fácil proibi-los de ir e ponto final. Mais uma vez, preferimos o caótico ao fácil.

Deixamos os incrédulos servirem em tantas funções quanto for possível. Às vezes, até demais. Mas não permitimos que o façam em qualquer lugar. Acusam-nos de incoerência. Concordamos. Deixamos que sirvam no estacionamento alguns que não aceitamos como voluntários nos ministérios infantis. É confuso. Permitimos que toquem no palco músicos que não autorizamos liderar a adoração. Deixamos pessoas não ordenadas batizarem. Deixamos mulheres batizarem. Não me sinto à vontade com isso. Permitimos que o façam do mesmo jeito.

[5] V. Mateus 21.23-27.

Confrontamos o pecado. Disciplinamos como igreja. Isso sempre pega as pessoas de surpresa. De vez em quando, pedimos que algumas pessoas não frequentem determinado endereço da igreja. Em algumas ocasiões, pedimos às pessoas que não frequentem nenhum deles. Algumas delas alegam que indivíduos com pecados piores não foram convidados a se retirarem. Concordamos e pedimos que se retirem mesmo assim. Por um tempo.

Dou a determinadas pessoas permissão para que desconsiderem partes das minhas mensagens relacionadas com Jesus. Por conseguinte, frequentadores judeus sempre trazem amigos. Referem-se a mim como um bom orador motivacional. Não tenho problemas com isso. Um frequentador muçulmano tuitou que cantarola nas partes das minhas mensagens que estão relacionadas com Jesus. Retuitei. Sou duro quando prego contra a avareza e o pecado sexual. Falo aos homens da igreja para apagarem de suas *playlists* canções que se refiram às mulheres como *prostitutas* ou *piranhas*. Isso aconteceu no Dia das Mães. Uma vez ou outra, prego sobre a visão de Jesus para o divórcio e o novo casamento. Sou radical. Ninguém concorda com minha interpretação do texto, incluindo a maioria da nossa equipe. Lembro a todos que se casaram de novo que eles cometeram adultério quando voltaram a se casar. As pessoas ficam chateadas. Depois compram o CD para dar aos filhos quando tiverem idade suficiente para se casarem. Mas permitimos a casais que contraíram novo matrimônio que liderem em todos os níveis da organização.

Quase não fazemos obras de caridade diretamente em nossas igrejas. Em vez disso, descobrimos quem são as grandes estrelas dessa área na comunidade e as apoiamos com recursos financeiros e voluntários. Incentivamos nosso pessoal a contribuir diretamente com essas organizações. Isso constrói uma boa vontade incrível na comunidade. Apoiamos obras de caridade não cristãs conduzidas por não cristãos. Dar dinheiro da igreja para obras não ligadas a igrejas parece estranho para algumas pessoas. Para nós, no entanto, faz todo sentido. Ao mesmo tempo, em geral ficamos entre as duas ou três principais igrejas no país a apoiarem a Operação Natal das Crianças.[6]

Nossa declaração doutrinária é conservadora. Nossa abordagem ao ministério, não. Para ser batizado, você precisa autorizar que registremos em vídeo uma versão de três minutos da sua história a ser exibida em uma manhã de domingo. Sem vídeo, sem batismo. Não temos versículos que nos fundamentem nisso, o que mantém baixo o número de batismos. Mas o batismo é fundamental para nossa adoração e pode ser considerado nossa ferramenta de evangelismo mais poderosa.

É possível juntar-se à nossa igreja *on-line* sem conversar com alguém de verdade. Não temos estacionamento para visitantes. Reservamos vagas para pais com bebês em idade pré-escolar. Eu não tenho uma vaga reservada nem banheiro anexo ao meu escritório. Não sei muito bem o que isso tem a ver com graça e verdade. Apenas achei que você deveria saber.

Temos assentos na frente para quem chega atrasado. Incomoda as pessoas que chegam cedo não conseguir os melhores lugares. Não parece justo. Não é. Para nós, tudo bem que seja assim.

Tento ler todos os *e-mails* e cartas contendo críticas. Não aprendo muito com pessoas que concordam comigo. Telefono para as mais exacerbadas. Elas sempre se surpreendem. Na maioria

[6] A Operation Christmas Child consiste na distribuição por igrejas de caixas de papelão pré-impressas, do tamanho de uma caixa de sapatos, que são preenchidas por famílias com brinquedos, bugigangas e itens de necessidade básica, como escovas de dentes, e remetidas para crianças do Terceiro Mundo para que elas possam receber algum presente na época do Natal. [N. do T.]

das vezes, compreendo suas preocupações. E na maior parte do tempo compartilho das mesmas preocupações! Lembro a elas que ainda estamos aprendendo. Asseguro que não apenas somos incoerentes e injustos como continuaremos a sê-lo, e que adoraríamos que elas se juntassem a nós. Em geral, é o que fazem.

Esses são apenas alguns exemplos de nossas tentativas de estender graça ao mesmo tempo que bombardeamos a comunidade toda com a verdade. Acreditamos que a igreja é mais interessante quando a mensagem da graça fica mais visível. Estamos igualmente convencidos de que a graça de Deus é tão notória quanto é clara a sua verdade. Não adianta nada me dizer que sou perdoado se não sei muito bem por que necessito de perdão, antes de mais nada. Essa é a beleza da graça e da verdade. Elas se complementam. Ambas são necessárias. Não fazem parte de um *continuum*. Não são extremos opostos de uma barra. São os dois ingredientes essenciais. Sem doses gigantescas de ambos, você não terá uma concentração sadia de pessoas.

Agora, se a ideia de abraçar o caos incomoda você, lembre-se do seguinte: ou você foi um caos, ou é um caos, ou está a uma decisão idiota de se tornar um caos. E, quando você era a versão mais caótica de si mesmo, não saiu à procura de uma política, saiu? Precisou de alguém que o aceitasse *do jeito que você estava.* Foi o que Jesus fez por mim. É o que ele fez e fará por você. Desse modo, parece-me que assim devemos ser em relação à igreja local.

A essa altura, você talvez tenha mais perguntas que respostas. Eu compreendo. Por isso, aqui vai algo que deve encorajar você. O livro de Atos, com as epístolas paulinas, reflete o drama do mundo real associado às igrejas locais edificadas sobre o fundamento da graça e da verdade. Se você optar por uma abordagem "graça e verdade" para sua igreja local, o Novo Testamento se abrirá para você de maneiras inimagináveis. As epístolas de Paulo em particular refletem os desafios que qualquer igreja local enfrentará quando a verdade inexorável de Deus for apresentada dentro de uma comunidade caracterizada pela graça. Não menos importante, Lucas nos oferece um lugar na primeira fila para a primeiríssima reunião de negócios da igreja. O motivo da reunião foi um incidente ocorrido em Antioquia. Parece ter havido um conflito aberto entre a graça e a verdade de Deus. Ninguém sabia muito bem como lidar com a situação. Por isso, eles a apresentaram aos especialistas.

*Capítulo Cinco*

# Desafiando a Gravidade

Felizmente, não somos a primeira geração de líderes eclesiásticos a lutar contra a tensão que a graça e a verdade suscitam na igreja. No século I, a igreja foi obrigada a confrontar a questão já de início. Adotou uma abordagem quase incompreensível – um "pouquinho" perturbadora para minhas raízes conversadoras. No entanto, ao mesmo tempo, quem está no extremo liberal pode se sentir meio constrangido por ela. Nunca ouvi ninguém pregar sobre essa construção em especial do século I. Compreendo por quê. A conclusão dos apóstolos sobre a matéria deixou tanta coisa sujeita a interpretação que Paulo passou grande parte de seu tempo livre atuando como juiz entre os igrejados. Apesar das muitas vezes que ensinei sobre o livro de Atos, ainda não acho que compreenda plenamente toda a distância percorrida pela igreja primitiva a fim de manter a graça e a verdade em posição de evidência. Eles se sentiam à vontade com um pouco de ambiguidade e incoerência. Deveríamos nos sentir assim também.

Em relação a isso, o momento decisivo para a igreja primitiva foi registrado por Lucas em Atos 15. O evento ficou conhecido como Concílio de Jerusalém. Cerca de vinte anos após a ressurreição de Jesus, a igreja se descobriu lutando com questões que envolviam a participação e a salvação. De modo mais específico, o que era necessário para a salvação e, portanto, o envolvimento na igreja.

Ao analisarmos esse acontecimento histórico, há algo importante a ter em mente. Se você quiser saber o que as pessoas querem dizer com o que falam, observe o que fazem. Os atos não apenas falam mais alto que as palavras, mas devem ser utilizados para interpretá-las. As epístolas de Paulo estão cheias de advertências relacionadas ao comportamento do cristão. Mas tudo que ele ensinou deveria ser definido dentro do contexto do que acontece em Atos 15.

## ALCANÇANDO JUDEUS E GENTIOS

De acordo com Lucas, a igreja começou em grande estilo. No dia da inauguração, milhares de judeus e convertidos ao judaísmo acolheram Jesus como o Messias. Esses primeiros seguidores de Cristo não se consideravam *convertidos* a algo novo. Essa nova atividade divina era apenas o cumprimento do que fora prometido por intermédio de Abraão e dos profetas. Tornar-se seguidor de Jesus nada mais era que dar o próximo passo.

Como você sabe, a energia e a atividade que marcaram o dia da inauguração não estavam contidas nos limites de Jerusalém. Em pouco tempo, os evangelistas deixaram a cidade para levar a mensagem da morte e ressurreição de Jesus às aldeias e povoados adjacentes. No fim, a mensagem transbordou para regiões não judaicas. Gentios ouviram e creram. E, a partir do momento em que creram, quiseram se juntar ao agrupamento de Jesus, uma concentração composta acima de tudo de judeus. Muitos cristãos judeus ainda não estavam preparados para isso. Jesus era o Messias *deles*. Tinham esperado muito tempo por isso. A maior parte dos ensinamentos de Jesus girava em torno do "Reino de Deus", e todo bom judeu sabia que isso era sinônimo de "reino de Israel".

Se isso já não fosse confuso o suficiente, alguns dos apóstolos originais de Jesus empreenderam esforços evangelísticos deliberados junto aos gentios. Eles se dirigiram a áreas de predomínio gentio e proclamaram a ressurreição de Jesus. Em quase todo lugar aonde foram, os gentios creram. Esses novos cristãos formaram novos agrupamentos de Jesus, compostos por maioria gentia. Se os judeus dos agrupamentos de Jesus não se consideravam *convertidos*, os cristãos gentios se viam como convertidos do paganismo. A questão era: *A que exatamente estavam se convertendo?* Na cabeça deles, o que acontecia era abandonarem as crenças pagãs para se tornarem seguidores de Jesus. Eles não viam essa conversão como uma guinada rumo ao judaísmo. E isso era um problema para os cristãos judeus. Como alguém podia se tornar seguidor do Messias judeu sem passar a ser judeu?

Boa pergunta.

É fácil entender por que os judeus seguidores de Jesus no século I se sentiam incomodados com a repentina afluência de forasteiros não judeus. Na verdade, era pior que isso. *Ofendidos* descreve melhor como eles se sentiam. Embora os cristãos gentios abandonassem as crenças pagãs, não abandonavam os comportamentos pagãos. Mantinham costumes, hábitos e valores gentios, muitos dos quais ofensivos demais para os judeus. Certas práticas eram consideradas sacrílegas, em especial no tocante a hábitos alimentares. Para piorar ainda mais as coisas, a maioria dos primeiros cristãos, formada por judeus, costumava se encontrar nas sinagogas locais. De repente, montes de gentios apareciam por ali querendo participar, sem saber nada sobre o sábado, a purificação cerimonial ou quaisquer tradições que faziam do sábado um dia separado.

Foi o caos.

A solução lógica era exigir que os cristãos gentios se tornassem judeus. Bastava incluí-los em uma lista. Ora, se passar a ser um convertido ao judaísmo fosse tão simples quanto ser educado nas escrituras judaicas e na teologia hebraica, provavelmente a questão não teria tanta importância. Para infelicidade dos homens, no entanto, significava mais que isso. Muito mais. Passar a ser judeu exigiria submeter-se a uma cirurgia. Se você acha que na sua igreja os padrões para se tornar membro são elevados, reveja sua concepção. Os defensores mais apaixonados do movimento "primeiro os judeus" ensinavam o seguinte: "[...] 'Se vocês não forem circuncidados conforme o costume ensinado por Moisés, não poderão ser salvos' " (Atos 15.1). Conclusão: as classes de novos membros estavam cheias de mulheres e crianças — enquanto os homens ficavam esperando no carro.

Mas a circuncisão era só o começo.

Além dela, os cristãos gentios seriam obrigados a se subordinarem à Lei de Moisés inteira. Guardar a Lei era difícil para o judeu comum, daí o sistema de sacrifícios. Este presumia que o povo judeu infringiria as próprias regras. Para um gentio adulto, dotado de um estilo de vida moldado acima de tudo por tradições e valores e greco-romanos, adaptar-se à Lei judaica seria quase impossível. Aprendê-la exigiria anos. Para reorganizar a vida inteira em torno disso, seria preciso... bem, uma vida inteira.

Enquanto esse novo padrão para conseguir ser membro do agrupamento de Jesus começava a se propagar em determinadas áreas, a igreja continuava a florescer em toda parte em que a mensagem de Jesus estava sendo pregada. Isso se aplica em especial à cidade gentia de Antioquia, localizada a cerca de 480 quilômetros ao norte de Jerusalém. O apóstolo Paulo se instalara ali com Barnabé. Ensinavam juntos, e muitos não judeus responderam à oferta de salvação. Como talvez você já saiba, em Antioquia o termo "cristão" foi usado pela primeira para descrever os seguidores de Jesus.[1]

[1] V. Atos 11.26.

Logo começaram a circular por Jerusalém notícias de que os gentios de Antioquia estavam se tornando cristãos sem nenhuma consideração para com a tradição judaica. Em resposta, os cristãos judeus nomearam uma comissão e a enviaram para Antioquia com o intuito de consertar as coisas. Isso, claro, só piorou tudo.

Para solucionar o conflito, os líderes da igreja de Antioquia designaram Barnabé, Paulo e mais alguns como emissários para irem a Jerusalém, onde obteriam esclarecimentos dos apóstolos. Como você sabe, não existia uma estrutura hierárquica formal nos primeiros anos. As igrejas locais operavam como congregações autônomas. Todavia, à medida que surgiam igrejas em todo o Império Romano, elas recorriam aos apóstolos em busca de liderança. Afinal de contas, eram homens que tinham passado anos ouvindo e observando Jesus. Se alguém saberia como agir ante o afluxo de gentios, esse alguém eram eles.

Quando o grupo de Antioquia chegou a Jerusalém, teve uma recepção calorosa. Barnabé e Paulo noticiaram o crescimento extraordinário da igreja, salientando especificamente o grande número de gentios que vinham acolhendo a mensagem de Cristo. Terminado o relato, seus opositores se levantaram e declararam: "[...] 'É necessário circuncidá-los [os gentios] e exigir deles que obedeçam à Lei de Moisés' ".[2] De acordo com Lucas, quem discutiu com Paulo e Barnabé na verdade eram fariseus que tinham passado a ser cristãos. Seguidores ardorosos da Lei, não conseguiam abrir mão de algumas coisas.

## Salvação oferecida a todos

Após extenso debate, Pedro se dirigiu ao grupo. Começou lembrando-os da própria experiência com os gentios e o evangelho.

[2] Atos 15.5.

Deus deixara muito claro para ele que a salvação devia ser oferecida a todos nos mesmos termos: pela fé em Cristo. Argumentou em seguida: "Deus não fez distinção alguma entre nós e eles, visto que purificou os seus corações pela fé". Depois dirigiu à sua audiência uma pergunta capaz de instigar-lhes o pensamento tanto quanto inculpá-los: "Então, por que agora vocês estão querendo tentar a Deus, pondo sobre os discípulos um jugo que nem nós nem nossos antepassados conseguimos suportar?".[3] Traduzindo: "Caros amigos judeus, quem estamos querendo enganar? Nem mesmo *nós* guardamos a Lei tão bem assim. Por que sobrecarregar os gentios com ela?". Um argumento bastante convincente. Pedro continuou: "De modo nenhum! Cremos que somos salvos pela *graça* de nosso Senhor Jesus, assim como eles também".[4]

Assim que Pedro se sentou, todos os olhos se voltaram para Tiago. Irmão de Jesus, ele era o líder eclesiástico mais influente em Jerusalém. Na minha opinião, Tiago pode ser nossa prova mais convincente da divindade de Cristo. Pense bem. Se fosse com seu irmão, o que ele precisaria fazer para o convencer de que ele é o Filho de Deus? O fato de Tiago aceitar o irmão Messias e Senhor diz muito.

Como os fariseus ali presentes, Tiago abraçara a fé mais tarde que os outros. Parece que ele se convenceu da identidade de Jesus após a ressurreição. Ao contrário dos fariseus, no entanto, ele acreditava que os crentes não judeus deveriam ser recebidos na comunidade da fé sem terem antes se convertido ao judaísmo. Depois de citar uma breve passagem do profeta Amós, ele concluiu suas observações como segue:

[3] V. 9,10.

[4] V. 11.

> "Portanto, julgo que não devemos pôr dificuldades aos gentios que estão se convertendo a Deus" (Atos 15.19).

Amo essa declaração. Anos atrás, pendurei-a na parede do meu escritório. Eu a vejo todos os dias. Creio que a declaração de Tiago deveria ser o referencial para todas as decisões tomadas na igreja local. Em outras palavras, as igrejas não deveriam fazer nada que torne as coisas desnecessariamente difíceis para as pessoas que estão se convertendo a Deus.

Pedro e Tiago compreendiam o apego dos judeus às tradições. Afinal, a maior parte de seus rituais havia sido instituída por Deus e fazia parte de sua identidade religiosa e nacional por mais de mil anos. Mas líderes eclesiásticos também precisavam reconhecer o que Deus estava fazendo de novo entre os gentios. Precisavam abrir espaço, criar algumas categorias novas e adequar-se. Mas até que ponto eles se adequaram é desconcertante. Nunca ouvi ninguém falar na igreja sobre essa parte. Tenha em mente que a discussão toda começou em torno de quão judeu um não judeu necessitava ser para participar da igreja. Estavam em jogo a circuncisão e não outros 10, mas, sim, 600 e tantos mandamentos, acrescidos dos comentários. Eis a resposta que o Concílio de Jerusalém enviou aos cristãos gentios em Antioquia, na Síria e na Cilícia:

> [...] "Os irmãos apóstolos e presbíteros, aos cristãos gentios que estão em Antioquia, na Síria e na Cilícia: Saudações. Soubemos que alguns saíram de nosso meio, sem nossa autorização, e os perturbaram, transtornando a mente de vocês com o que disseram. Assim, concordamos todos em escolher alguns homens e enviá-los a vocês com nossos amados irmãos Paulo e Barnabé, homens que têm arriscado a vida pelo nome de nosso Senhor Jesus Cristo. Portanto, estamos

> enviando Judas e Silas para confirmarem verbalmente o que estamos escrevendo" (Atos 15.23-27).

Agora, a parte que choca:

> "Pareceu bem ao Espírito Santo e a nós não impor a vocês nada além das seguintes exigências necessárias:" (v. 28).

Lá vamos nós:

> "Que se abstenham de comida sacrificada aos ídolos, do sangue, da carne de animais estrangulados e da imoralidade sexual. Vocês farão bem em evitar essas coisas. 'Que tudo lhes vá bem' " (v. 29).

Conseguiu acompanhar? Na prática, o Concílio de Jerusalém reduziu a participação da igreja a duas coisas: tenham cuidado com o que vocês comem perto de seus irmãos judeus e não sejam imorais. Ponto final.

Isso, sim, é uma classe de catecúmenos rápida!

Quando a delegação de Israel chegou a Antioquia, a carta foi lida para a congregação inteira. Como você pode imaginar, eles a receberam muito bem, principalmente os homens. Ninguém precisava se tornar judeu para ser cristão. Bastava aos gentios depositarem sua fé em um Messias ressurreto e serem adotados como parte da família de Deus junto a seus irmãos e irmãs judeus. Algo bem singelo.

Mas, há que se lamentar, não foi assim que as coisas seguiram. Nunca é. Ainda que seu conhecimento da história da Igreja seja superficial, você sabe que sempre existiu o equivalente a uma força invisível, algo semelhante à atração gravitacional, puxando outra vez a igreja em direção à religião e ao legalismo destituídos de graça. A cada geração, essa força se mostra sob inúmeros rótulos, gêneros e fachadas. Já se disfarçou de ortodoxia, santidade, moralidade e conservadorismo, entre outros. No frigir dos ovos, a mensagem é a mesma: *A igreja é para os igrejados.* É para quem se compromete com uma "marca registrada" e obedece a um conjunto de regras elaborado sob medida.

É essa inclinação para a igreja dos igrejados, ausente de graça e vida, que confere tanta importância para o que você faz. Como líder de igreja, você é essencial para a missão.

Liderar a igreja na direção que Jesus pretendeu desde o início é responsabilidade sua. Como líder, sua tarefa é proteger a integridade missionária do agrupamento de Jesus para o qual você foi chamado. Cabe a você cuidar para que sua igreja continue a operar como uma concentração de pessoas nesse processo; um lugar onde o curioso, o cético, o que costumava crer e o exausto, bem como o comprometido, o informado e o completamente dedicado, todos se unam ao redor da declaração de Pedro de que Jesus é o Cristo, o Filho do Deus vivo.

## MANTENDO A IGREJA ABERTA AOS DESIGREJADOS

Por mais comprometida que nossa equipe esteja em criar igrejas para os desigrejados, ainda precisamos lutar contra a propensão para nos tornarmos uma igreja para igrejados. Com toda a sinceridade, não entendo por que todas as igrejas não tomam a decisão de se tornarem uma igreja que os desigrejados amam frequentar.

Nada faz incidir um foco mais aguçado sobre essa convicção que o batismo. Como mencionei no capítulo quatro, para se batizarem em nossas igrejas, os candidatos devem permitir que gravemos um vídeo de três a quatro minutos descrevendo sua jornada de fé. Os vídeos são exibidos em nossos cultos de adoração que precedem o batismo dessas pessoas. Semana após semana, sento-me e ouço pessoas de todas as idades contar a história de como se conectaram com seu Pai celestial depois de se conectarem com a igreja.[5] Com certeza você também tem histórias para contar. Não as compartilho como meio de comparação. Acontece que esses relatos ocupam o centro da nossa atenção. É a razão de existirmos.

Jamais me esquecerei da história de Allen. Ele foi criado com a mãe solteira, que trabalhava em três empregos para manter as dívidas em dia. Parou de frequentar a igreja assim que pôde. Ficou muito bravo com Deus quando a mãe contraiu câncer e morreu. Suas palavras foram:

— Eu cão conseguia entender por que ele a deixara trabalhar tanto sem nunca ter nada para si e acabar morrendo aos 41 anos. Nos vinte anos seguintes, levei uma vida destrutiva.

Foi a esposa de Allen que acabou por convencê-lo a frequentar a North Point. Ele descreveu assim essa parte da história:

— Esquentei os bancos aqui da North Point por mais de seis anos só para deixá-la feliz, até que, de repente, as mensagens começaram a fazer sentido.

Allen continuava com um monte de perguntas para fazer, de modo que se juntou a um grupo denominado Ponto de Partida,[6], bem como a um grupo para casais.

— No decorrer do tempo, encontrei resposta para todas as minhas dúvidas e pela primeira vez entendi tudo.

Allen contou que, quando aceitou Cristo como seu Salvador, chorou o dia inteiro.

Houve também a história da minha amiga Nancy. Ela começou a frequentar a igreja porque contratamos seu marido

[5] Acesse <northpoint.org/adults/baptism/videos> para ver exemplos dos nossos vídeos de batismo. No mesmo *site,* você também encontra vídeos das nossas mensagens.

[6] Veja no Apêndice B uma descrição do nosso ministério Starting Point [Ponto de partida].

para tocar em uma das nossas bandas. A história dela começava assim:

— Fui criada em um lar judeu, neta de um precentor [cantor] ortodoxo. Passei pelo *bat-mitzvá* aos 13 anos. Meu ex-marido foi convidado para tocar na banda da North Point, e assim se iniciou minha jornada. A princípio, considerei a pregação de Andy um discurso motivacional. No entanto, pouco a pouco, meu coração começou a se abrir para a mensagem do Novo Testamento. Foi na série de sermões *A estrela, a cruz e o crescente* que constatei ser Jesus meu Salvador.

Nancy prosseguiu agradecendo pelas pessoas que Deus introduziu em sua vida para lhe viabilizar a jornada para a fé. Então concluiu, dizendo: — Hoje eu gostaria de dizer com todo orgulho e profundidade que sou judia, que Jesus é o Messias e meu Senhor e Salvador pessoal.

Poucas semanas antes, uma mulher de 30 anos iniciara sua história de batismo do seguinte modo:

— Sempre me disseram que, pelo fato de eu ser *gay*, Deus me odiava e meu destino era o inferno.

Ela prosseguiu explicando que com 15 anos recorrera ao álcool para tentar lidar com a rejeição. E continuou: — Eu era uma pessoa perdida e miserável querendo encontrar alguma coisa para preencher meu vazio.

Mas Deus introduziu alguém na vida de Jessie que a desafiou a permanecer sóbria e a começar a frequentar a igreja. Depois de quinze anos evitando esse tipo de lugar, ela disse: — Quando vim para esta igreja, imediatamente me senti em casa.

Vou dizer uma coisa a você: a declaração me emocionou. Imaginei Jessie adolescente, carregando o segredo da atração pelo mesmo sexo misturado com a mentira de que jamais seria aceitável para Deus, e então, quinze anos mais tarde, entrando em uma de nossas igrejas e se sentindo "imediatamente em casa". Não tenho palavras.

O ponto de virada para Jessie aconteceu durante mensagem pregada por um dos nossos pastores associados, Rodney Anderson. Ela conta:

— Durante uma mensagem, ouvi Rodney dizer: "Existe uma diferença monumental entre acreditar que Deus existe e não ter dúvida de que ele é verdadeiro e real". Isso mexeu comigo. Sempre acreditei que Deus existe, mas nunca a ponto de não ter dúvida de que ele é verdadeiro e real.

Jessie seguiu descrevendo a transformação que experimentara como resultado de abraçar o perdão, o amor e a graça divinos. E concluiu assim: — Agora preenchi meu vazio com o amor de Jesus.

É o que acontece quando você resolve seguir o conselho do apóstolo Tiago, quando decide que em hipótese alguma fará algo para dificultar a vida de quem está se voltando para Deus. Eu poderia continuar trazendo exemplos. Caso você nos visite algum dia, deve saber que em nossas igrejas, quando alguém sai da água, nós aplaudimos. Celebramos. Não é incomum ver amigos da pessoa batizada empunhando cartazes com o nome dela em letras garrafais. Atiram confetes e tocam sinos. É fantástico. Levamos a sério as palavras de Jesus de que "haverá mais alegria no céu por um pecador que se arrepende do que por noventa e nove justos que não precisam arrepender-se" (Lucas 15.7). Imaginamos que, se o céu está comemorando, devemos nos juntar a ele.

Perdoe minha ingenuidade ou arrogância, mas penso que celebrações como as que acabo de descrever deveriam ser a norma em cada concentração de pessoas que se autodenomina igreja. De tempos em tempos, recebo bilhetes de frequentadores me agradecendo por criar uma igreja à qual podem convidar os vizinhos e membros da família desigrejados. Por grato que me sinta, ainda me parece estranho que alguém tenha de agradecer a um pastor por criar uma igreja que está fazendo justamente o que ela foi criada para fazer, antes de mais nada. Por que isso deveria ser a exceção, não a regra?

É vergonhosa a íntima união de tantas igrejas com uma cultura desenhada por cristãos só para cristãos. Nessa cultura, eles falam sobre a Grande Comissão, entoam cânticos sobre a Grande Comissão, mas se recusam a reorganizar suas igrejas em torno da Grande Comissão. Costumam ser as mesmas igrejas em que os membros falam em graça, cantam sobre quanto ela é "maravilhosa", mas criam culturas em que ela não está presente, em que só quem joga segundo as regras se sente bem-vindo.

Desse modo, temos um trabalho talhado para nós. E como ele é incrível! Temos o privilégio de sermos mordomos da igreja da nossa geração. Deus achou por bem nos abençoar com a responsabilidade de assegurar que a igreja do século XXI seja um lugar onde todos os tipos de pessoas, com todos os tipos de problemas, conseguem se reunir em nome de Jesus e encontrar restauração, aceitação e graça.

As músicas vêm e vão muito mais depressa que antes. Cantamos "Eu venho como estou" durante décadas. Hoje, a canção que capta esse mesmo senso de transparência, restauração e esperança é "Beautiful Things" [Coisas lindas], de Gungor:

> Por todo lado
> A esperança brota desse velho chão
> Do caos a vida vem sendo encontrada em Ti
> Tu fazes coisas lindas
> Tu fazes coisas lindas do pó
> Tu fazes coisas lindas
> Tu fazes coisas lindas de nós.

Aí está. Outra referência ao caos glorioso do qual Deus traz vida. A igreja. Portanto, líderes de igreja, saiamos e façamos o que Jesus morreu para tornar possível. Prestemos atenção no conselho do irmão Tiago. Livremos nossas igrejas de qualquer coisa que dificulte a vida para quem está se voltando para Deus. Proclamemos a verdade libertadora do Senhor. Criemos comunidades caracterizadas pela graça. Sintamo-nos à vontade com a tensão, a incoerência e o caos que virão.

Sejamos a igreja.

*Seção Três*

# APROFUNDANDO

## Repensando a formação espiritual

Durante dois mil anos, os líderes eclesiásticos extraíram sua ordem para marchar do único imperativo que Jesus transmitiu aos seguidores na tarde em que fez o discurso de despedida e voltou para junto do Pai: *Façam discípulos*. Conquanto eu nunca tenha ouvido ninguém contestar a importância desse mandamento, com certeza há muita discussão em torno do que ele significa e de como implementá-lo. Nesta seção, compartilharei nossa visão do que significa criar seguidores de Jesus. Ou, como às vezes o chamamos, eis o nosso *modelo de formação espiritual*. Por isso, talvez você tenha chegado à seção mais importante do livro.

Se a North Point tem um tempero secreto, aqui está ele. Não tem *nada* a ver com estilo. Essa é a nossa interpretação de como os indivíduos amadurecem na fé. É uma parte importante da nossa história, pois trata da indagação que constantemente nos fazem: *Em uma igreja comprometida em facilitar que os desigrejados se sintam conectados, o que fazer para assegurar que os novos cristãos, bem como os mais experientes, continuem a amadurecer na fé?* A pergunta em versão reduzida: *Qual é o modelo de discipulado da North Point?*

Já me questionaram isso vezes suficientes para eu saber que a maioria das pessoas que faz essa pergunta na verdade está à procura de um programa, um currículo ou uma série de aulas. Rejeitamos essa abordagem da formação espiritual desde o princípio.

Não acreditamos que aulas deem origem a cristãos maduros. Elas criam cristãos astutos. É diferente. Temos um rol de opções de cursos para quem quer educação teológica adicional. Mas, como você sabe, educação teológica e maturidade espiritual podem ser coisas mutuamente excludentes. Não que isso ocorra obrigatoriamente, mas pode acontecer. Nunca abordamos formação espiritual como um exercício cognitivo.

Temos uma estratégia bem mais holística. E, quer você reconheça, quer não, sua igreja também tem. Espero, nos três capítulos seguintes, ajudar você a reconhecer e abraçar a maneira pela qual Deus tem escolhido amadurecer as pessoas na fé. No entanto, para isso, tenho de voltar e contar um pouco mais da minha história.

*Capítulo Seis*

# Minha grande descoberta

Uma das coisas que o dr. Howard Hendricks instilou em mim na época do seminário foi que eu sempre deveria ter um grupo. Para ser mais específico, eu sempre deveria ser capaz de apontar para um grupo de homens e dizer: "Aqui está o grupo ao qual hoje venho dedicando minha vida". Como afirmei na introdução, não sinto ser responsabilidade minha encher o cálice de outra pessoa. Mas sou responsável por esvaziar o meu. Por isso, sempre tive um grupo de rapazes escolhidos a dedo nos quais invisto. Em um desses grupos, fiz uma descoberta que moldou minha visão da formação espiritual.

Em 1987, meu grupo era composto por estudantes universitários que sentiam que Deus os estava chamando para o ministério em tempo integral. Reuníamo-nos nas manhãs de terça-feira às 6h30 durante mais ou menos uma hora e meia. Uma das coisas que eu pedia para cada integrante do grupo era que desenvolvesse um gráfico que refletisse sua história espiritual a partir da salvação. Lembre-se, estou falando de rapazes de 20 e poucos anos, portanto eles não tinham muita coisa para lançar nesse gráfico. Sendo bem específico, eu queria enxergar altos e baixos e queria que eles incluíssem ali tudo que contribuíra tanto para os altos quanto para os baixos. Até onde me lembro, meu objetivo era obter um instantâneo de onde cada um dos rapazes estava vindo.

Cinco universitários compunham o grupo original. Embora os detalhes de suas histórias fossem diferentes, havia boa dose de similaridade entre eles. Um ano e meio depois, pedi a um segundo grupo que repetisse o exercício. As histórias continuavam diferentes, mas a dinâmica que levou ao crescimento espiritual deles era muito parecida. Depois de repetir o exercício várias outras vezes, observei cinco pontos que vinham à tona em praticamente todos os relatos.

## 1995

Avanço rápido para o outono de 1995: estou sentado no porão da casa de um amigo com a equipe original da North Point, discutindo as declarações de missão e de estratégia para nossa igreja recém-formada. Foi no contexto dessa longa discussão que o assunto da formação espiritual veio à tona pela primeira vez. Começamos a nos bater em perguntas como: *Qual deve ser nosso modelo de discipulado? Qual nosso objetivo para as pessoas que escolherem firmar parceria conosco no ministério? O que significa ser um cristão maduro? Que papel a igreja tem no desenvolvimento de seguidores de Cristo?* Acima de tudo, queríamos criar um modelo que promovesse *de verdade* a maturidade espiritual. Tínhamos experiência suficiente como equipe de igreja para saber que, na maior parte das igrejas, a *formação espiritual* não era a força motriz da programação (ou do orçamento, aliás). Queríamos ser a exceção. Queríamos que todos os nossos atos tivessem como foco a edificação de seguidores maduros de Cristo. E sabíamos que, se não fôssemos deliberados nesse sentido, a formação espiritual se perderia na profusão de atividades que tendem a consumir tempo e recursos valiosos.

A declaração de missão com que havíamos concordado era (e ainda é) *levar pessoas a um relacionamento crescente com Jesus Cristo*. Mas sentíamos que isso exigia uma definição adicional. Se alguém mantém um relacionamento crescente com Cristo, o que especificamente permanece em constante crescimento nessa pessoa? O cabelo? A barba? Resumindo uma longa série de conversas, identificamos a *fé* como o que se desenvolve em um relacionamento crescente. Em especial, a confiança da pessoa em Deus, a confiança de que ele é quem afirma ser e fará o que prometeu fazer.

A fé, ou confiança, está no centro de todo relacionamento saudável. À medida que ela avança, também o relacionamento avança. Uma ruptura qualquer na confiança indica uma ruptura no relacionamento. O pecado entrou no mundo pela opção de não confiar. No jardim do Éden, o relacionamento da humanidade com Deus foi rompido quando Adão e Eva pararam de confiar. Deus tem buscado desde então voltar a se envolver com a humanidade em um relacionamento caracterizado pela confiança. O Antigo Testamento inteiro é a história de Deus dizendo "Confie em mim". Não é coincidência o fato de ele não ter dado a Lei a Israel antes que primeiro aprendessem a confiar nele e a segui-lo. Com esse pano de fundo, não deveríamos nos surpreender ao descobrir que no epicentro da mensagem de Jesus estava a palavra "crer". Como o relacionamento da humanidade com Deus foi destruído pela falta de fé, também seria restaurado por uma expressão da mesma fé. No âmago, o cristianismo é o convite para restabelecer um relacionamento de confiança com o Pai. Na cruz, o pecado foi perdoado, e nós fomos convidados a confiar. Faz perfeito sentido que a salvação seja pela fé, não pela obediência. Os relacionamentos íntimos não são edificados sobre a obediência. São construídos sobre a confiança. Andar por fé, de novo, nada mais é que viver como se Deus fosse quem afirma ser e acreditar que ele fará tudo que promete fazer. À medida que a confiança da pessoa em Deus cresce, ela amadurece.

Dando continuidade à nossa discussão, conversamos sobre cristãos conhecidos que pareciam manter um relacionamento fortíssimo com Cristo. Esses casos envolviam homens e mulheres de grande fé — uma confiança extraordinária em Deus, apesar do que a vida lançava contra eles. Eram pessoas cuja fé nos maravilhava. Eu estava convencido na época, como ainda estou hoje, de que Deus é mais honrado por meio da fé viva, ativa, que desafia a morte, "fora da caixinha". Durante uma dessas discussões, alguém da equipe chamou nossa atenção para o fato de que as únicas ocasiões em que Jesus se sentiu "admirado" foram ao testemunhar expressões de grande e de pequena fé.[1] A fé grande era importante para Jesus. Quando as pessoas *agiam* com base no que acreditavam a seu respeito, ele ficava impressionado. Também ficamos. Não é verdade que amamos as histórias de pessoas em nossa igreja que confiam em Deus contrariando todas as expectativas? Deleitamo-nos com os relatos dos adolescentes que resolvem aplicar os próprios valores na escola por *acreditarem* nas promessas de Deus. E aquelas visitas hospitalares em que você entra pedindo a Deus as palavras certas a dizer e é saudado por uma família dona de uma fé em Deus desconcertante? Eles são confiantes. Não têm medo algum. Não sei quanto a você, mas tem acontecido muitas vezes de eu voltar para casa depois de uma visita ao hospital questionando por que me deixaram ser o pastor. Enquanto escrevo este livro, vem à minha mente um casal do nosso pequeno grupo que tem dois filhos com grave deficiência visual. Sempre me comovo até as lágrimas quando ouço Chris falar sobre a confiança deles em Deus em meio a uma série de conversas complicadas com os médicos

[1] Em Mateus 8, Jesus fica *admirado* com a fé do centurião romano. Mateus escreve: "Ao ouvir isso, Jesus *admirou-se* e disse aos que o seguiam: 'Digo a vocês a verdade: Não encontrei em Israel ninguém com tamanha fé' " (v. 10). Em Marcos 6, Jesus fica *admirado* com a falta de fé de sua cidade natal (v. 6).

e duas gravidezes muito difíceis. Maggie e Luke sofrem de problemas diferentes, que os deixaram em condições de serem considerados cegos aos olhos da lei.

Enquanto nossa equipe continuava lutando com a relação entre fé e maturidade espiritual, todos concordamos que nos inspiravam muito mais as pessoas dotadas do tipo de fé que resiste a um *não* de Deus do que aquelas que afirmam ter arrancado, na base da fé, um *sim* da parte dele. Uma fé grande é sinal de uma grande maturidade. Concluímos que o melhor discipulado ou modelo de formação espiritual seria aquele desenhado em torno do *desenvolvimento da fé das pessoas.* O modelo segundo o qual a maioria de nós tinha sido criada fora desenhado em torno do *aumento do conhecimento das pessoas.* Os modelos a que fomos expostos eram primordialmente modelos de ensino. Queríamos ir além disso.

Mas como?

Se nossa missão era levar pessoas a um relacionamento crescente com Cristo — e relacionamento crescente era igual a fé crescente —, então necessitávamos identificar o que faz crescer a fé de alguém. Por isso, a conversa logo se voltou para as seguintes perguntas: *O que alimenta o desenvolvimento da fé? Quais os ingredientes que, quando combinados, resultam em maior confiança na pessoa e nas promessas de Deus?* Foi quando apresentei à nossa equipe minhas descobertas.

## Ingredientes essenciais

Compartilhei minhas experiências com os vários grupos que frequento. Em seguida, expliquei os cinco pontos presentes na história de fé de todo mundo. Um a um, os membros da nossa equipe reconheceram como cada uma dessas cinco dinâmicas tinham desempenhado um papel também em sua formação espiritual. Foi um momento decisivo para a equipe. Decidimos que, se era assim que Deus desenvolvia a fé das pessoas, deveríamos criar um modelo de ministério que direcionasse as pessoas de volta para essas cinco dinâmicas. Se esses eram os ingredientes essenciais para a grande fé, deveríamos construir nosso modelo inteiro em torno deles. Foi o que fizemos.

No início da nossa discussão, alguém sugeriu que déssemos nome às coisas. Como você verá, não são passos ou princípios. Costumo me referir a isso como *dinâmicas*. Mas "dinâmicas" pode significar um monte de coisas. Acho que foi Reggie Joiner que sugeriu o termo "catalisadores". Nos nossos cultos de fim de semana, às vezes me refiro a isso como *cinco coisas que Deus usa para fazer crescer sua fé*.[2]

Como você talvez imagine, essa lista não se encontra em parte alguma das Escrituras. Trata-se do resultado de nossas *observações*. Não fizemos nenhum esforço para compor uma lista completa ou equilibrada. Os cinco pontos aqui citados vêm à tona por si sós quando as pessoas narram sua história de fé. Desde os primeiros dias da igreja, testamos nossa teoria em inúmeras ocasiões. Por vários anos, Reggie Joiner introduziu os cinco catalisadores da fé em seu treinamento de liderança para pastores de estudantes. Costumava aplicar um exercício em que escrevia cada um dos cinco catalisadores em fichas de leitura, virava-as para impedir que alguém pudesse ler e então as prendia da esquerda para a direita no alto do painel que utilizávamos para esboçar nossa programação. Em seguida, pedia aos alunos que refletissem com cuidado e sem pressa nas coisas que mais contribuíam para seu desenvolvimento espiritual, tanto boas quanto más, e começassem a enunciá-las em voz alta. Ele anotava o que lhes viesse à cabeça em fichas e

[2] Criei uma série de mensagens com esse título em que preguei sobre todos os cinco catalisadores. Para ver as mensagens gratuitamente *on-line*, acesse <fivethingsgoduses.com>. Acesso em: 19 out. 2018, 13:12:44.

as prendia debaixo das fichas dos cinco catalisadores no alto do painel. Depois que todos terminavam de compartilhar, ele virava as fichas para revelar os cinco catalisadores. Todas as vezes, verão após verão, tudo que aqueles líderes levantavam como fatores importantes para seu desenvolvimento espiritual condizia com pelo menos um dos cinco catalisadores.

Como venho afirmando ao longo deste livro, não acalento a expectativa de que você faça o mesmo que nós. Mas temos absoluta convicção de que esses cinco pontos refletem a maneira pela qual a fé se desenvolve. Apresentamos a ideia para os líderes de igrejas de todos os contextos imagináveis. Cada vez que o fazemos, acabamos ainda mais convictos de que os cinco pontos representam a base para o desenvolvimento da fé. Estou convencido de que é assim que Deus trabalha, a despeito de como organizamos e programamos nossas igrejas. Mas imagine o que aconteceria se de fato organizássemos e programássemos nossos atos em consonância com a maneira pela qual Deus trabalha? Acreditamos que o que temos visto ao longo dos últimos dezessete anos é resultado direto dos nossos esforços nesse sentido. Portanto, no restante desta seção, conduzirei você pelos cinco catalisadores da fé e por exemplos que demonstram como temos permitido que eles moldem nossa programação, bem como nosso modelo de formação.

Para o caso de você precisar sair mais cedo, vou me adiantar e apresentar os cinco pontos de uma vez.

**Os cinco catalisadores da fé:**

- Ensino prático
- Disciplinas particulares
- Ministério pessoal
- Relacionamentos providenciais
- Circunstâncias cruciais

*Capítulo Sete*

# FAZENDO MINHA PARTE

Os três primeiros catalisadores sobre os quais nos debruçaremos exigem que façamos a nossa parte. *Ensino prático, disciplinas particulares* e *ministério pessoal* englobam as atividades de uma fé crescente. Pensando no relacionamento com Deus como algo que consiste em coisas que ele faz e coisas que nós fazemos, estas são as que nos tocam.

## CATALISADOR Nº 1: ENSINO PRÁTICO

Quando as pessoas descrevem sua jornada de fé, sempre mencionam a primeira vez em que foram expostas ao ensino bíblico prático. Para algumas delas, isso aconteceu no estudo bíblico da faculdade. Para outras, em casa. Para muitas mulheres em nosso país, Beth Moore serviu de introdução para esse tipo de ensino.[1] Para a maioria das pessoas em geral, foi quando ouviram a Bíblia apresentada em termos práticos pela primeira vez em uma igreja local. Quando elas contam a própria história, fica evidente que não se referem à sua primeira *exposição* à Bíblia, mas à primeira vez em que *compreenderam* o que estava sendo ensinado da Bíblia. Foi a primeira vez em que elas souberam de fato o que fazer com o que estava sendo ensinado. A maioria dos cristãos é capaz de dizer onde se encontrava e

[1] Evangelista e escritora, Beth Moore é fundadora do Living Proof Ministries, que se dedica a incentivar as pessoas a conhecerem e amarem Jesus Cristo pelo estudo das Escrituras. [N. do T.]

quem estava falando na primeira vez em que viram alguém fazer a Bíblia ganhar vida.

É lamentável que alguém possa crescer ouvindo sermões e lições da escola dominical e nunca ser cativado pelas Escrituras. Infelizmente, no entanto, essa parece ser a regra, não a exceção. E o problema não é exclusivo do século XX ou XXI.

Mateus registra a reação da multidão quando Jesus concluiu o que costumamos chamar de Sermão do Monte.

> Quando Jesus acabou de dizer essas coisas, as multidões estavam maravilhadas com o seu ensino, porque ele as ensinava como quem tem autoridade, e não como os mestres da lei. (Mateus 7.28,29)

Nem todo ensino e toda pregação são iguais. Os mestres da Lei do século I ensinavam pela mesma cartilha que Jesus haveria de mencionar ao longo de seu ministério terreno. Mas havia algo diferente em sua apresentação. Ele falava com autoridade. Parecia ter uma paixão ausente nos outros mestres. Sendo mais específico, ele não se dava por satisfeito em apenas dizer o que era verdade. Queria que a audiência *agisse* com base no que ouvia. Você deve recordar que ele encerrou essa mensagem particular com um chamado à ação acompanhado de uma promessa e uma advertência carregadas de emoção:

> "Portanto, quem ouve estas minhas palavras e as pratica é como um homem prudente que construiu a sua casa sobre a rocha. [...] Mas quem ouve estas minhas palavras e não as pratica é como um insensato que construiu a sua casa sobre a areia" (Mateus 7.24,26).

Jesus ensinava buscando uma reação, uma mudança de vida. Ele não veio apenas partilhar informação. Raras vezes o encontramos punindo pessoas por falta de conhecimento. Quase sempre isso acontecia por causa da falta de fé, evidenciada pela inexistência de aplicação. "[...] 'Por que vocês estão com tanto medo, homens de pequena fé?' [...]", perguntou ele aos discípulos no meio de uma provação terrível no mar (Mateus 8.26). Jesus não estava à procura de anuência mental aos fatos. Jesus queria encontrar a fé ativa, viva, do tipo que leva a fazer a coisa certa. Era o que ele tinha em mente quando ensinava.

Lembra-se da primeira vez em que você foi desafiado nesse nível? Lembra-se de como a Bíblia de repente se tornou interessante? Você se sentou na beirada da cadeira. O tempo voou. Você tomou notas. Queria saber que tipo de Bíblia o professor ou pregador estava usando para que pudesse conseguir uma igual. Mal podia esperar para voltar para mais uma rodada. Sim, você se lembra. Alguma coisa ganhou vida em seu interior. Então você fez algo realmente louco. Saiu e aplicou parte do que ouvira. E Deus honrou sua fé ativa. Da intersecção entre sua fé e a fidelidade divina, sua confiança em Deus aumentou. O ensino prático que leva as pessoas a agir é uma das coisas primordiais que Deus usa para fazer crescer nossa fé.

Para minha felicidade, cresci em uma igreja na qual essa era a norma. Eu ficava sentado semana após semana ouvindo meu pai ensinar a aplicação das Escrituras à minha vida cotidiana. Com frequência eu me acomodava no fundo da galeria, e houve domingos, na adolescência, em que fui para o Varsity. Para quem não conhece Atlanta, Varsity é o maior restaurante *drive-in* do mundo. Também tem salões em que você pode ver TV e comer cachorros-quentes. Estava à frente do seu tempo. O Varsity fica a cerca de cinco quadras do antigo endereço da Primeira Igreja Batista de Atlanta. Na década de 1970, meu pai falava ao vivo na TV nas manhãs de domingo. Então Louie Giglio e eu saíamos furtivamente da escola dominical e seguíamos para o Varsity a fim de "nos reunirmos como igreja". No caso, a igreja consistia em Louie, um número variado de bêbados dormindo para tentar se recuperar da noite de sábado, e eu. Bastava subir em uma cadeira para mudar de canal e sintonizar o programa do meu pai (os bêbados nunca estavam em condições de protestar). Achávamos que aquilo era evangelismo. Comíamos e assistíamos à TV e, então, voltando para casa, eu era capaz de conversar sobre o sermão, e meu pai acreditava que eu havia ficado o tempo todo perto dele. Mas quer eu assistisse a tudo da última fileira da galeria, quer estivesse no Varsity, meu pai me mostrava que ensinar a Palavra de Deus não tinha a ver com *saber* coisas; tinha a ver com *fazer* coisas. O impacto dessa constatação fez minha fé explodir, bem como a fé de milhares de outras pessoas.

Por isso, nossas mensagens e preparações de lição não se completam até sabermos o que queremos que nossa audiência *faça* com o que está prestes a ouvir. A fim de desenvolver a fé dos nossos congregantes, precisamos pregar e ensinar para que haja mudança de vida.

Outra coisa que você precisa saber: pessoas desigrejadas e descrentes se sentem atraídas por comunicadores que amarram um *"aqui está o que você deve fazer agora"* ao fim de suas mensagens. Isso vale até para quando não concordam com a premissa do que estamos falando, ou quando não a compreendem. De um jeito ou de outro, as pessoas gostam quando lhes damos algo para fazer. Eis o porquê.

E isso é muito importante.

*As pessoas estão muito mais interessadas no que funciona do que no que é verdade.* Odeio ser um desmancha-prazeres, mas quase ninguém da sua igreja está em busca da verdade, incluindo seu cônjuge. As pessoas estão em busca da felicidade. Enquanto você distribuir a verdade sem um "*aqui está a diferença que isso vai fazer*" amarrado no final, será considerado irrelevante pela maioria das pessoas na sua igreja, no ministério estudantil ou no estudo bíblico doméstico. Você pode ser perfeito em termos teológicos, como os mestres da lei no tempo de Jesus, mas não será visto como alguém que ensina com autoridade. Pior, ninguém vai querer ouvi-lo.

Ora, isso pode ser desanimador. Ainda mais pelo fato de você ser um dos poucos que estão realmente em busca da verdade. E sim, é uma pena que as pessoas não sejam como você nesse aspecto. Mas assim são as coisas. Não adianta resistir. Se tentar, no fim serão você e uma pequena congregação buscando a verdade, todos se achando superiores aos demais cristãos da comunidade. Ao fim do dia, no entanto, vocês não farão um pingo de diferença neste mundo. E seus filhos — é bem que provável que aconteça — confundirão sua igreja com *a* Igreja, e, quando deixarem sua casa, nunca mais porão os pés dentro dela. Até que um dia por acaso visitarão uma igreja como a minha e pedirão para serem batizados de novo por não terem certeza de que a primeira vez foi para valer. Ficarei feliz em ser pastor dos seus filhos. Mas prefiro que você enfrente a realidade do mundo em que vivemos e ajuste as velas. Cultura é como o vento. Não se pode detê-lo. Não se deve cuspir contra ele. Mas se, como um bom marujo, você ajustar as velas, poderá explorar os ventos da cultura para levar sua audiência aonde ela necessita ir. Se as pessoas estão mais interessadas em serem felizes, então faça a sua parte. Como Jesus.

Você já estudou o Sermão do Monte. Com certeza sabe que a palavra empregada por Jesus repetidas vezes nas primeiras linhas daquele que talvez tenha sido seu primeiro sermão pode (alguns dizem que deveria) ser traduzida por *feliz*.[2] Mas, mesmo que se

[2] Μακάριος pode ser traduzido por "favorecido", "bem-aventurado", "afortunado", "feliz". BAUER, Walter. **A Greek-English Lexicon of the**

sinta mais à vontade com *bem-aventurado*, pense no que Jesus faz no início da mensagem. Quem não quer ser bem-aventurado? Favorecido? Afortunado? Ele fala à natureza humana das pessoas, a seu desejo de serem felizes. À busca que empreendem no sentido de *"eu quero ser bem-aventurado"*. E então, um a um, Jesus desafia os pressupostos mais básicos relacionados com... ora, com tudo! Até com a maneira em que oravam.[3] Suas instruções para a audiência do século I foram muito específicas, muito radicais. Ainda hoje nos batemos com elas. Lutamos. Significa que na verdade não obedecemos, apenas falamos muito a respeito.

## DE VOLTA À IGREJA

O primeiro catalisador da fé explica por que fazemos tanta coisa em nossas igrejas. Evidencia por que somos tão categóricos para que nosso conteúdo seja *útil*, não apenas *verdadeiro*. Jesus não se deu por satisfeito dizendo verdades. Tampouco deveríamos fazê-lo. A verdade aleatória é estática. Acompanhada de passos a serem seguidos, faz crescer a fé das pessoas. Esse catalisador da fé é a razão pela qual criamos sermões em tópicos ou séries de mensagens em vez de simplesmente ensinarmos os livros da Bíblia. Nas raras ocasiões em que fazemos isso, procuramos um ângulo prático que amarre todo o conjunto de aulas.

Encerramos cada mensagem e cada série para todas as faixas etárias com um chamado específico à ação. Às vezes, passamos um dever de casa. Jeff Henderson, um dos nossos principais pastores, fez uma série recente intitulada *Mudança climática*. A ideia era que todo mundo tem um clima. Quando as pessoas veem você

**New Testament and Other Early Christian Literature**. 2. ed. Chicago: University of Chicago Press, 1957, 1979. p. 486.

3 V. Mateus 6.5-13.

chegando, já sabem o que esperar. No fim da primeira semana, sua tarefa foi que todos propusessem a seguinte pergunta para três pessoas: "Como é estar do outro lado de mim?". Ai, ai, ai. Depois das duas primeiras conversas que entabulei com esse intuito, senti-me pronto para desistir. A aplicação nesse caso foi dolorosa, mas útil ao extremo. Para cristãos e não cristãos em igual medida.

O ministério dedicado às crianças cria uma atividade para a família inteira em torno da virtude ou princípio que estão discutindo naquele mês. Os responsáveis por se comunicarem com alunos dos últimos anos do ensino fundamental e do ensino médio inteiro encerram o discurso a cada semana dando uma amostra de três ou quatro perguntas orientadas para a aplicação que as crianças discutirão com os líderes de seu pequeno grupo. Esse é o modo que encontramos de conduzir nossos comunicadores rumo ao ensino orientado para a ação. Indagamos o tempo todo a nossos pregadores e professores:

- O que você quer que eles saibam?
- O que você quer que eles façam?
- O que podemos fazer para criar os próximos passos?

Tudo isso com o objetivo de desenvolver a fé das pessoas.

## Catalisador nº 2: Disciplinas particulares

O segundo tema que vem à tona quando as pessoas contam suas histórias de fé gira em torno do desenvolvimento de uma *vida devocional particular*. Em algum lugar ao longo do caminho, os cristãos começam a orar. Sozinhos. Começam a explorar a Bíblia por conta própria. Memorizam o primeiro versículo das Escrituras. Não é incomum ouvir as pessoas contarem de se levantarem um pouco mais cedo de manhã para passar tempo com Deus. As disciplinas espirituais particulares introduzem o senso de intimidade e responsabilidade em nossa caminhada de fé. Sintonizam nosso coração com o coração de Deus e ressaltam a necessidade da prestação pessoal de contas ao nosso Pai celestial.

Existe uma correlação direta entre a vida devocional particular de alguém e sua fé pessoal. E, não importa quanto tempo você tem de ministério, não pode se dar ao luxo de perder isso de vista. Quando Deus nos fala pessoalmente por meio da Palavra ou nos responde a uma oração específica, nossa fé é fortalecida. Por isso, as disciplinas particulares são um catalisador da fé. Uma das frases mais impactantes que ouvi meu pai dizer na infância foi: "A coisa mais importante da vida é seu relacionamento pessoal com Jesus Cristo". Sem rodeios. É uma frase perfeita, pelo que tenho descoberto. À medida que minha vida devocional avança, o mesmo acontece com minha fé, minha confiança em Deus. E, à medida que minha confiança em Deus avança — não sei se é verdade para todo mundo —, o mesmo acontece com minha confiança pessoal.

Quando o assunto era a manutenção de uma vida devocional particular, os judeus do século I tinham certa vantagem. Eles não dispunham de cópias do Antigo Testamento que pudessem carregar para todo lado em mochilas e bolsas. Portanto, a vida devocional deles se limitava à oração e à recitação. Todavia, no Sermão do Monte, Jesus introduziu dois componentes adicionais: a doação e o jejum.[4] Essas "obras de justiça", como ele as chamou, precisavam ser praticadas em segredo. Elas compreendiam o lado privado e íntimo da fé para os judeus do século I. Jesus ressalta essa ideia quando declara:

[4] V. Mateus 6.1-18.

> "Mas, quando você orar, vá para seu quarto, feche a porta e ore a seu Pai, que está em secreto. Então seu Pai, que vê em secreto [...]".

Não passe rápido demais por essas palavras. Jesus declara que seu Pai celestial *vê* o que é feito em secreto. Sou cristão desde os 6 anos de idade, e essa ainda é uma ideia desconcertante para mim. Deus me *vê* orar, doar e jejuar. Mas Jesus não para aí.

> "[...] Então seu Pai, que vê em secreto, o recompensará." (Mateus 6.6)

Deus responde a nossas obras particulares de justiça. Jesus usa o verbo "recompensar" para descrever a reação do Pai. Você já recebeu alguma resposta de oração? O que aconteceu com sua fé? Lembra-se da última vez que alguém em sua igreja ou ministério estudantil chegou correndo e despejou em cima de você uma história de oração respondida? A fé dessa pessoa aumentou, não foi?

A mesma coisa se dá quando os indivíduos doam pela primeira vez. Doar um percentual é um convite para Deus se envolver em nossas finanças pessoais. A questão não é o percentual. Digo a novos convertidos para escolherem um percentual e partirem daí. A questão é aprender a confiar em Deus nas questões financeiras. Quando as pessoas experimentam a fidelidade de Deus na área das finanças pessoais, sua fé se expande. O dinheiro perde o poder de dominar. Elas não são mais dominadas por suas posses.

## Cristão de armário

O lado secreto da experiência cristã é importante de verdade para mim. Não sei ao certo se estaria fazendo o que faço hoje não fosse por algo que Deus sussurrou no meu ouvido durante uma hora silenciosa na faculdade. Compartilhei essa história em outro livro. Por isso, vou poupar você dos detalhes. Resumindo, quando eu cursava o terceiro ano de faculdade, certo dia entrei no armário para orar. O sentido aqui é literal: orei mesmo dentro do armário. Como "luto" com muita coisa que Jesus ensinou, a troca me pareceu razoável.

Assim, durante a faculdade, criei um armário de oração no porão da casa dos meus pais, debaixo da escada. Certa manhã, enquanto orava, contei para Deus quanto estava comprometido com ele, e que faria qualquer coisa e iria a qualquer parte e me casaria com qualquer garota que ele quisesse. Está bem, iria a qualquer parte e faria qualquer coisa. Só queria ser usado. Bem no meio da minha diatribe no melhor estilo "conte comigo para qualquer coisa", uma ideia saltou em minha cabeça com tanta força que foi como se ouvisse uma voz. A ideia era mais ou menos assim: *Você colou em duas provas no primeiro ano e...* Esse "e" estava relacionado com uma brincadeira que deu terrivelmente errado e resultou em uma noite terrível para uma família conhecida minha — pensar nisso ainda faz meu estômago revirar. Resumindo, eu nunca havia reconhecido esse erro. Para ser franco, tinha medo de que pudesse até ser preso. Além disso, estava no ensino médio quando o incidente se deu. As lembranças continuavam tão chocantes que literalmente parei de orar e comecei a olhar à minha volta dentro do armário. Certo de que era o Diabo tentando me distrair, fechei os olhos e retomei a oração. Mas só conseguia pensar nas duas notas desonestas que tirei e na família contra a qual eu pecara.

Deus do céu, espero que meus filhos não leiam isso... Quer dizer, até parece que meus filhos vão ler um livro meu!

Nos meses seguintes — isso mesmo, meses —, eu me ajoelhava para orar, mas não conseguia. Nunca ouvi a voz de Deus, mas a mensagem era inconfundível. *Antes de seguirmos em frente, precisamos voltar lá para trás.* Consciência superativa? Que nada. Nunca lutei contra esse tipo de coisa. Cheguei a um ponto em que meu potencial para o futuro ministério parecia depender de como eu reagiria àquela voz tão calma, tão pacata, gritando dentro da minha cabeça. Por isso, cursei outra vez as duas matérias do primeiro ano no meu terceiro ano de faculdade. Não adiantava confessar. Não havia a quem confessar. Retomei as matérias e paguei por elas. E, no fim, fui até o escritório do homem cuja família eu aterrorizara e me confessei. Foi a coisa mais difícil que já fiz na vida. Tudo por conta de uma hora silenciosa. Isso, sim, é recompensa, não?

Na verdade, esse episódio inteiro operou maravilhas em benefício da minha fé. Deus me viu orando. Ele me amava o suficiente para não me levar adiante sem que primeiro eu voltasse para trás. É muito amor.

Aposto que você também tem uma história desse tipo, não tem? Aposto que já escutou essa voz não tão tranquila, não tão pacata. E, por mais perturbadora que ela fosse, agir com base no que Deus disse a você fez maravilhas por sua fé, não foi? Não seria maravilhoso se todos os adolescentes, universitários e adultos solteiros e casados da sua congregação tivessem uma vida devocional que os colocasse em posição de ouvir a voz de Deus? Imagine o que aconteceria em nossas igrejas. Se esse nível de disciplina pessoal e foco precisa se tornar a regra em vez de a exceção, devemos entretecer esse valor no tecido de tudo que fazemos como organização. Seguem algumas maneiras pelas quais tentamos fazer justamente isso.

## De volta para a igreja

Desde o início procuramos maneiras de persuadir, aliciar, atrair e equipar todo mundo, do jardim de infância em diante, para que se envolva em algum tipo de exercício devocional particular.

Nos cultos de fim de semana, sempre digo às pessoas para voltarem para casa e lerem a Bíblia. A aplicação prática de muitas das nossas mensagens é voltar para casa e começar uma oração específica. Muitas vezes imprimimos a oração em uma cartolina e a distribuímos no final de uma mensagem ou série. De vez em quando, escolho quatro a oito passagens em harmonia com a série e criamos cartões de versículos para memorização a fim de entregá-los aos nossos congregantes. Não é uma empreitada barata. Incentivamos as pessoas a lerem antes em preparação para a semana seguinte.

Como já mencionei, um dos nossos ministérios mais importantes, o Ponto de Partida, apresenta a quem está buscando Deus e a quem está retornando à igreja a importância do estudo pessoal e da oração. Além disso, essas pessoas recebem Bíblias junto com um plano de estudo.

No caso das contribuições, somos muito diretos em relação à importância do que chamo doação *prioritária, progressiva e por porcentagem*. Prioritária: primeiro dê, depois poupe e viva com o que sobrar. Por porcentagem: escolha um percentual e então doe com frequência. Progressiva: aumente o percentual a cada ano. Embora eu acredite muito no dízimo, quem nunca doou um percentual de sua renda não começará com 10%. Claro, alguns o farão. Mas, para ensinar as pessoas a dizimarem, talvez você tenha de começar com um passo de cada vez.

No caso das famílias, os pais de crianças no ensino fundamental recebem um *Cartão dos pais* todo mês. Ele serve como um guia simples para ajudá-los a conduzirem os filhos à devoção diária. Todo ano os departamentos voltados para o ensino fundamental e médio criam um evento dentro da grade curricular ou para um fim de semana sobre a importância das disciplinas espirituais particulares. Pouco tempo atrás, nosso ministério para o ensino médio criou uma experiência com um fim de semana inteiro de duração em torno do tema *Ouvir Deus falar... Esconde-esconde*. Incluímos uma *hora silenciosa* livre de aparelhos eletrônicos na agenda diária de todos os nossos acampamentos estudantis. Cada estudante recebe um devocional para ler e é convidado a ficar sentado sozinho por trinta minutos para ler, refletir e orar. Um dos momentos mais emocionais e memoráveis do meu verão consiste em ficar na varanda de um hotel e ver 800 ou 900 alunos do ensino médio se espalharem pela praia lendo a Bíblia, fazendo anotações e orando. Isso me dá esperança para a nação e o mundo. Para muitos desses garotos, o exercício revigora a vida devocional.

Agora, antes de avançarmos para o terceiro catalisador, há uma faceta importante deste aqui que não quero deixar passar despercebida. Quanto antes conseguirmos fazer que descrentes leiam a Bíblia e orem, melhor. Você não precisa se intimidar ante a necessidade de pressioná-los a fazer isso. Contudo, para que dê certo, é preciso arrumar as bolachas na prateleira mais baixa. *A maneira com que se fala da Bíblia no final de semana determinará o interesse do seu público durante a semana.* Você precisa tornar a Bíblia acessível. Precisa *dar a eles permissão para lerem a Bíblia antes de crerem nela*. Como mencionei na discussão do primeiro catalisador, se você apresentar as Escrituras em termos práticos, terá removido um grande obstáculo.

Essa é outra razão pela qual imprimimos orações e as distribuímos. Quem não ora, normalmente costuma não saber por onde começar. A oração pode ser sua segunda natureza. É algo aterrador para algumas pessoas. Aterrador. Elas precisam de modelos de oração para começarem a se desenvolver nesse quesito. Ora, estou na estrada há tempo suficiente para saber que alguém lá fora, no mundo dos meus leitores, está pensando: *Mas Deus ouve as orações dos incrédulos?* Tenho propensão para crer que Deus ouve tudo o que quiser ouvir. Com base no que Lucas nos conta em Atos 10 sobre Cornélio, o centurião romano, sabemos que Deus ouve orações sinceras. Afinal, Cornélio recebeu a visita de um anjo. Assim, eu não ficaria tão preocupado tendo de incentivar quem ainda está buscando, quem se mostra cético e os centuriões romanos em sua igreja a começarem a orar.

Aqui estão mais algumas ideias para você examinar:

- No seu modelo, com que idade se começa a ensinar a importância das disciplinas espirituais particulares?
- Como e com que frequência esse valor é reforçado junto aos estudantes?
- Que recursos de estudo bíblico devocional e pessoal você disponibiliza e quão acessíveis eles são?
- Quão difícil é para as pessoas em sua igreja conseguirem uma Bíblia?
- Qual foi a última vez que você apresentou uma mensagem sobre disciplinas espirituais?
- Como você poderia usar o fim de semana para reforçar esse valor em uma base regular?
- O que você poderia fazer para priorizar isso entre tudo mais que vem fazendo?
- As disciplinas espirituais são uma prioridade na *sua* vida?

## Catalisador nº 3: Ministério pessoal

O terceiro catalisador da fé é o *ministério pessoal*. Quando as pessoas descrevem sua jornada de fé, sempre falam sobre a primeira vez em que se envolveram em algum tipo de ministério pessoal. Para algumas delas, foi participar de uma viagem missionária de curta duração. Para outras, foi liderar um pequeno grupo de crianças.

Não é incomum ouvir histórias de pessoas sendo empurradas para o ambiente ministerial quase contra a vontade.

Quando as pessoas descrevem sua primeira experiência no ministério, usam frases como: "*Eu estava com muito medo*"; "*Eu me sentia inadequado*"; "*Eu me via despreparado*"; "*Eu esperava que não me fizessem nenhuma pergunta difícil*"; "*Nunca fui tão dependente de Deus*"; E então falam sobre a emoção que se seguiu quando constataram que Deus as usara, dera a elas palavras para dizer, permitira que tirassem vantagem do próprio passado para ajudar outros a seguirem em frente. Poucas coisas exigem tanto da nossa fé, e com isso a fazem crescer, que integrar um ambiente ministerial para o qual nos sentimos despreparados.

A Bíblia está repleta de ilustrações de Deus chamando e estimulando pessoas a servirem, apesar do sentimento esmagador de inadequação experimentado. E, em cada um dos casos, a fé delas em Deus ficou maior. Foi assim com Moisés, Josué e Gideão, passando por vários outros, até chegar a Saulo de Tarso. Claro, também houve os discípulos. Jesus lhes expandia a fé o tempo todo, empurrando-os para situações impossíveis. Talvez a mais famosa seja a tarde em que insistiram em que ele dispensasse as multidões de volta para as aldeias adjacentes a fim de procurarem alguma coisa para comer. Lembra-se da resposta de Jesus?

> [...] "Eles não precisam ir. Deem-lhes vocês algo para comer." (Mateus 14.16)

De repente os discípulos se descobriram de olhos fitos na própria inadequação. Estavam exatamente onde Jesus os queria. Era um teste para a fé deles. Jesus sabia muito bem o que estava fazendo e o que planejava fazer.[5]

[5] V. João 6.6.

Mesmo que você esteja no ministério há pouco tempo, conhece um pouquinho do que os discípulos sentiam. Diferentemente de nós, no entanto, eles não podiam fingir que não estavam conseguindo ouvir bem. O que você faz quando Jesus de fato está aí do seu lado dizendo para fazer algo que você sabe não ser capaz de fazer? Ao que tudo indica, você faz o mesmo que nós fazemos. Dá uma desculpa e diz coisas que ele já sabe.

> Eles lhe disseram: "Tudo o que temos aqui são cinco pães e dois peixes". (Mateus 14.17)

Certas coisas nunca mudam. Não sou inteligente o bastante. Não sou educado o bastante. Não tenho recursos suficientes. Arranjem outra pessoa! Sim, certas coisas nunca mudam, incluindo a resposta de Jesus.

"Tragam-nos aqui para mim", disse ele (v. 18).

Em outras palavras: "É só me trazer o que você tem, e é com isso que vou trabalhar. Traga-me sua educação limitada, sua falta de experiência, seu medo e sua insegurança, e observe o que sou capaz de fazer". Não é essa sua história? Com certeza é a minha. De certa forma, é a história de todo voluntário da nossa igreja. Os resultados são semelhantes também. Se nós, ou o pessoal das nossas igrejas, algum dia chegarmos a ponto de disponibilizarmos o que temos para Deus, coisas impressionantes acontecerão. E, depois que a poeira assentar, a fé de todo mundo será maior. Nossa confiança aumentará. Vivenciaremos Emanuel — Deus conosco. Os discípulos com certeza vivenciaram. Entrar no ministério nos posiciona para experimentar o poder de Deus por nosso intermédio. Isso nos provoca e nos assusta. Leva-nos para o extremo da nossa adequação. O ministério nos obriga a sermos conscientemente dependentes de Deus, e assim nossa fé é fortalecida.

Uma das razões pelas quais amo nossa igreja é que tive a oportunidade de ver esse catalisador operar na vida dos meus filhos. Parte da nossa estratégia de voluntariado é envolver nossos estudantes do ensino médio no serviço. Meus três filhos começaram a liderar pequenos grupos assim que completaram idade suficiente. Sandra e eu nos maravilhamos o tempo todo diante do comprometimento deles com as crianças de seus grupos. Se acontecesse só com o mais velho, eu me sentiria tentado a creditar o fato à ordem de nascimento e à personalidade. Mas os três se envolveram logo cedo e com entusiasmo, e permaneceram comprometidos durante o ciclo de quatro anos.

Um incidente particular se sobressai, na minha opinião. Aconteceu em uma manhã de domingo bem cedo, quando eu ainda pensava em faltar à igreja e dormir até tarde. Sim, faço isso de tempos em tempos. Naquela manhã de domingo, no entanto, eu tinha uma boa desculpa. Para início de conversa, não estava escalado para pregar. Nenhuma surpresa até aí. Mas o que tornava minha justificativa irrefutável eram os acontecimentos da noite anterior. Havíamos convidado minha mãe para jantar em casa. No fim da noite, ela estava pegando suas coisas para ir embora quando teve um ataque. Era a primeira vez que algo assim acontecia. A mãe dela sofrera uma série de enfartes antes de falecer, e ficamos com medo de que a história se repetisse. Chamamos os paramédicos. Eles chegaram quando ela começava a recobrar a consciência. Por precaução, sugeriram que eu os autorizasse a levá-la para o hospital. Concordei. E lá fomos nós. Os médicos do atendimento emergencial logo diagnosticaram sua condição, mas resolveram mantê-la em observação naquela noite.

Sandra e eu só voltamos para casa às 2 da madrugada. Impossível irmos para a igreja. E, se eu não ia, com certeza não esperava que meus filhos fossem. Eles tinham 17, 15 e 14 anos na época.

Fomos para a cama na esperança de dormir até tarde. Sem culpa. Por isso, você pode imaginar como ficamos surpresos ao sermos despertados às 8 horas por três adolescentes de banho tomado e prontos para irem à igreja. Eles entraram no quarto para nos avisar que estavam de saída. Não seja rigoroso demais ao me julgar, mas tudo que consegui pensar em dizer foi:

— Sério? Por quê?

— Não queremos perder os grupos — responderam.

Na mesma hora me veio à cabeça a série de enfermidades que eu alternava domingo após domingo no esforço de convencer meus pais de que estava doente demais para ir à igreja. Meus filhos estavam indo sem mim. E sou o pregador. Enquanto o barulho de seus passos desaparecia no final do corredor, voltei-me para Sandra e disse:

— Acho que acabamos de testemunhar um milagre.

## De volta à igreja

Como o ministério pessoal é um componente do crescimento espiritual, temos o compromisso de envolver o maior número de pessoas possível, tão jovens quanto possível, assim que possível. Às vezes, jovens demais e cedo demais! Mas erramos propositadamente por sermos rápidos demais, em vez de vagarosos demais. Não esperamos até as pessoas se sentirem "preparadas" ou "bem equipadas". A verdade é que, quando alguém diz "Estou pronto, já entendi, agora me passe as rédeas", isso me assusta. Gosto do pessoal do "Não estou preparado; se Deus não se manifestar, será um desastre". Se você ficar esperando as pessoas se sentirem preparadas para envolvê-las no ministério, ou você mesmo sentir que elas estão preparadas, saiba que esperará longo tempo. Longo demais. Um pouco de medo é bom. Mantém as pessoas dispostas a aprender, flexíveis e dependentes.

Uma razão pela qual conseguimos envolver as pessoas logo é nossa abordagem ao desenvolvimento de liderança. Nosso modelo inteiro de desenvolvimento de liderança gira em torno do trabalho como aprendiz, em oposição ao treinamento tradicional em sala de aula. Como mencionei no capítulo 4, a razão pela qual adotamos esse modelo é nossa convicção de que, em sua maioria, os adultos aprendem por uma "necessidade de saber". A experiência nos ensinou que, quanto antes conseguimos levar as pessoas para ambientes ministeriais, melhor. Mesmo que elas não tenham sido completamente treinadas. A partir do momento em que elas se veem de fato nesses ambientes, muitas coisas acontecem. Primeiro, elas são confrontadas com o que não sabem, mas necessitam saber, e passam a demonstrar extrema susceptibilidade ao ensino. Ao contrário do que acontece com o treinamento em sala de aula, ninguém adormece no ambiente de aprendizagem. A segunda coisa que acontece é que elas em geral reconhecem de imediato se escolheram um lugar apropriado para servir. Contudo, talvez o efeito mais importante ocorra no coração de cada uma delas. Quando os indivíduos entram em ambiente ministerial, o que antes era uma categoria de pessoas se transforma em pessoas com nome, rosto e história. Quando as pessoas demonstram interesse em nosso ministério de ensino médio, são por nós convidadas a participarem de um pequeno grupo de ensino médio assim que possível. Isso vale para toda área de interesse. Se você prender alguém pelo coração, acabará conquistando também seus pés e suas mãos. Colocar pessoas em ambiente ministerial é a maneira mais rápida de capturar-lhes o coração. Por isso, agimos rápido.

Pelo fato de o envolvimento no ministério ser tão poderoso na edificação da fé, envolvemos incrédulos no ministério sempre que possível. Temos diretrizes, mas forçamos a barra nesse aspecto. Antes que você me julgue, toda igreja tem incrédulos envolvidos nos ministérios. A diferença é que fazemos isso de propósito e, na maior parte dos casos, sabemos quem eles são. A maioria das igrejas o faz sem querer! Ora, tenho trabalhado em igrejas nas quais, com certeza absoluta, parte da equipe não era cristã. Somos cuidadosos. Não permitimos que incrédulos professos ensinem ou conduzam a adoração. Mas os convidamos para se juntar a nós em nossas equipes de atendimento ao visitante, participar de projetos de serviço, atuar como engenheiros de áudio e vídeo, tocar nas bandas, criar cenários, construir cenários, editar, produzir, trabalhar como atores e qualquer outra coisa em que consigamos pensar. Vários anos atrás, Sandra e eu levamos um grupo ao Quênia para percorrer várias instalações do ministério Compassion International.[6] Convidei meu médico judeu e sua filha para nos acompanharem. Eles sabiam que permaneceriam presos a um bando de cristãos por umas duas semanas. E, sim, houve alguns momentos embaraçosos. Mas, no fim das contas, foi uma viagem fantástica. Sinto-me feliz de tê-los convidado. Eles ficaram contentes por terem ido.

Quase sempre envolvemos incrédulos em nossos pequenos grupos. E lhes damos oportunidades de conduzirem a discussão. Uma das minhas experiências com pequenos grupos mais memorável foi na noite em que John conduziu a discussão. Na primeira noite em que nos reunimos como grupo, ele anunciou que a única razão de estar ali era para fazer a esposa feliz. Na segunda semana, ele levantou a mão quando estávamos começando e disse algo do tipo: "Na semana passada, no encerramento,

[6] Organização de ajuda humanitária cristã dedicada ao desenvolvimento de crianças que vivem na pobreza em todo o mundo. [N. do T.]

alguém orou. Jamais esperem que eu faça isso". Asseguramos a ele que a oração seria sempre voluntária. Contudo, à medida que as semanas passavam, Deus começou a amolecer o coração de John. Na oitava semana, entreguei a John o guia do líder cujo conteúdo estávamos estudando e pedi que ele liderasse a discussão na semana seguinte. Ele me olhou como se eu tivesse enlouquecido. Então sorriu e respondeu:

— Claro, lidero sim. — Parecia estar desafiando um blefe meu. Mas eu falava sério.

Na semana seguinte, John compareceu com a lição preparadíssima. Mas o momento que tornou inesquecível aquela noite foi quando ele disse:

— Muito bem, o guia do líder diz que devemos estar abertos para orar e que o ideal é nos colocarmos de joelhos. Então vamos nos colocar de joelhos, e eu farei a oração.

Mal pude acreditar no que estava ouvindo. Não havia um único olho seco no grupo enquanto ele fazia sua *primeira oração em voz alta*. Uau. Foi simples. De coração. Inesquecível. John seria o primeiro a dizer a você que não era cristão naquela noite. Isso veio depois. Mas ele não estava disposto a permitir que nenhum de nós o mandasse embora. O processo de preparação para liderar nossa discussão naquela noite foi para John uma experiência de expansão da fé. Meu Deus, ouvi-lo pregar foi uma experiência de expansão da fé para o grupo inteiro! Foi um risco entregar a um incrédulo o guia do líder e pedir que ele *liderasse* nosso estudo bíblico? Talvez. Valeu a pena? Com certeza.

O ministério aumenta a fé das pessoas. Se você quiser aumentar a confiança de alguém em Deus, coloque-o em situação de ministério antes que ele se sinta muito preparado. Com esse pano de fundo, seguem alguns pontos a considerar antes de analisarmos os dois últimos catalisadores da fé.

- Até que ponto é fácil para novos frequentadores e não membros se envolverem no ministério de acordo com o modelo que você usa?
- Sua abordagem da *preparação* e do *treinamento* mantém as pessoas longe do ambiente ministerial mais tempo que o necessário?
- Existem passos que você poderia encurtar ou eliminar por completo?
- Existem áreas nas quais os não crentes poderiam ser encorajados a servir?

*Capítulo Oito*

# DO NADA

Os dois últimos catalisadores são *relacionamentos providenciais* e *circunstâncias cruciais*. Agrupo-os porque, diferentemente dos outros três, são dinâmicas sobre as quais temos pouco controle. Escolhemos submeter-nos ao ensino prático. Escolhemos participar de disciplinas espirituais particulares. E escolhemos se servimos ou não no ministério. Mas, em certo sentido, são esses dois últimos catalisadores que nos escolhem. E, de fato, toda história de fé que já ouvi incluía ambos os componentes.

## CATALISADOR Nº 4: RELACIONAMENTOS PROVIDENCIAIS

Quando as pessoas contam sua história de fé, sempre se referem aos indivíduos que acreditam terem sido colocados em seu caminho por Deus. Você ouve coisas do tipo: "*Então conheci um casal*"; "*Então encontrei um velho amigo de faculdade*"; "*Um colega do trabalho me convidou para ir à igreja*"; "*Uma senhora que eu mal conhecia ouviu falar da minha situação e perguntou como podia ajudar*"; "*Uma tarde, meu chefe me chamou em sua sala*". Nunca ouvi uma história de fé sem um componente relacional. Sempre há uma referência *àquele sujeito, àquele casal, àquele vizinho que eu mal conhecia.*

Chamamos isso de *relacionamentos providenciais* porque, quando as pessoas contam sua história, estão convencidas de que Deus colocou esses indivíduos providencialmente em sua vida.

Encontros que a princípio pareciam acidentais ou fortuitos acabam sendo vistos como encontros marcados por Deus. Enquanto você está lendo, aposto que é capaz de pensar naquela pessoa, casal ou talvez grupo que Deus trouxe à sua vida na hora certa. E, se você for como a maioria das pessoas, não se tratou de um acontecimento isolado. A cada momento crítico em nossa jornada de fé, há indivíduos cujos caminhos cruzam com o nosso. Em alguns casos, longos relacionamentos são formados. Em outras ocasiões, os relacionamentos são apenas por curto período de tempo. Em ambos, no entanto, não resta dúvida de que esses encontros foram providenciais.

Duas coisas compõem um relacionamento providencial: quando *ouvimos* Deus falar por intermédio de alguém e quando *vemos* Deus em alguém. Quando alguma dessas coisas acontece, nossa fé aumenta. Não é verdade que ao vermos a fidelidade de Deus na vida de outra pessoa fica mais fácil para nós confiar nele? Esse é o poder de um relacionamento divinamente ordenado.

Sempre que falo sobre relacionamentos providenciais, não consigo deixar de pensar em Dan Dehaan. Eu tinha 15 anos quando o conheci. Ele estava com 20 e tantos anos. Depois do nosso primeiro encontro, resolvi que queria ser como Dan quando crescesse. Ele dava aulas no acampamento da nossa igreja todo verão. Era o comunicador que fazia as Escrituras ganharem vida para mim. Ainda me lembro de uma mensagem que ele apresentou no verão de 1975 sobre os perigos de viver à deriva. Fora do acampamento, Dan demonstrou particular interesse por Louie Giglio e eu. Levou-nos para acampar e praticar *rafting*. Recebeu-nos em sua casa. Ensinou-nos a praticar a hora silenciosa. Às vezes, quando vejo Louie pregar, detecto traços de Dan.

Ao longo do caminho, houve outros homens que Deus introduziu na minha vida na hora certa: Robert Rohm, Charlie Renfroe, Steve Youngerberg. Quando olho para esses e outros relacionamentos, não há palavra melhor para descrever seu significado que "providenciais".

## De volta à igreja

Neste instante, você deve estar pensando: *Hummm. Como se programa esse tipo de coisa?*

Não se programa.

Pode-se elaborar o ensino bíblico prático, mas não o relacionamento providencial.

Nossa equipe passou um tempão discutindo o papel da igreja nesse importante catalisador da fé. Aqui está a conclusão a que chegamos: mesmo estando além da nossa capacidade fabricar qualquer tipo de relacionamento, menos ainda algum que possa ser caracterizado como providencial, temos como criar ambientes propícios para o desenvolvimento desse tipo de relacionamento. Portanto, decidimos fazer exatamente isso. Não exagero quando digo que essa talvez tenha sido a decisão mais importante que já tomamos como equipe. Resolvemos criar um modelo "relacionamentocêntrico". Começamos procurando maneiras de levar as pessoas a estabelecerem mais rapidamente suas conexões e a se manterem conectadas por mais tempo. Isso teve implicações significativas em como abordamos o ministério familiar e os grupos adultos.

Em *Creating Community* [Criando comunidade],[1] Bill Willits fornece uma descrição completa de nosso modelo de

[1] Stanley, Andy; Willits, Bill. **Creating Community: Five Keys to Building a Small Group Culture**. Portland, Ore.: Multnomah, 2004.

grupo adulto. Mais relevante para nossa discussão aqui é o valor que atribuímos aos relacionamentos providenciais, pois foi o que nos levou a construir nosso modelo em torno de grupos fechados em vez de abertos. Resolvemos não tirar partido dos grupos adultos como mecanismos de crescimento, mas fazer tudo ao nosso alcance para criarmos uma comunidade autêntica. Desse modo, nossos grupos comunitários adultos são desenhados para que seus integrantes permaneçam juntos por dois anos. Alguns disseram que não daria certo. Mas, pensando bem, um monte de gente disse que um monte de coisas não daria certo na época. Todo o nosso modelo de ministério é projetado para conduzir as pessoas para os grupos. Acreditamos que círculos são melhores que fileiras. E sabemos por observação empírica que, no contexto de nossos grupos adultos, homens e mulheres que de outra forma poderiam nunca ter se conhecido estão sendo usados de maneiras significativas na vida uns dos outros. No mínimo 90% dos adultos que batizamos agradecem a indivíduos específicos do pequeno grupo que frequentam pelo papel desempenhado em sua rendição à fé e na decisão de se batizarem. Podem não usar o termo "providencial" para descrever esse tipo de relacionamentos, mas, quando contam sua história de fé, fica evidente que é disso que se trata.

No caso do ministério familiar, nosso compromisso de criar ambientes propícios para os relacionamentos providenciais fez que tomássemos várias decisões estratégicas. A mais importante foi a de manter os líderes de grupos com seu pequeno grupo o máximo de tempo possível. Quanto mais um líder de grupo permanece com seu grupo de crianças, maior é a probabilidade de um relacionamento se desenvolver — e, portanto, maior é a possibilidade de Deus usar o líder do grupo de maneira significativa na vida de uma das crianças desse grupo. Por isso, quando adultos se oferecem como voluntários para liderar um grupo de crianças da primeira série, eles permanecem com o mesmo grupo (de crianças e pais) até a quinta série. Isso não apenas cria potencial para relacionamentos de longo prazo, como institui certo grau de obrigação de prestar contas que vai muito além da experiência de um fim de semana. Não é incomum que líderes de grupo permaneçam com seu grupo ao mesmo tempo que fazem a transição para nosso ministério dedicado a alunos do ensino médio. Isso lhes propicia oito anos de influência durante aquele período que sem dúvida é o mais importante para uma criança em termos de desenvolvimento físico, psicológico, espiritual e relacional.

Temos visto essa prática gerar enormes ganhos nos ambientes de ensino fundamental e de ensino médio. Você sabe tão bem quanto eu que ser um líder de grupo de meninos ou meninas cursando os últimos anos do ensino médio é uma tarefa bem difícil. Quando você conquista certa confiança, o ano escolar termina e eles vão embora. Mas já imaginou ser um líder de pequeno grupo desses meninos ou meninas desde que eles estavam no fim do ensino fundamental? Isso faria enorme diferença em termos relacionais, não? E faz. Ano após ano. Temos grandes ministérios estudantis em todas as nossas igrejas. Como alguém de fora, você poderia se sentir tentado a pensar que é a música e a energia dentro da sala que atraem as crianças. Mas as crianças, as minhas crianças, dirão a você que o líder do grupo delas é que torna o ambiente especial. As crianças do ensino fundamental e do ensino médio das nossas igrejas não usariam o termo "providencial" para descrever o relacionamento delas com o líder. Ao ouvir suas histórias, no entanto, ao assistir aos vídeos de batismo, ao ouvir os pais falarem da diferença que os líderes têm feito na vida de seus alunos, não há dúvida quanto a isso. Trata-se de relacionamentos providenciais. Quando essas crianças chegam à idade adulta e descrevem sua jornada de fé, esteja certo de que os líderes de seu pequeno grupo do ensino médio farão parte da história de cada uma delas.

Não temos classes para novos membros. Para quem está tomando os primeiros contatos com a fé ou retornando a ela, criamos o Ponto de Partida. Costumamos divulgá-lo como *conversa* em vez de *aula*. Limitamos o tamanho do grupo a 12. Não nos importamos de pedir para as pessoas esperarem. Se o conteúdo é muito valioso, os relacionamentos formados nesse contexto são de igual ou maior valor. De semelhante modo, não disponibilizamos aconselhamento pré-nupcial. Em vez disso, temos um programa chamado Mentoria Pré-nupcial 2 para 1. Casais comprometidos são confiados a casais casados e costumam se reunir oito vezes a fim de passarem por uma série de lições. A natureza relacional dessas sessões as transforma em mentoria mais do que aconselhamento. Depois do casamento, o casal sempre pode entrar em contato com seus mentores 2 para 1 caso surjam perguntas ou desafios inesperados.

Talvez nossa iniciativa mais agressiva (alguns diriam heterodoxa) no tocante a essa questão seja o esforço que empreendemos para promover a transição de pessoas desigrejadas e incrédulas para grupos e equipes de serviços. Queremos que quem está considerando a possibilidade de crer ou tem dúvidas sobre a fé se veja rodeado de pessoas de fé. Quanto mais elas entrarem em contato com cristãos, maior a probabilidade de um desses indivíduos ser aquele a fazer um comentário de improviso capaz de abrir a porta para uma conversa que leve a um momento decisivo. De novo, não temos como criar um relacionamento providencial. Mas com certeza podemos criar alguns pontos de contato.

Pois bem. Tenho certeza de que há alguém aí do outro lado, no mundo dos leitores, pensando: *Ei, Andy, você não é dono da única igreja em que coisas legais como essas acontecem. Vemos o mesmo tipo de situação na nossa igreja!*

Claro que veem. Esse é o ponto que defendo. Deus trabalha assim. A dúvida é: *Vocês estão trabalhando com Deus?* O tipo de coisa que descrevi está acontecendo *por causa* do modelo de ministério de vocês ou *apesar* dele? Que *vai* acontecer, vai. Deus usa os relacionamentos providenciais para atrair a atenção das pessoas e catapultar sua fé. Minha responsabilidade — e sua também — é fazer o que for possível para ajudar e abrir espaço para que esses relacionamentos se desenvolvam. O escritor de Hebreus acertou na mosca quando (ele ou ela?) escreveu:

> E consideremos uns aos outros para nos incentivarmos ao amor e às boas obras. Não deixemos de reunir-nos como igreja, segundo o costume de alguns, mas procuremos encorajar-nos uns aos outros, ainda mais quando vocês veem que se aproxima o Dia (Hebreus 10.24,25).

Amo a primeira frase: "E *consideremos* uns aos outros [...]". Em outras palavras, meditemos um pouco no assunto. Não vamos apenas presumir que acontecerá. Vamos facilitar as coisas. Vamos participar da vida uns dos outros e encorajar uns aos outros. Desse modo, aqui vai um pequeno encorajamento. Seu modelo de ministério conecta as pessoas rapidamente e as mantém conectadas? Seu modelo adota passos fáceis e óbvios que levem à comunidade? É fácil para os incrédulos encontrar o lugar que lhes é destinado? Você condena as pessoas à morte? O que você pode fazer em termos programáticos para criar mais oportunidades de conexão relacional em seu modelo de ministério?

## Catalisador nº 5: Circunstâncias cruciais

O quinto e último catalisador da fé são as *circunstâncias cruciais*. Quando alguém descreve sua jornada de fé, sempre inclui acontecimentos que poderiam ser descritos como "momentos cruciais". Alguns são bons: ser agraciado com uma bolsa de estudos, descobrir uma nova oportunidade, casar, ter um bebê, ser promovido ou transferido no emprego. Com igual frequência, no entanto, esses momentos cruciais envolvem dor e desilusão: a morte de um amigo ou familiar, o divórcio, uma enfermidade prolongada, uma transferência no emprego, a traição de um amigo. Como você bem sabe, em se tratando de fé, as circunstâncias atuam de ambos os lados. Um evento positivo pode afetar a fé negativamente ou fortalecê-la. Circunstâncias adversas podem prejudicar a fé de um indivíduo ou aperfeiçoá-la. As pessoas perdem a fé quando a vida se torna fácil demais, mas também diante da tragédia. De um jeito ou de outro, a vida tem o potencial de impactar a fé para o bem ou para o mal.

O desafio desse catalisador é que não há como programar uma circunstância crucial. Não percebemos quando elas se aproximam. Não as agendamos. E nunca sabemos como impactarão nossa fé até estarmos no meio delas. Assim, este catalisador é um pouco complicado. Mas, como você sabe pela própria história, os acontecimentos grandiosos, carregados de emoção e inesperados são fatores essenciais no desenvolvimento ou na corrosão da nossa confiança em Deus. Por conseguinte, decidimos que esse fato era importante demais para ser ignorado, apesar de as *circunstâncias cruciais* ocuparem uma categoria própria. Por isso, passamos um bom tempo discutindo o que faz a diferença quanto a como uma circunstância crucial influencia a fé de uma pessoa. Ao compartilharmos nossas lutas pessoais diante das surpresas da vida e o efeito que esses acontecimentos tiveram sobre nossa fé, chegamos à seguinte conclusão: na verdade, não foi o acontecimento em si que nos desenvolveu ou corroeu a nossa fé; a *interpretação* que lhe demos determinou o rumo que tomamos. A conclusão que tiramos sobre Deus no meio de nossas circunstâncias cruciais leva-nos em direção a ele ou para longe dele.

Um dos homens mais ricos dos Estados Unidos, que influenciou a vida de todo norte-americano por meio da distribuição internacional dos meios de comunicação, cresceu acalentando o desejo de ser missionário. Quando jovem, sua irmã contraiu leucemia. Segundo a história que ele conta, ele e a família oraram sem parar em favor da garota. Disseram-lhe que, se tivessem fé suficiente, sua irmã sobreviveria. Como isso não aconteceu, esse homem concluiu que, se Deus existia, com certeza não era digno de confiança. Ele se afastou da fé e nunca olhou para trás. Ele *interpretou* a morte da irmã como prova da fraqueza, desatenção ou inexistência de Deus. Todavia, como eu, você conhece pessoas que trilharam o mesmo caminho e saíram do outro lado com mais fé em Deus. A diferença? Interpretação.

## O PODER DE UMA IMAGEM

Steve Jobs experimentou uma crise de fé semelhante. A revista *Life* estampou na capa da edição de 12 de julho de 1968 a imagem perturbadora de duas crianças de uma região do Biafra devastada pela guerra. Biafra era um estado secessionista da Nigéria que manteve a independência por apenas dois anos e meio antes de ser reintegrado. Mais de 1 milhão de pessoas morreram ou na guerra civil ou de fome nesse período. Aos 13 anos, Steve achou impossível conciliar aquela imagem com as lições que lhe eram ensinadas na igreja luterana local.

Outro garoto qualquer de 13 anos teria dado de ombros e seguido sua vida de garoto de 13 anos, mas Steve queria respostas.

Seu biógrafo, Walter Isaacson, descreve o que aconteceu em seguida:

> Steve levou-a (a revista) para a escola dominical e confrontou o pastor da igreja. "Se eu erguer o dedo, Deus saberá qual deles vou erguer antes que o faça?" O pastor respondeu: "Sim, Deus sabe todas as coisas". Jobs então mostrou a capa da revista *Life* e perguntou: "Bem, Deus sabe disso e do que vai acontecer com essas crianças?".[2]

A resposta que ele recebeu estava longe de ser aceitável. De acordo com Isaacson, depois dessa conversa, Steve nunca mais voltou à igreja. Mas não foi a imagem na capa da revista que abalou sua fé. Foi sua *interpretação* da imagem que o afastou. Foram as conclusões a que ele chegou que tornaram seu Deus da escola dominical e as crianças famintas irreconciliáveis.

Aqui está por que digo isso.

Quando meus filhos tinham 10, 11 e 14 anos, Sandra e eu lhes demos as mãos e os conduzimos pelos caminhos enlameados, impregnados de água de esgoto da favela do vale de Mathare em Nairóbi, Quênia. Essa favela tem aproximadamente 7 quilômetros quadrados de extensão e serve de lar para mais de meio milhão de pessoas, a maioria das quais vive em barracos de 1,80 por 2,40 metros feitos de lata enferrujada e barro. Não há eletricidade ou água encanada. Há uma pequena quantidade de banheiros públicos espalhados pelo local, que os moradores têm de pagar para usar. Quem não tem condições de pagar, usa os "banheiros voadores", sacos plásticos utilizados para recolher os excrementos que em seguida são lançados no rio Nairóbi

[2] ISAACSON, Walter. **Steve Jobs: a biografia**. São Paulo: Companhia das Letras, 2016.

(a fonte de abastecimento de água para os moradores). As crianças têm o aspecto igual ao daquelas da capa da revista *Life*, que tanto consternou o jovem Steve Jobs. Mas meus filhos não perderam a fé. Tampouco as outras crianças cujas famílias nos acompanharam em nosso "passeio". Pelo contrário, todos eles voltaram para casa motivados a fazer alguma coisa com relação ao que viram.

É provável que você já tenha andado por áreas em que a pobreza rouba o futuro das crianças. Mas o que você viu não desmantelou sua fé. Você reagiu como meus filhos. Voltou para casa grato pelo que tinha e motivado a fazer alguma coisa acerca do que testemunhou. Sabia que Deus odiava aquilo tanto ou mais do que você. E ainda acredita, como eu, que o pecado, o sofrimento e a morte um dia serão eliminados por completo e de uma vez por todas! Você *interpretou* o que viu de maneira diferente. A maneira pela qual cada um interpreta as próprias circunstâncias faz toda a diferença.

## Fatores determinantes

A partir do momento em que reconhecemos a relação entre os acontecimentos e sua interpretação, investimos algum tempo lutando com a seguinte pergunta: *O que determina como interpretamos os acontecimentos e as circunstâncias?* Chegamos a dois fatores:

1. Nossa visão de mundo
2. Com quem estamos construindo a vida no momento

Com relação à visão de mundo, se alguém está convencido de que "toda boa dádiva e todo dom perfeito" vêm de Deus,[3] de que tudo pertence ao Senhor e de que somos meros

[3] Tiago 1.17.

administradores,[4] quando coisas boas acontecerem, elas não serão distrações para a fé. Se determinado indivíduo acredita que Deus não impede que coisas ruins aconteçam a pessoas boas, mas usa essas coisas para fortalecer a fé e chamar a atenção para si,[5] ele verá as circunstâncias cruciais dolorosas como oportunidades. No fim, elas fortalecem a fé. Mesmo uma leitura casual do Antigo ou do Novo Testamento levaria à conclusão de que *Deus sempre demonstra seu poder no palco da fraqueza humana*. Todavia, até essa declaração envolve uma interpretação dos acontecimentos, com base na visão de mundo moldada pelas Escrituras. Ajudar pessoas a verem o mundo através das lentes das Escrituras é fundamental para lhes dar o contexto apropriado por meio do qual interpretar a vida.

O segundo fator que influencia nosso modo de interpretar as circunstâncias cruciais da vida é quem tem acesso a nós no momento: amigos, família, mentores, mestres. O autor de Eclesiastes diz que deveríamos ter dó daqueles que caem e não têm ninguém para ajudá-los a se levantar.[6] Todos temos visto o que acontece quando as provações da vida atingem uma pessoa e ela não pode contar com ninguém para ajudá-la a contextualizar suas circunstâncias da maneira mais adequada. Quando nossa fé sofre uma derrota, precisamos de alguém que nos fale a verdade, de amigos que nos façam lembrar a fidelidade de Deus no passado. Necessitamos de pessoas que chamem nossa atenção para fora das circunstâncias imediatas e coloquem essas circunstâncias no contexto apropriado.

Talvez o melhor exemplo dessa dinâmica no Novo Testamento gire em torno da prisão e encarceramento de João Batista.

[4] V. 1Coríntios 10.26.

[5] V. Romanos 8.28.

[6] V. Eclesiastes 4.10.

Incumbido por Deus de anunciar a chegada do Messias, João se descobre repentinamente na prisão, sem perspectiva de ser solto. E, diferentemente de outros heróis neotestamentários que se viram em dificuldades semelhantes, nenhum milagre ocorre à meia-noite. Nenhuma visita angelical. Nenhum terremoto. João não recebe nem mesmo um pacote com itens de uso pessoal do primo famoso — só enfrenta o mau cheiro do calabouço de Herodes. Por tudo isso, sua fé levou um grande golpe. Ele começou a duvidar. E então enviou uma mensagem a Jesus por meio de amigos. Era mais uma pergunta que uma mensagem, na qual ele quis saber: "És tu aquele que haveria de vir ou devemos esperar algum outro?".[7] Em outras palavras: "*Isso não está fazendo o menor sentido. Interprete, por favor!*". Jesus respondeu desviando a atenção de João das circunstâncias imediatas para a atuação mais ampla de Deus no mundo: "[...] 'Voltem e anunciem a João o que vocês estão ouvindo e vendo: os cegos veem, os aleijados andam, os leprosos são purificados, os surdos ouvem, os mortos são ressuscitados, e as boas-novas são pregadas aos pobres' ".[8] Em outras palavras: "*Contem a João o que está se passando fora do seu infortúnio. Digam-lhe para não deixar que sua fé seja engolida pelo entorno imediato. Mostrem o contexto mais amplo. Fazer isso o ajudará a interpretar da maneira correta o que está lhe sucedendo*". Depois de despachar os amigos de João, Jesus fez uma declaração extraordinária para quem estava à sua volta: "E feliz é aquele que não se escandaliza por minha causa".[9] As implicações dessas palavras são vertiginosas. Jesus reconhece que sua atividade ou inatividade tem o potencial de abalar as estruturas da nossa fé.

[7] Mateus 11.3.

[8] Mateus 11.4,5.

[9] V. 6.

Sua inatividade quase destruiu a fé de João. E você sabe como essa história terminou. Nada bem. Jesus nunca saiu em seu socorro. Ao que tudo indica, ele nunca nem se deu ao trabalho de lhe prestar uma visita. Herodes acabou executando João, mas parece que João morreu com a fé intacta.

## DE VOLTA À IGREJA

Munidos dessas observações, constatamos quão importante era para nós agirmos deliberadamente no sentido de ajudar as pessoas a desenvolver uma visão de mundo bíblica. Assim, decidimos oferecer para adultos, adolescentes e crianças um contexto teológico que os capacitasse a manter a fé, sem importar o que lhes sobreviesse.

Essas observações reforçaram nosso compromisso de criar um modelo de ministério altamente relacional por natureza. Embora seja sempre perigoso nos desvincularmos de outros cristãos, mais perigoso ainda é quando as coisas não vão bem. A seguir, indicamos várias providências que incorporamos ao nosso modelo tanto para criar oportunidades de reiterar uma visão de mundo cristã quanto para formalizar conexões relacionais saudáveis:

- **Batismo**
  Os vídeos de batismo ilustram o tempo todo como Deus usa circunstâncias cruciais para levar as pessoas à fé. Além disso, eles também ilustram como as pessoas mantêm a fé no meio da dificuldade. Às vezes, dificuldade extrema.

- **Mentoria 2 para 1**
  Nosso programa de Mentoria Pré-nupcial 2 para 1 oferece a casais comprometidos a experiência de casais casados, os quais contribuem com a perspectiva necessária para os desafios únicos associados à condição de recém-casados.

- **Estrutura de pequeno grupo**
  Nosso modelo de grupos comunitários fechados oferece apoio relacional, bem como uma contextualização adequada para solteiros e casais enfrentando desafios.

- **Estrutura de grupo de ministério familiar**
  Manter crianças e estudantes com o mesmo líder de pequeno grupo por vários anos cria uma dinâmica relacional saudável. Crianças e estudantes são particularmente susceptíveis a interpretar negativamente eventos negativos. Contar com um adulto maduro além dos pais pode fazer toda a diferença ao lidar em circunstâncias desafiadoras.

Quando somos capazes de encontrar Deus no meio das circunstâncias cruciais da vida, nossa fé é fortalecida. Quando ajudamos as pessoas a reconhecerem Deus em meio às circunstâncias da vida, sua fé é fortalecida. As circunstâncias cruciais testam nossa confiança em Deus e por isso mesmo têm potencial para a fortalecer. Para que isso aconteça, as pessoas necessitam de contexto e de uma visão de mundo bíblica. E costumam precisar de alguém que as ajude a interpretar o que está acontecendo.

## Eterno e atemporal

Portanto, aqui estão eles: nossos cinco catalisadores da fé.

- Ensino prático
- Disciplinas particulares
- Ministério pessoal
- Relacionamentos providenciais
- Circunstâncias cruciais

Estamos convencidos de que Deus usa essas dinâmicas para desenvolver nossa fé. Também estamos convencidos de que essas dinâmicas operam na vida de cada indivíduo de cada igreja, quer tenham consciência disso, quer não. Mas posso dizer por experiência que algo poderoso acontece na vida dos frequentadores da igreja cujos líderes se mantêm atentos em busca de maneiras de tirar proveito desses cinco catalisadores. Buscamos o tempo todo novas maneiras de estruturar nossa organização em torno deles. Quero que Deus tenha liberdade para trabalhar por meio do nosso modelo, não apesar dele. Antes de mudar de assunto, no entanto, gostaria de salientar a principal razão pela qual acreditamos que essa abordagem é superior a abordagens mais tradicionais à formação espiritual.

Ao tratar do próprio desenvolvimento espiritual, o apóstolo Paulo descreveu o processo do seguinte modo:

> Não que eu já tenha obtido tudo isso ou tenha sido aperfeiçoado, mas prossigo para alcançá-lo, pois para isso também fui alcançado por Cristo Jesus. Irmãos, não penso que eu mesmo já o tenha alcançado, mas uma coisa faço: esquecendo-me das coisas que ficaram para trás e avançando para as que estão adiante, prossigo para o alvo, a fim de ganhar o prêmio do chamado celestial de Deus em Cristo Jesus (Filipenses 3.12-14).

Mesmo esse seguidor experiente de Jesus não se via como tendo "chegado lá". Há mais para aprender. Mais para experimentar. Mais para compreender. Paulo se considerava um "seguidor em processo". Escolhe os termos "avançando" e "prossigo" do trecho bíblico para descrever a abordagem de maturidade adotada. Há muita energia por trás dessas palavras. A busca pela maturidade espiritual não era uma empreitada passiva ou casual para Paulo. Ele faz a formação espiritual parecer um evento atlético, mais que um estudo bíblico. Conquanto eu me sinta tentado a sorrir e atribuir a linguagem radical de Paulo ao esforço para compensar seu passado um tanto constrangedor como ativista, ele não me permitirá fazer isso. Nem a você.

> Todos nós que alcançamos a maturidade devemos ver as coisas dessa forma [...]. (Filipenses 3.15)

"Todos". Isso é bastante inclusivo. "Todos" deveríamos *avançar* e *prosseguir*. E você pensava que, depois de duas temporadas de estudo bíblico orientado por uma organização internacional, três anos de voluntário na escolinha da igreja e uma viagem missionária para o Burundi, já poderia marcar como "resolvido" o quesito da maturidade espiritual. Ao que tudo indica, não. Ao que tudo indica, a busca por maturidade espiritual é uma empreitada para a vida inteira. E, se é esse o caso, então sua abordagem da formação espiritual deve ser flexível e dinâmica o suficiente para dar sustentação ao longo de cada época da vida. Mais importante ainda, a abordagem da formação espiritual que você ensina e em torno da qual você constrói seu modelo de ministério deve ser flexível e dinâmica o bastante para dar sustentação a seus congregantes ao longo de cada época da vida. Pessoas de todas as idades precisam saber que podem confiar em Deus nos desafios e tentações específicos associados a seu estágio específico da vida. A grande fé é uma necessidade em cada capítulo. Mas as expressões dessa fé mudarão com o tempo.

Os adolescentes da sua igreja necessitam de uma fé forte o suficiente para suportar os desafios da idade. Os universitários da sua igreja precisam de fé grande o suficiente para capacitá-los a confiarem a Deus o próprio futuro. Os solteiros da sua igreja enfrentam um conjunto de desafios diferente desses outros dois grupos. Os casais casados da sua igreja precisam saber que podem confiar a Deus o cônjuge e os filhos. Os mais velhos da sua igreja precisam saber que podem confiar em Deus durante uma época da vida em que perder os entes queridos é lugar-comum++++ e que cada dia traz novos avisos da própria mortalidade.

Aqui estão a beleza e o poder da abordagem dos cinco catalisadores da fé para a maturidade. Cada um deles tem um aspecto um pouco diferente em estágios diversos da vida. Contudo, embora as expressões mudem, os catalisadores se mantêm ano após ano, de estação em estação. A estrutura simples pode ser ensinada a crianças, estudantes e adultos, propiciando-lhes uma ferramenta para monitorar e perseguir a maturidade ao longo da vida.

Por exemplo, nossa abordagem das disciplinas particulares pode mudar no decorrer dos anos, mas sempre necessitaremos delas para permanecermos centrados na fé. Ninguém amadurece a ponto de ultrapassar a própria necessidade de oração e meditação. Confiar em Deus em relação a assuntos financeiros é diferente aos 40 anos do que era aos 14. Mas a disciplina é uma medida vitalícia da nossa confiança em Deus. A generosidade torna nossa fé maior em cada estágio da vida.

Cada época trará um ciclo próprio de circunstâncias cruciais. Meninos adolescentes recebem mensagens de texto das namoradas dizendo que só querem ser amigos. Maridos são notificados pelo oficial de justiça a respeito de uma ação de divórcio. Conquanto a magnitude do que a vida coloca em nosso caminho mude, nossas respostas e nossa capacidade de interpretar corretamente essas mudanças imprevistas na paisagem da vida sempre serão fundamentais para a saúde da nossa fé. O salmo 23 não muda nunca. Mas seu significado com certeza muda. O "vale de trevas e morte" tem aspecto diferente em cada estágio da nossa vida, não tem? Bendita estudante do ensino médio cujos líderes lhe ensinaram a enfrentar a traição da melhor amiga, pois, quando ela for mais velha, melhor preparada para superar perdas mais substanciais.

Esta manhã acordei às 5h10 para tuitar meu apoio em oração a um membro da equipe e à sua esposa, que está se submetendo a uma cesariana. Não se esperava que a bebê Hallie vivesse mais que alguns minutos. Talvez um dia inteiro.[10] Chorei lendo a última postagem de Chris antes que eles seguissem para o hospital. E não tanto pelas circunstâncias dele e de Katie, mas diante da confiança que os dois depositavam em Deus, ou seja, da fé enorme que tinham. Esse tipo de fé não nasce de uma série de aulas ou estudos bíblicos. Vem de se ter experimentado a fidelidade de Deus no passado. É o transbordamento dos relacionamentos providenciais que tem cruzado suas vidas há anos. Nasce de uma vida devocional em que se ouve Deus sussurrar. Eles mais que depressa diriam que a fé deles se deve em parte ao ouvir a Palavra de Deus pregada e ensinada com foco. Por isso, *prosseguem, avançam para o que está adiante*. E, a partir do momento em que deixarem essa provação para trás, haverão de redimi-la entrando em um novo campo do ministério pessoal, voltado a casais que enfrentam o mesmo desafio. E esses casais considerarão providencial a interação deles com Chris e Katie. Como sei disso? Não é sempre assim que nosso Pai celestial trabalha? Nomes e rostos mudam. Deus, não.

Como declarei repetidas vezes ao longo deste livro, meu objetivo não é que você faça o que nós fazemos. Mas parte do meu objetivo é pressionar você a examinar bem de perto o que vem fazendo.

[10] Hallie nasceu com 2,24 quilos e conseguiu sair do hospital, mas infelizmente morreu cinco dias depois nos braços da mãe.

Portanto, na área da formação espiritual, qual é o seu modelo? Ele é passível de ser ensinado? É portável? Mais importante ainda, ele conseguirá orientar as pessoas pela vida inteira? Você criou uma linguagem passível de ser transmitida do ministério infantil até o adulto? O modelo de crescimento espiritual da sua organização é perfeitamente desenhado para produzir os resultados que você está obtendo hoje. Então, se você gosta do que está acontecendo, documente seu processo a fim de não se afastar dele sem querer. Mas, se em segredo você se pergunta se as pessoas estão mesmo mudando ou só ouvindo sermões e frequentando aulas, quero exortar você a considerar a possibilidade de adotar os cinco catalisadores de fé como uma estrutura. Como você, não tenho o desejo de construir uma igreja cheia de gente que apenas conhece a Bíblia. Quero construir uma igreja repleta de homens e mulheres de grande fé, homens e mulheres confiantes em que Deus é quem diz ser e que fará exatamente o que tem prometido. Quero estar rodeado de pessoas cuja vida e cujas reações à vida fazem a comunidade erguer os olhos e observar. Foi esse tipo de fé que sustentou e alimentou a Igreja ao longo das provações de seus três primeiros séculos. É esse tipo de fé que deveria caracterizar nossas igrejas hoje.

*Seção Quatro*

# AMPLIANDO

## Por que eles amam frequentar?

Vários anos atrás, Sandra e eu visitamos amigos que haviam se mudado fazia pouco tempo para a costa oeste dos Estados Unidos. Não é demais quando seus amigos se mudam para lugares que você tem mesmo vontade de visitar? Chegamos na quinta-feira. Sean me informou que se juntara a um grupo de homens que se reuniam nas manhãs de sexta-feira e perguntou se eu não gostaria de acompanhá-lo. Considerando que meu relógio biológico com certeza me despertaria às 5 da manhã, concordei em ir.

O estudo acontecia em uma igreja local (não a que frequentavam no momento). Se você se parece comigo, no instante em que põe os pés nas instalações de uma igreja, começa a analisar tudo, bem como a procurar ideias para "pegar emprestadas". Não vi muita coisa para tomar emprestado, mas para analisar não faltava.

O grupo de homens se reunia em um auditório com uma parede envidraçada de um lado e uma fileira de salas de aula do outro. A primeira coisa que observei foi o cheiro. O auditório recendia a... coisa velha. O segundo problema a chamar minha atenção foi a bagunça. Havia coisas espalhadas por todo lado. Material impresso para a escola dominical. Bíblias. Hinários. Guarda-chuvas. Havia até uma lhama comendo *Cheerios* no canto. As venezianas de meia dúzia de janelas estavam todas erguidas em alturas variadas. Um quadro de avisos exibia meia dúzia de anúncios pregados aleatoriamente. A cor da parede era ruim.

O carpete precisava ser trocado. Já falei do cheiro? E não, na verdade não havia lhama nenhuma no canto.

Aquele era o lugar de reunião de um grupo de adultos da escola dominical. Pessoas maduras se encontravam naquele auditório. Para estudar a Bíblia. Depois de permanecer menos de um minuto naquele ambiente, tive certeza de uma coisa: as pessoas que se reuniam naquele salão aos domingos faziam isso havia tanto tempo que nem o enxergavam mais. O espaço se tornara invisível para elas. Não que gostassem de bagunça. Simplesmente não a viam. Um recém-chegado, no entanto, haveria de percebê-la de pronto. Eu percebi, sem sombra de dúvida. A verdadeira tragédia, do meu ponto de vista, era a série de lições que esse ambiente do ministério adulto ensinava sem que o departamento da escola dominical estivesse ciente.

Lição nº 1: Não esperamos visitas.
Lição nº 2: O que fazemos aqui não tem tanta importância assim.
Lição nº 3: Esperamos que alguém limpe tudo quando sairmos.
Lição nº 4: Não nos orgulhamos da nossa igreja.

Você acha que estou sendo rigoroso demais? Espera que eu não visite sua igreja tão cedo? Em caso positivo, essa talvez seja a seção mais importante do livro para você considerar e depois ensinar à sua equipe. Mas, antes de passarmos para o conteúdo propriamente dito, aqui vai mais uma história.

Nos primeiros três anos e meio, a North Point se reuniu nas noites de domingo em imóveis alugados. Nada divertido. Mas isso me dava a oportunidade de conhecer outras igrejas nas manhãs de domingo. Para ser franco, desapontar-me era uma constante.

Nossa experiência mais frustrante teve lugar em uma igreja muito elogiada pelo ministério com as crianças. Chegamos cerca de 20 minutos antes do horário marcado para o culto começar.

Andrew nos acompanhava. Ele acabara de completar 3 anos. Precisamos perguntar duas vezes onde ficava o espaço para crianças. A sinalização era quase inexistente. Afinal alguém nos indicou uma porta. Espreitamos por ela, e a única pessoa na sala era um homem aparentando quase 30 anos. Quando ele nos viu, veio até a porta com um grande sorriso no rosto. Um pouco grande demais para o meu gosto. Comentamos que era nossa primeira visita. Ele nos assegurou que estávamos no lugar certo e convidou Andrew a entrar. Foi quando notei uma porta dos fundos aberta para o que parecia um *playground* ao ar livre. Era difícil dizer exatamente onde a porta levava. Sandra quis saber se precisávamos preencher algum formulário. O homem pareceu meio confuso e disse que não, mas que esperava que aproveitássemos bem o culto. Então se virou e começou a conversar com Andrew. Ficamos parados onde estávamos — os dois pensando a mesma coisa, mas nem um nem outro querendo dizê-la em voz alta. Ignorando nossos instintos paternos ensandecidos, seguimos para a igreja em si, o templo.

Durante a execução da segunda música, Sandra se voltou para mim e perguntou:

— Para você tudo bem a situação de Andrew?

Assegurei-lhe que não e que não conseguia pensar em outra coisa desde que o deixáramos na sala de aula. Na mesma hora, ela deslizou para fora do banco e voltou à ala infantil. Precisei de todo o autocontrole para não correr atrás. Minutos depois, ela voltou e me comunicou que na verdade havia outro adulto na sala, junto com 12 ou mais crianças.

Se você tem filhos, aposto que não o surpreende saber que nunca mais voltamos àquela igreja. Pior, essa é a única coisa de que me lembro daquela visita. Toda vez que alguém menciona o nome da igreja, penso no incidente. Sou o primeiro a admitir que nossa experiência não pode ser a regra. Mesmo assim, eu não voltaria lá. Isso aconteceu há dezessete anos. Como na história anterior, essa igreja ensinou várias lições que não pretendia.

Lição nº 1: Não esperamos receber famílias novas. Lidamos com as mesmas crianças toda semana.
Lição nº 2: Não temos a intenção de avisar você caso haja uma emergência.
Lição nº 3: A segurança do seu filho não é nossa preocupação principal.
Lição nº 4: Nossos voluntários não entendem como os pais pensam (ou seja, nossos voluntários são destreinados).

O único ponto que as duas histórias têm em comum: nenhuma das minhas análises tem a ver com pregação. Se sua reação for "Andy, você não está sendo justo. Não deveria julgar uma igreja com base em uma única visita", você tem toda a razão. Minhas avaliações não foram justas. E é essa a questão.

Todo domingo, pessoas entram em suas instalações e determinam se voltarão ou não na semana seguinte antes que o pregador abra a boca. E isso não é justo. Mas é verdadeiro. Moral da história: *o ambiente importa*. Por isso, nesta seção, vou ensinar tudo que aprendemos sobre criar ambientes ministeriais irresistíveis.

Lá vamos nós.

*Capítulo Nove*

# CRIANDO AMBIENTES IRRESISTÍVEIS

Todo ambiente ministerial transmite alguma coisa. Não existem ambientes neutros. Eles são mensagens antes da *mensagem*. As mensagens que eles transmitem têm potencial para se sobrepor à mensagem principal. Não me lembro de um só detalhe da mensagem pregada na igreja da segunda história que contei anteriormente. Nada. Os quatro itens que a compunham, relacionados com o espaço para as crianças, distraíram-me totalmente.

Como vivo lembrando aos nossos líderes, *o sermão começa no estacionamento*. No momento em que me levanto para apresentar o que se convencionou chamar de *mensagem*, todo mundo na nossa audiência já recebeu mais ou menos uma dúzia de mensagens. Muitos já tomaram a decisão de retornar ou não na semana seguinte. O mesmo se aplica à sua igreja. A qualidade e a coerência dos ambientes do seu ministério, bem como o impacto pessoal que eles causam, definem sua igreja. Em outras palavras, os ambientes determinam o que vem à cabeça quando as pessoas pensam em sua igreja. Isso é particularmente verdade no caso dos marinheiros de primeira viagem. Não importa o tamanho ou a afiliação denominacional da sua igreja, ela é um conglomerado de ambientes. Quer você se refira a eles como classes, programas, ministérios ou serviços, no fundo são ambientes — que envolvem um lugar físico combinado com algum tipo de apresentação.

## Você decide

Como despenseiros de uma igreja local, ou mesmo do departamento de uma igreja, penso que devemos determinar as mensagens que nossos ambientes transmitem. Deveríamos escolher as mensagens que precedem a mensagem. É nossa responsabilidade moldar a maneira pela qual as pessoas enxergam a igreja local. Não podemos deixar esse tipo de coisa ao acaso nem aos caprichos individuais dos nossos voluntários, por mais que os amemos.

A menos...

A menos que você se dê por satisfeito com uma igreja para igrejados. Na verdade, se seu desejo é uma igreja para igrejados, pode pular este capítulo. Os igrejados aguentam tudo, desde que você os deixe ir embora no horário. Não acredita? Visite uma igreja qualquer. É impressionante o que os igrejados são capazes de tolerar, negligenciar ou simplesmente ignorar, recusar-se a gastar seu dinheiro e suportar com um sorriso no rosto. Mas, no momento em que uma igreja, ou mesmo um grupo de líderes dentro da igreja, tem uma visão no sentido de ganhar o coração e a imaginação daqueles que se consideram desigrejados por vontade própria ou alheia, os ambientes adquirem novo significado.

## Tempo de envolvimento e consciência

Antes de entrar nos detalhes do que cria um excelente ambiente ministerial, preciso advertir você de uma coisa. Quanto maior o tempo que você serve onde serve e faz o que faz hoje, mais difícil será enxergar seus ambientes com a objetividade necessária para implementar as mudanças necessárias. A versão mais curta: *O tempo de envolvimento corrói a consciência.*

Quanto maior o tempo que você passa servindo em determinado ambiente ministerial, menos tem consciência dele. Por isso, adultos, muitos dos quais pagam para ter a casa limpa, conseguem entrar no auditório de escola dominical que descrevi na introdução sem se afligirem com o que veem. Simplesmente eles não veem. A bagunça é invisível para eles. *O tempo ali dentro lhes corrói a consciência.*

Se seus atuais ambientes ministeriais contêm algo ofensivo para gente de fora, provavelmente você não tem a menor ideia. Do contrário, já teria feito alguma coisa.[1] Isso deveria incomodar você. A mim incomoda, com certeza. Por isso, instalamos sistemas em nossas igrejas para assegurar que não dificultaremos sem querer a vida de quem está vindo pela primeira vez ou voltando pela primeira vez em muito tempo. Nesse quesito, sou inútil. Estou na igreja desde o início. Amo tudo o que fazemos e nosso jeito de fazer. Mas isso não torna tudo certo. Apenas confortável. Previsível. Talvez ineficaz. Como a maior parte dos líderes, sigo minha intuição de vez em quando. Mas intuição não basta. Os líderes precisam de maneiras objetivas de medir a efetividade. Como líderes de igreja, precisamos de meios objetivos para mensurar a efetividade dos ambientes do nosso ministério. O comparecimento dos membros é uma medida. Mas só uma medida e que pode ser enganosa. Todos gostamos de casa cheia. No entanto, se você estiver determinado a criar igrejas que os desigrejados amem frequentar, é importante que seus ambientes estejam não apenas cheios, mas cheios das pessoas certas.

## Simplesmente irresistível

Quando começamos a conversar sobre os tipos de ambientes que desejávamos criar, a palavra "relevante" não saía das discussões. Queríamos criar *ambientes relevantes*. Era uma reação à

[1] A exceção seria se você fosse novo no posto atual, aguardando para conquistar o direito de implementar mudanças.

programação que tínhamos sido obrigados a encampar nas atribuições de nossa igreja anterior. Sentíamos que muito do que herdáramos em termos programáticos era *irrelevante*. Portanto, *relevante* parecia um passo adiante gigantesco. Com o passar do tempo, porém, a palavra deixou de parecer tão relevante assim, de modo que migramos para o termo "irresistível". Nosso objetivo era criar ambientes *irresistíveis*.

Começamos fazendo perguntas como:

- Como seria um ambiente ministerial irresistível para as crianças?
- O que produz um ambiente ministerial irresistível para os estudantes das escolas fundamental e média?
- Como podemos tornar o nosso modelo de grupos irresistível?
- Como podemos tornar o nosso culto de adoração irresistível?
- O que podemos fazer para tornar nossos encontros de fim de semana irresistíveis para os homens?
- O que tornaria o ministério para solteiros irresistível?

Nosso objetivo era tornar nossos ambientes irresistíveis, de modo que até mesmo quem não se deixasse convencer por nossa teologia ficasse com vontade de voltar e participar. Em consequência do favor divino e de trabalho duro e remoto, temos conseguido realizar exatamente isso. Os ambientes do nosso ministério familiar são tão fascinantes que costumo alertar as pessoas da nossa comunidade de não levarem os filhos à igreja enquanto não tiverem certeza de que desejam frequentá-la com regularidade. Quando perguntam por que, respondo que, a partir do momento em que seus filhos "vierem e verem" os ambientes que criamos para eles, nunca mais ficarão satisfeitos em nenhum outro lugar. Asseguro-lhes que não estou sendo prepotente. Só não quero tornar ainda mais difíceis suas manhãs de domingo.

Como já seria de imaginar, as perguntas listadas anteriormente trouxeram à tona centenas de ideias, algumas boas, outras nem tanto. À medida que nossos ambientes ministeriais tomavam forma, constatamos que operávamos com base em algumas suposições que, embora intuitivas para nós, talvez não o fossem para nossos voluntários ou para a próxima geração de integrantes da equipe. Essa preocupação nos levou a parar e definir no papel o que queríamos dizer com *ambiente irresistível* — não só para uma área específica de ministério, mas para todas elas.

O restante deste capítulo é dedicado a explicar como avaliamos se determinado ambiente faz o que foi projetado para fazer. Vou dar a você as lentes pelas quais avaliamos todos os nossos ambientes, sem levar em consideração o público-alvo. Essa pode não ser *a* receita para criar ambientes irresistíveis. Mas é a nossa receita. Você pode usá-la do jeito que está ou adaptá-la e ficar com todo o crédito. Nada disso interessa de verdade. O importante é que você ofereça aos líderes do seu ministério uma ferramenta simples com a qual eles possam aferir a efetividade de *todos* os seus ambientes ministeriais — não só daqueles nos quais eles estão envolvidos diretamente. É fundamental que sua equipe e voluntários avaliem utilizando o mesmo filtro. Eles precisam saber o que responde pela *excelência* de um ambiente, de acordo com a definição de *excelência* da sua organização.

Adotar um padrão de excelência definido de comum acordo equivale a criar uma cultura. Sendo mais específico, equivale a criar uma cultura de excelência. Definir antecipadamente como é um ambiente excelente e que sensação ele transmite proporciona uma salvaguarda poderosa para a cultura do seu ministério.

Quando seus líderes compreendem e detêm o controle do padrão segundo o qual os ambientes são avaliados, eles se tornam sensíveis àquilo que não atende a seus padrões. A despeito de onde servem, eles se sentirão investidos de poder para falar quando notarem que algo não corresponde ao esperado. Com o tempo, o estremecimento provocado pela experiência constituirá um *fator comum* a todos.

Por exemplo, depois que prego duas ou três vezes nos finais de semana, minha assistente e um dos policiais da nossa cidade me acompanham até o carro. Nove em dez vezes, o policial é o tenente Scott Rose. Além de me fazer companhia até o carro, Scott assiste aos cultos só para ficar de olho nas coisas. Costuma ficar nos bastidores com a equipe entre um culto e outro, quando discutimos o que funcionou e o que precisa de certa atenção.

A razão primordial pela qual minha assistente, Diane, também nos acompanha é descobrir qual das duas ou três versões da minha mensagem quero enviar para nossas outras igrejas e qual eu gostaria que publicassem *on-line*. Assim, enquanto caminhamos, faço minha avaliação em voz alta. Costumo gostar da abertura de uma versão e da conclusão de outra. Às vezes, comento que gostaria de ter trabalhado melhor uma ilustração. Portanto, Scott ouvira Diane e eu conversando sobre os pontos fortes e fracos das minhas mensagens por uns dois anos quando uma tarde de domingo, sem mais nem menos, ele entrou na conversa! Ainda me lembro do que disse enquanto nos dirigíamos para o carro:

— Sim, você parecia cansado no segundo culto. Acho que a primeira mensagem foi a mais vigorosa; você não se repetiu tanto.

Diane e eu nos entreolhamos e começamos a rir. Não tenho certeza de que Scott chegou a perceber. Ele acionara seu modo crítico. Sentiu-se muito à vontade quando entrou na conversa, e fico feliz que tenha sido assim. É claro que seguimos seu conselho e também optamos pela primeira mensagem.

Se você padroniza e quantifica a noção de *excelente* para os ambientes ministeriais, a avaliação se torna um modo de vida. Ela não ficará restrita a uma reunião. Sua organização inteira operará segundo padrões mais elevados e com um limiar de tolerância mais baixo.

Se isso parece muito trabalho desnecessário, permita-me lembrar você de algo.

Cada um dos seus ambientes ministeriais é avaliado toda semana. Com base nessa avaliação, algumas pessoas optam por não retornar. Além disso, cada voluntário e cada membro da equipe avaliam o sucesso do próprio ambiente pelo confronto com algum padrão. Se você não definir o que é excelência para sua equipe e voluntários, eles o definirão por si mesmos. E, quando você não gostar do que vir, só terá a si mesmo para culpar.

Se você não criar um padrão objetivo, a avaliação em sua igreja se apoiará em dois pilares: frequência e histórias. Conquanto os dois sejam bons e mereçam atenção, não são suficientes.

## Três ingredientes essenciais

Identificamos três pontos fundamentais na criação de ambientes excelentes. Nós nos referimos a eles como nossos *três ingredientes essenciais*. Trata-se da prova de fogo que aplicamos a todos os nossos ambientes ministeriais, desde os ministérios familiares, passando pelos grupos, até nossas experiências de fim de semana. Esse também é o filtro pelo qual avaliamos a *irresistibilidade* dos nossos acampamentos, retiros e conferências. Como você talvez já tenha adivinhado, cada ambiente ministerial também se vale de filtros específicos. Mas esses três se aplicam a tudo que fazemos. Declaramos nossos elementos essenciais sob a forma de perguntas. Isso os torna menos estáticos e mais fáceis e mais portáteis.

## Pergunta nº 1: O espaço físico é agradável?

Cada ambiente ministerial envolve um espaço físico. Pode ser uma sala grande ou pequena. Pode incluir cadeiras ou almofadas no chão para as pessoas se sentarem. Pode ser um parque ou uma sala de estar. A despeito do tipo de espaço, ele precisa ser agradável para o público-alvo. Você conhece por experiência os efeitos físicos e emocionais que um espaço confortável e convidativo pode ter. Já entrou em escritórios, casas e locais de férias e sentiu-se em casa na mesma hora. Já entrou nesses mesmos espaços em outros locais e experimentou exatamente o oposto.

Hoje estou trabalhando em uma concessionária Audi enquanto eles providenciam a revisão do meu carro. Quando cheguei, disseram-me que levaria de duas horas e meia a três horas para o carro ficar pronto. Ofereceram-me um carro de aluguel grátis. Recusei. Este é um dos meus lugares prediletos para trabalhar. Alguém se deu ao trabalho de criar um espaço agradável para pessoas como eu trabalharem enquanto esperam que aprontem o seu carro. Além de uma sala de estar bem equipada, eles construíram uma ala de estações de trabalho, cada uma equipada com uma cadeira confortável e uma tomada. E, claro, internet sem fio gratuita.

Tive diversos carros na vida. Nunca, nem uma única vez, visitei uma concessionária na qual o ambiente fosse agradável a ponto de me dar vontade de permanecer ali e trabalhar. Você também tem uma história. Pode pensar de imediato em algum espaço no qual se sente tão confortável que odeia ter de ir embora — um ambiente que gostaria de poder visitar com mais frequência.

O desejo de criar ordem do caos é um vestígio da digital divina em nossa alma. Alguns de nós fazemos isso intuitivamente com os números. Outros, com as organizações. E há aquelas pessoas talentosas capazes de fazer a mesma coisa com o espaço físico. Deus capacitou um subgrupo de pessoas para pegar um espaço e torná-lo confortável. Atraente. Agradável. Não sou uma delas. Mas criei o hábito de me certificar de que estou rodeado de algumas pessoas com essa capacidade. Por quê? Porque quero que nossos espaços físicos sejam fascinantes. Irresistíveis.

Se o assunto não interessa, você se sentirá tentado a desconsiderar-lhe a importância. É um erro. A menos, é claro, que seu desejo seja uma igreja cheia de pessoas iguais a você. O problema dessa hipótese é que ninguém se dará bem com ninguém. Generalizando, não nos sentimos atraídos por pessoas idênticas a nós em tudo. Mas é provável que você precise consultar seu terapeuta para discutir o assunto.

Alguém poderia argumentar que a primeiríssima coisa que Deus fez ao criar o mundo foi estabelecer um ambiente agradável para sua criação mais preciosa, a porção da criação que seria moldada à sua imagem, a imagem daquele que criou um ambiente irresistível. Em essência, essa é a história da Criação.

No princípio, a Terra era como uma sala sem pintura, mal iluminada, com toda a mobília em caixas no corredor esperando para ser montada e bem disposta. Então, Deus começou a reorganizar os móveis.

> Disse Deus: "Haja luz", e houve luz. Deus viu que a luz era boa [...]. (Gênesis 1.3,4)

"Boa". Em outras palavras, melhor. Deus aperfeiçoou as coisas. A luz era melhor que as trevas. Ele não pôs Adão e Eva em uma sala escura sem forma, vazia, caótica. Criou um ambiente agradável e então os colocou nele. Criou um jardim — um ambiente adaptado com perfeição para sua criação mais preciosa. Agora entendo que o Gênesis não nos foi dado como uma apologética da importância das salas de aula para crianças adequadamente estabelecidas. Mas é interessante pensar no assunto. Deus foi o primeiro *designer* de interiores. Ele foi o primeiro organizador. Não admira que o desejo de ordem e o apreço pela beleza estejam em nós. Eles são apenas um reflexo de algo que encontramos nele.

## PRIMEIRAS IMPRESSÕES

O espaço físico dos ambientes ministeriais provoca primeiras impressões. Como só temos uma oportunidade de causar uma primeira impressão, alguém precisa ficar de olho em nossos ambientes físicos. Como ressaltei na ilustração da página 161, o ambiente físico faz mais do que causar uma impressão; ele manda uma mensagem. Às vezes, várias. Algumas delas podem se sobrepor *à* mensagem principal. Um espaço sem conforto ou que leve à distração pode inviabilizar o ministério antes mesmo que ele comece.

Tenho um amigo que abandonou a igreja por treze anos após a morte da irmã de 3 anos de idade. Quando conheci Lou, presumi que ele não voltava à igreja por estar bravo com Deus. Mais tarde, ele me contou que o problema nada tinha a ver com isso. Lou teve uma criação católica. O funeral de sua irmã foi em uma igreja católica. Ele contou que, na única vez em que retornou à igreja depois do funeral, só conseguiu pensar no pequeno caixão da irmã lá na frente, ao lado do altar. Ele não estava bravo com Deus. O contexto físico era doloroso demais. Assegurei-lhe que nosso centro de adoração não guardava nenhuma semelhança com uma igreja católica. Sorri então e disse:

— Lou, nem altar nós temos.

Ele veio à nossa igreja. E veio novamente. Meses depois, tive o privilégio de batizá-lo. Um exemplo extremo, reconheço, mas representa o poder potencial de um espaço físico. Um espaço desconfortável deixa as pessoas *desconfortáveis*.

Não é por isso que tantos de nós fomos tão longe para construir e reformar prédios de modo que eles não se parecessem com igrejas? Não é verdade que nosso afastamento da arquitetura eclesiástica tradicional tornou mais fácil, para muita gente que estava distante, voltar? Isso facilitou a vida de muitos que nunca tinham ido a uma igreja. A verdade é que, depois de comparecer a algumas de nossas igrejas, as pessoas relatam que continuam com a impressão de nunca terem estado em uma igreja. Gostamos que seja assim. Comemoramos esse fato. Não encaramos como um elogio quando ouvimos alguém dizer: "Com certeza para mim não parece uma igreja"? ou "Sua igreja não tem muito cara de igreja"? A maioria de nós já tem sensibilidade para a importância de criar o tipo certo de espaço físico. Sabemos que a arquitetura, o *design*, a decoração, o som e a luz impactam a maneira de as pessoas avaliarem nossos ministérios. Assim, não façamos como uma geração anterior ao supor que o que é agradável hoje será agradável amanhã.

Meu filho mais velho, Andrew, está com 20 anos. A única igreja que ele conhece é a North Point. Música alta, telas, luzes em movimento, imagens, um banquinho e uma mesa de bar *são* tradição para ele. Isso sempre atrairá as pessoas? Claro que sim! É o que Deus tem abençoado! O que nos trouxe até aqui! Esse é o jeito North Point de ser; *entrai por ela*. Não toqueis no ungido de Deus! Dançai com quem vos trouxe! Enfune as velas até secar o rio; como pássaro ao vento, essas águas são meu céu![2]

Perdão.

Isso não é verdade. Isso nem sempre atrairá. Mas eu serei o último a saber. Serei aquele a defender a igreja de 10, ou de 2010, ou seja lá como for que iremos nos referir a ela na época. Serei o guardião daquilo que um dia funcionou, mas não funciona mais. Ou seja, a menos que eu conceda autoridade à

[2] A última frase é citação do refrão de "The River" [O rio], de Garth Brooks.

próxima geração e opte por ouvi-la a fim de que ela modifique e adapte nossos ambientes à medida que avançarmos.

Todo espaço físico transmite alguma coisa. Não existem espaços neutros. *Limpo e arrumado* transmite a ideia de que se espera alguém. Todos já recebemos visitas que aparecem quando menos esperamos e a casa está uma bagunça. Se soubéssemos que viriam, teríamos *limpado* e *arrumado* tudo. Da mesma forma, quando os ambientes da nossa igreja não estão limpos, transmitimos uma mensagem como: "Não achávamos que você fosse aparecer realmente!". Limpamos para a família, mas esfregamos para as visitas. *Sujeira* diz o seguinte: "Não valia a pena limpar nada por você". Ou pior: "A sujeira é invisível para nós". Não me interessa quão boa é a pregação na sua igreja, se os pais ficarem com a impressão de que você *é tolerante com os germes*, não peça que inscrevam os filhos nos cursos que você oferece. São visitas que você vê pela primeira — e última — vez.

A experiência minha e a de Sandra com cuidadores de bebês nos ensinou que algumas pessoas enxergam a bagunça, mas outras não. Quem não enxerga, nunca enxergará. As pessoas que enxergam, arrumam tudo. Se você não enxerga a bagunça, não se incomoda com a desordem, precisa se certificar de haver alguém à sua volta que a enxergue e se incomode com ela. Se você não tem certeza, observe o interior do seu carro. Do seu escritório. Se houver pilhas de papéis, revistas e tudo mais nos cantos e em cima de cada superfície plana, é provável que você seja do tipo que não enxerga a bagunça. Se for esse o caso, esse não é o seu chamado. Não tente fazer que seja. Trate apenas de dar autoridade a alguém da sua equipe a fim de que essa pessoa se certifique de que as coisas tenham ótima aparência.

*Arrumado* transmite a ideia de que você leva a sério o que faz. É como se dissesse: *Estamos fazendo algo importante aqui.*

Por isso você jamais conhecerá um tribunal com aparência de desarrumado. Para os bancos, é importante transmitir a ideia de que tudo vai bem e de que eles têm tudo sob controle. O sucesso deles depende da percepção de que o dinheiro das pessoas está em segurança com eles. Os bancos entendem algo que as igrejas com frequência deixam passar. *Estar* arrumado não basta. Você precisa *parecer* arrumado. Por isso, é imperativo colocar pessoas no estacionamento, quer você tenha problema para estacionar os carros, quer não. Quem fica no estacionamento direcionando os carros, transmite algo. A prática diz: *Estávamos à sua espera e temos tudo sob controle.* Desorganização é algo *repulsivo.* As pessoas são inteligentes. Se sua igreja for desorganizada onde elas *podem* ver, deduzirão que por baixo dos panos é ainda pior. Há muita verdade nisso. Portanto, limpe o interior do seu carro antes de uma entrevista de emprego ou um primeiro encontro.

O que vale para *arrumado* também vale para *seguro.* Não basta os ambientes de seu ministério familiar *serem* seguros. Eles precisam *parecer* seguros. Insegurança é algo *repulsivo.* Costumo me referir aos nossos ambientes para crianças como os lugares mais seguros de Fulton County, região do estado da Geórgia em que está localizada a cidade de Atlanta. Sim, as crianças aprenderão sobre Jesus. Mas a preocupação primordial dos pais não é essa, certo? Um ambiente que parece seguro transmite a ideia de que você valoriza os filhos deles tanto quanto os seus. Portanto, não esqueça aberta a porta dos fundos que se abre para o *playground* ao ar livre quando os pais estiverem lhe confiando os filhos pela primeira vez. E mantenha mais de um voluntário na sala. Aposto como você já faz isso, não faz? Mesmo? Bem, aposto que o diretor do departamento infantil da igreja que cito no início desta seção lerá este livro e pensará a mesma coisa! Cartilhas e manuais das políticas adotadas pela igreja são importantes e necessários.

Mas quem circula pelas instalações para garantir que todas as peças estão realmente no lugar? Sei que você tem os seus controles. Mas seus convidados não sabem. Ambientes seguros têm de *parecer* seguros caso se pretenda que sejam agradáveis.

Dizem que Fred Thompson, ex-senador dos Estados Unidos convertido em ator, teria dito: "Em política não basta ser bom. Você tem de ser visto sendo bom". Isso se aplica a muita coisa que fazemos no mundo da igreja — mas se, e só se, você estiver interessado em criar uma igreja que os desigrejados querem frequentar.

Os igrejados não chegam nem perto de serem tão exigentes. Bem, eles são exigentes, só que não com coisas importantes, como a impressão que causam as instalações nas pessoas que não frequentam o lugar nem contribuem nele. Então, sim, percepção é tudo.

Justo? Não.

Verdadeiro? Claro que sim.

*Design, decoração e atenção a detalhes* transmitem a ideia de que você compreende seu público-alvo. Asseguram aos frequentadores que você fez seu dever de casa, que dedicou algum tempo para investigar o que os faria se sentir confortáveis. Se você criar um ambiente agradável para meu filho que estuda no ensino médio, será muito mais fácil acreditar que você apresentará um conteúdo relevante para o estágio da vida em que ele se encontra. *Design*, decoração e atenção a detalhes transmitem a quem você dá valor. Quando você atravessar os corredores das nossas igrejas, não restará a menor dúvida de que damos valor às crianças. A decoração descolada das paredes e dos corredores não está ali para as crianças. São propagandas para os pais de que o ministério infantil é uma prioridade.

Experimentamos na pele o inverso disso quando me pediram para falar em uma grande igreja de outra cidade. A igreja tinha 15 anos na época e fazia pouco tempo que construíra um centro de adoração de última geração. Realmente impressionante. Depois de conferir o microfone às pressas, Sandra e eu pedimos para fazer um *tour*, especialmente pela ala das crianças. A esposa do pastor nos ciceroneava. Ela franziu a testa e nos advertiu de que o espaço das crianças não era aquilo a que estávamos habituados. Um eufemismo, sem dúvida. Era evidente que a ala das crianças fora pensada depois de todo o resto. Cada centavo disponível fora gasto nos ambientes adultos. Não surpreendia que tantos bebês e crianças permanecessem no culto adulto. De novo, sem surpreender, aquela igreja é conhecida pela adoração, não pelo ministério familiar. Ali a proporção de adultos e crianças é menos da metade da nossa.

Como igreja comprometida em atrair desigrejados, investimos nosso dinheiro onde está nossa missão e criamos ambientes no estilo de salas de estar para quem está voltando à igreja ou buscando a Deus. Os únicos espaços para pequenos grupos em nossas instalações, dedicados a grupos adultos, são nossas salas do Ponto de Partida. Pelo fato de o Ponto de Partida ser uma conversa em vez de uma aula, criamos um espaço físico propício para a discussão. As salas são decoradas e mobiliadas como salas de estar, não de aula. Os participantes sempre se surpreendem quando entram. O espaço físico envia três mensagens:

1. Este ambiente é importante para nós.
2. Você é importante para nós.
3. Conhecemos decoradores muito bons!

## Novos olhos

De tempos em tempos, todos necessitamos de um par de olhos novos em nossos ambientes ministeriais. Repito, quanto mais você vive em determinado lugar, mais as coisas tendem a desaparecer de vista. Além disso, o que agrada hoje pode não agradar tanto amanhã. Com o tempo, todo ambiente começa a cansar um pouco. Alguém da sua organização precisa ver como seus visitantes veem. Mais importante ainda, essa pessoa precisa enxergar *o que* seus visitantes enxergarão antes que isso aconteça. Conceda autoridade a alguém para percorrer as instalações da igreja com um olhar crítico. O que causa distrações? O que está cansando? Onde você precisa renovar a pintura? O que precisa jogar fora? E substituir?

## Pergunta nº 2: A apresentação é cativante?

O segundo ingrediente de um ambiente irresistível é a *apresentação cativante*. Por isso, para cada ambiente, aplicamos a pergunta: *A apresentação foi cativante?* E não: *Ela foi verdadeira?* Porque isso presumimos como certo. Convenhamos: as igrejas não estão vazias porque os pregadores contam mentiras. Pessoas de 20 e tantos anos não abandonaram a igreja porque os pastores abandonaram a Bíblia. A igreja não sofre de falta de diálogo sobre a verdade. O que nos falta são apresentações *cativantes*. A razão pela qual não há mais pessoas envolvidas com a igreja local é... não sermos tão cativantes assim!

Você gostaria que mais pessoas da comunidade se envolvessem com sua igreja? Torne-se mais cativante. Assuma um compromisso inexorável com apresentações cativantes em cada nível da sua organização.

É vergonhoso que o grupo que se reúne em nome de Jesus execute um trabalho tão pobre de comunicação em seu nome. Isso fica ainda pior quando lemos os Evangelhos e descobrimos como Jesus era cativante. Quantas vezes ele começou uma apresentação com "O Reino dos céus é como..."? Em seguida, ele contava uma história. Uma parábola. Pegava o que as pessoas conheciam e usava para explicar o que tinham vontade de saber. Considere esses exemplos de Mateus 13:

> [...] "*O Reino dos céus* é como um homem que semeou boa semente em seu campo [...]" (v. 24).
>
> [...] "*O Reino dos céus* é como um grão de mostarda que um homem plantou em seu campo" (v. 31).
>
> [...] "*O Reino dos céus* é como o fermento que uma mulher tomou e misturou com uma grande quantidade de farinha, e toda a massa ficou fermentada" (v. 33).
>
> "*O Reino dos céus* é como um tesouro escondido num campo" (v. 44).
>
> "*O Reino dos céus* também é como um negociante que procura pérolas preciosas" (v. 45).
>
> "*O Reino dos céus* é ainda como uma rede que é lançada ao mar e apanha toda sorte de peixes" (v. 47).

Depois do Sermão do Monte, Mateus relata: "Quando Jesus acabou de dizer essas coisas, as multidões estavam maravilhadas com o seu ensino, porque ele as ensinava como quem tem autoridade, e não como os mestres da lei".[3] Isso foi logo depois da história sobre os construtores prudente e insensato. Você conhece: "Caiu a chuva, transbordaram os rios, sopraram os ventos [...]". Nem Jesus se contentou em dizer "Ei, OBEDEÇAM!". Em vez disso, ele criou uma história cativante para ilustrar o que acontece no final com o obediente e o desobediente.

Jesus não contentava em dizer a verdade apenas. Estar certo não bastava. Ser bíblico não era suficiente. Acertar na exegese

[3] Mateus 7.28,29.

não bastava. Esse não era o propósito da sua vida. Ele veio buscar e salvar o que estava perdido. E se comunicava com esse objetivo. Compreendia o que muitos de nós ou se esqueceram disso, ou nunca ninguém lhes disse. Para buscar e salvar o perdido, você primeiro precisa prender a atenção dessa pessoa. Era o que Jesus fazia. Como corpo de Cristo, é o que devemos fazer também. A menos que estejamos satisfeitos apresentando para os igrejados. Eles são incríveis nesse aspecto. Voltarão semana após semana para apresentações repugnantes, sem inspiração, sem imaginação. Há igrejados, estou convencido, que pensam que suportar uma apresentação das Escrituras sem a menor inspiração é uma disciplina necessária para quem quer ser um seguidor de Cristo. Por que outro motivo fariam isso a si próprios? A seus filhos?

De novo, concordo com Howard Hendricks, que gostava de dizer: "É um pecado entediar uma criança com a Palavra de Deus". Apresentar as Escrituras a uma criança ou a um adolescente de maneira desinteressante é ensinar o oposto do que se pretende:

Lição nº 1: A Bíblia é chata.
Lição nº 2: A Bíblia é irrelevante.
Lição nº 3: A igreja é irrelevante.

Ei, crianças, voltem na semana que vem para mais um emocionante episódio. E tragam um amigo! Não admira que as crianças se formem no ensino médio e desapareçam por anos da vida da igreja. Ou para sempre!

## Missão fundamental

Apresentações cativantes são fundamentais para o sucesso da missão da igreja. Nosso negócio é a apresentação de ideias. Somos a única instituição em que pesa a responsabilidade de *apresentar* o evangelho. Como essa responsabilidade é só nossa, uma dedução lógica se impõe: precisamos ser bons nisso. Como as pessoas não estão derrubando nossas portas para ouvir o evangelho, cabe-nos explorar cada porção da nossa energia criativa para tornar cativantes as nossas apresentações.

Cativar é *prender a atenção de alguém*. Desde o início resolvemos que queríamos apresentações extraordinárias em cada nível da organização. Queríamos apresentações cativantes como a marca registrada do que fazemos. Na maior parte dos casos, *a apresentação torna a informação interessante*. É ela que cria e mantém o interesse. Toda vez que você vai a um restaurante, costuma pedir frango, carne ou peixe (a menos, claro, que seja vegetariano). Seu restaurante favorito não é o que oferece uma seleção de carnes exóticas. Mas aquele com a melhor apresentação do frango, da carne ou do peixe. No nosso mundo, a melhor apresentação não é aquela que se concentra em um texto perdido do século I (a carne exótica). Uma excelente apresentação é aquela que faz um texto bem conhecido ganhar vida por meio de ilustrações e aplicação prática. Admita, Davi sempre vence Golias, e serão sempre dez mandamentos. O que muda é a apresentação.

A apresentação determina outra coisa também: a capacidade de concentração. Isso explica por que alguém que pega no sono cinco minutos de iniciado o sermão se descobre sentado na beira da poltrona ao longo de todas as três horas de *O senhor dos anéis*. Uma apresentação cativante torna a duração algo quase irrelevante. Pense nos comediantes de *stand-up*. Eles conseguem manter a plateia entretida por uma hora ou mais. Eles não têm uma ideia a transmitir. Nem uma aplicação prática. Nem algum conteúdo útil. E o tempo voa mesmo assim.

Eu sei, eu sei. Nosso negócio não é a comédia. Nem o entretenimento. Tem razão. Se você reage assim ao que eu disse, é grande a probabilidade de que você não seja nem engraçado, nem divertido. E que esteja se sentindo ameaçado neste exato momento. Você sabe que suas apresentações não são tão cativantes assim. Tem se escondido atrás da desculpa "Bem, eu prego a Palavra". Relaxe. Você está sozinho agora. Lendo um livro. Eu nem o conheço. Só estou dizendo que, na maior parte dos ambientes de comunicação, a apresentação, não o conteúdo, determina o interesse. Há muita gente desinteressada em sua comunidade precisando ouvir a verdade que você está trazendo. Há algumas crianças e alguns estudantes desinteressados em sua comunidade que precisam ouvir a verdade que seus ambientes de ministério familiar estão ofertando. Para conseguir isso, a mensagem tem de ser cativante. Portanto, em benefício das pessoas da comunidade que (ainda) não frequentam sua igreja, quero convidar você a sair de trás do seu muro de desculpas por algumas páginas apenas. Quero que você considere a possibilidade de implementar algumas pequenas mudanças de abordagem — mudanças passíveis de o capacitar a acelerar e estimular o aspecto cativante das apresentações em todo o seu ministério.

Aqui estão algumas coisas que aprendemos ao longo do caminho.

## Repensando sua abordagem

Apresentações cativantes exigem apresentadores ou meios cativantes. Todavia, os apresentadores cativantes nem sempre são bons criadores de conteúdo. De igual modo, alguns criadores de conteúdo perspicazes não têm nada que subir ao palco empunhando um microfone. No mundo do entretenimento, essa é a diferença entre escritores e atores. Sim, eu sei, o entretenimento não é o nosso negócio. Já discutimos isso.

Há, porém, uma verdade importante aqui para a igreja. Se você quiser produzir um filme excelente, precisa de atores e escritores excelentes. Não de atores excelentes capazes de escrever, nem de escritores excelentes capazes de atuar.

No mundo da igreja, contudo, temos a tendência de esperar que criadores de conteúdos sejam apresentadores cativantes, e que os apresentadores sejam excelentes criadores de conteúdo. Ora, tem gente muito boa mesmo nas duas coisas. Mas são exceções, não a regra. Para complicar ainda mais a questão, em nosso mundo costuma haver um terceiro componente dessa equação: os líderes de pequeno grupo. Um excelente líder de pequeno grupo pode não ser forte como apresentador ou criador de conteúdo, mas excepcional em se tratando de viabilizar um diálogo. O desafio é que muitos de nós herdamos, ou criamos, modelos de ministério que exigem dos nossos apresentadores e líderes de grupo proficiência em duas ou três dessas disciplinas. Por isso, passamos um programa aos líderes de grupo e esperamos que o apresentem bem. Ou contratamos um pastor ou pastora para os estudantes e esperamos que ele ou ela seja capaz de criar excelente conteúdo para nossos estudantes e apresentá-lo de modo que cative um dos grupos mais difíceis de serem cativados do Planeta. Então nos frustramos quando nossos líderes de grupo para o ensino médio, altamente relacionais, não "ensinam a lição". E não conseguimos compreender por que o sr. Personalidade de Palco não tem nada profundo ou perspicaz para dizer. Em termos hollywoodianos, esperamos que atores excelentes sejam escritores e editores excelentes.

Se seu sistema depende da habilidade da sua equipe e dos voluntários em duas ou três dessas disciplinas, você sempre alcançará resultados medíocres. A exceção será o superastro ou estrela que integra sua equipe e é capaz de fazer tudo. Muito raramente encontramos alguém assim. O problema é que todo mundo da equipe odiará essa pessoa! Bem, talvez *odiar* seja forte demais.

Não. É isso mesmo, eles vão odiá-la. Mas, mesmo que isso não aconteça, não se pode construir um modelo de ministério bem-sucedido em torno da exceção à regra. Você precisa de um sistema que permita aos apresentadores cativantes apresentar, aos criadores de conteúdos eficientes criar conteúdos, e a líderes de grupo relacionalmente experientes viabilizar grupos.

## Eles estão por aí

Existe uma coisa que sei sobre sua igreja. Em algum lugar da congregação, há pessoas que ganham a vida apresentando ideias. Elas são cativantes como apresentadoras. Podem nunca se oferecer como voluntárias para servir nos setores infantil ou estudantil. Mas, se você lhes fornecer um esboço e um microfone, ficará surpreso com o que acontecerá. Você tem um punhado de professores na igreja. A última coisa que eles querem é ficar sentados em círculo na companhia de oito crianças por uma hora aos domingos. Mas eles sabem o que é um currículo escolar. Sabem organizar o conteúdo. E alguns adorariam apresentar a história da Bíblia no ambiente de um grupo grande, desde que não tenham de assumir a responsabilidade por um pequeno grupo. Você também dispõe de algumas pessoas que não têm medo de garotos do ensino médio, mas sabem quase nada de Bíblia... por enquanto. Apavoram-se ante a possibilidade de você lhes passar lições da Bíblia para ensinarem. Mas, se soubessem que a única responsabilidade deles seria ficar sentados com as crianças enquanto um apresentador realmente bom expusesse uma apresentação realmente boa, e depois discutir três perguntas específicas sobre a apresentação realmente boa, eles topariam na hora. Você entendeu aonde quero chegar. Se você criar um sistema que permita dividir as disciplinas, recrutará um tipo diferente de voluntários. Mais importante que isso, no entanto, é que você terá um sistema capaz de liberar o apresentador cativante para fazer apresentações cativantes.

Temos um trabalho enorme para criar um sistema que libere comunicadores e desenvolvedores de conteúdo para darem o seu melhor. A inferência é que temos todo esse trabalho para proteger nossa audiência dos apresentadores que não são cativantes. Escolhemos os apresentadores mais cativantes, damos a eles conteúdos excelentes e então os soltamos nos diferentes departamentos de toda a organização.

O sujeito que moldou essa prática desde o início é nosso diretor estudantil, Kevin Ragsdale. Kevin foi nossa sétima contratação. Ele não tinha nenhuma experiência em ministério estudantil na época. Mas nós o contratamos para criar e administrar nossos ambientes estudantis. Já de saída ele nos disse que nunca o veríamos à frente do palco. Também disse que, se concordássemos em ter um pastor de jovens que não ensinava, não tocava violão nem criava planos de lições, mas que recrutaria pessoas para fazer isso tudo, ele era o nosso cara. Hoje Kevin supervisiona os cinco ministérios estudantis das nossas igrejas da região de Atlanta. Ainda não sabe tocar violão e, tanto quanto sei, nunca ministrou estudo bíblico para um grupo grande. Ele na verdade é um excelente líder de pequeno grupo. Das três disciplinas citadas antes, a liderança de pequeno grupo é a única pela qual ele tem paixão. Mas Kevin é um recrutador brilhante. Vê potencial, desenvolve a pessoa e então lhe entrega as rédeas. Se o tivéssemos contratado seguindo o modelo tradicional de pastor estudantil, Kevin jamais estaria ocupando o cargo.

Uma das minhas tarefas mais agradáveis é sentar em companhia da equipe de conteúdo de Kevin e promover um *brainstorm* do qual extraímos pontos principais para os apresentadores que atuam em nosso ambiente para mestres e professores do ensino médio, o InsideOut.[4] Há pessoas na sala sem o menor interesse em subir no palco na frente dos estudantes, mas elas conhecem a Bíblia e sabem o que precisa ser transmitido. Kevin foi quem recrutou vários dos apresentadores que hoje falam em nossos cultos de fim de semana com regularidade. Mesmo assim, eles se preparam com uma equipe. Convidam homens e mulheres que nunca pisarão em cima do palco com um microfone colado ao rosto, mas que conhecem as Escrituras e entendem como criar conteúdo e ilustrações interessantes. Esses apresentadores são melhores porque criaram o hábito de incluir criadores de conteúdo perspicazes no processo.

## MUITO ALÉM DE UM AUTÔMATO FALANTE

Apresentações cativantes com certeza não se limitam a autômatos falantes. Na verdade, a pregação ou o ensino ao vivo pode ser uma das formas de apresentação menos envolventes. Como regra geral, se você for capaz de apresentar algo de qualquer outra forma que não com alguém parado em cima do palco falando sem parar, faça-o! Se você consegue transmitir alguma coisa por meio de vídeo, prefira-o. Uma maneira pela qual fazemos isso é substituindo os avisos pavorosos de fim de semana por um segmento de vídeo que denominamos 10Before. A melhor forma de entender o 10Before é vendo-o. Se visitar nosso *site* (www.northpoint.org) e procurar no canto inferior direito da página de entrada, você poderá assistir ao 10Before do culto do último fim de semana.

O 10Before é um vídeo curto que dá as boas-vindas ao pessoal e o orienta em relação ao culto. Também contém *clips* de vídeo divertidos e informativos sobre oportunidades futuras

[4] "De dentro para fora" em português. [N. do T.]

de envolvimento. É muito divertido e com frequência engraçado. Nossos congregantes esperam com ansiedade pelo 10Before. Isso quer dizer que — por favor, não deixe que a notícia se espalhe — eles aguardam ansiosos pelos avisos.

Por falar em avisos... Nas igrejas em que fui criado, o diretor do ministério de educação se incumbia dos avisos nas manhãs de domingo. Sabe por quê? Porque ele era o diretor de educação e isso fazia parte de suas atribuições. Não tinha absolutamente nada a ver com a capacidade de esse diretor apresentar de modo cativante. Alguns conseguiam. A maioria não. Dar os avisos era seu papel. Pois bem, minha próxima declaração é tão importante que eu gostaria de poder sublinhá-la para você. Nunca atribua uma tarefa que depende de um dom a determinado cargo existente em sua equipe. Jamais. Atribua responsabilidades, não tarefas. Se tivéssemos atribuído a Kevin Ragsdale a *tarefa* de ensinar nossos estudantes, ele teria fracassado como diretor estudantil. Na realidade, ele é inteligente o bastante para ter recusado o emprego, antes de mais nada. Nós lhe atribuímos a *responsabilidade* de se certificar de que os estudantes receberiam bom ensino.

Nesse momento, os leitores sagazes estão se perguntando: "Quer dizer então que a igreja não deveria atribuir a tarefa de pregar ao pastor?". Ahhh. Boa pergunta. Aqui vai mais uma: A igreja deveria atribuir o papel de pastorear ao pastor? E esta aqui: A igreja deveria atribuir o papel de seu líder ao pastor? Falar em público, pastorear e liderar, tudo isso depende um pouco de dom, não? E encontrar um homem ou uma mulher competente em todas essas três disciplinas é difícil. Para mim, soa como uma receita para o desastre. Voltaremos ao assunto no capítulo catorze.

Poderíamos falar muito mais dentro dessa categoria: recursos visuais, entrevistas, esboços com anotações, imagens. Tudo isso acrescenta elementos que tornam a apresentação verbal cativante.

Conclusão: faça o possível para criar uma cultura caracterizada pelo compromisso inexorável com apresentações cativantes em cada nível da organização. Sua mensagem é importante demais para que você aceite menos que isso. Os adultos e as crianças de sua congregação e comunidade merecem os melhores esforços nesse sentido.

Se uma apresentação de qualquer espécie acontecerá em sua igreja, ela terá de ser cativante. Estabeleça um padrão elevado. Crie uma cultura com baixa tolerância a apresentações menos que cativantes. Ajuste seu sistema ou modelo de modo que seus melhores apresentadores estejam apresentando. Encontre em sua audiência os pensadores mais astutos teologicamente que possam ajudar com o conteúdo. Empregue as habilidades dos seus professores e educadores. Elabore um sistema que libere seus líderes de pequeno grupo para facilitarem relacionamentos em vez de fazerem apresentações. E, em cada nível da organização, pergunte: *A apresentação foi cativante?*

## Pergunta nº 3: O conteúdo é útil?

O terceiro e último componente do ambiente ministerial irresistível é o *conteúdo útil.* A pergunta que fazemos acerca de todos os nossos planos curriculares, mensagens, palestras em acampamentos, lições de liderança e pequenos grupos diz: *O conteúdo é útil?* Presumimos que ele seja verdadeiro. Mas será que é útil? Por útil, queremos dizer *proveitoso.* Os ouvintes o considerarão proveitoso? Ele mudará a maneira de as pessoas pensarem? Oferece uma perspectiva nova? A audiência saberá o que fazer com o que ouvirá? E é possível colocar isso em prática?

Para que o conteúdo seja útil, ele deve realizar ao menos uma de três coisas:

1. Ajudar as pessoas a pensarem de acordo com a Bíblia.
2. Ajudar as pessoas a se comportarem de acordo com a Bíblia.
3. Ajudar as pessoas a contextualizarem o ensinamento bíblico.

## Pense certo

A trilogia de parábolas de Jesus que culminou com a história do filho pródigo foi apresentada para adequar o modo de pensar de seu público a como Deus enxergava os pecadores. Temos visto o que acontece quando as pessoas abraçam a verdade de que o amor de Deus é do tipo "independentemente". Para muitos, essa única ideia já é transformadora. Considerariam esse ensinamento útil. Prático? Não de imediato. Mas de extrema utilidade. Ajudar pessoas a pensarem corretamente é de extrema utilidade. Crer corretamente costuma ser a chave precursora de se comportar corretamente. Quando adolescentes são convencidos de que os amigos determinam a direção e a qualidade de sua vida, isso é útil. Quando um adulto solteiro reconhece a verdade de que a pureza moral prepara o caminho para a intimidade, isso é transformador. Todos temos visto o que acontece quando pessoas providas de recursos são confrontadas com a verdade — e a aceitam — de que Deus é o dono de tudo, e nós somos simples administradores, mordomos. É provável que você também tenha uma história para contar. Consegue se lembrar de onde estava na primeira vez em que entendeu de verdade — e, fosse o que fosse, isso representou uma mudança de paradigma. Foi um momento decisivo. Nada mudou, mas de alguma forma você foi transformado. E essa transformação toda girou em torno de uma mudança em seu modo de pensar.

Já ouvimos e lemos essas palavras de Jesus, vimos políticos fazerem mau uso delas, elas têm sido ensinadas por muitos de nós, mas mesmo assim subestimamos sua importância: "E conhecerão a verdade, e a verdade os libertará".[5] O mesmo se aplica à declaração tão citada de Paulo na carta aos cristãos em Roma: "Não se amoldem ao padrão deste mundo, mas transformem-se pela renovação da sua mente [...]".[6] Resumindo, mente renovada resulta em vida transformada. Ajudar pessoas a pensarem de maneira diferente é útil. Pode transformar vidas. Essa é a razão por que passo tanto tempo elaborando declarações simples, com potencial de se alojarem na mente e no coração dos ouvintes. Mas não para por aí. Insisto em que nossos comunicadores e criadores de currículo escrevam e transmitam uma conclusão simples e elaborada com clareza. A verdade não é útil se ninguém a entende nem dela se lembra. Todavia, quando dita com clareza, ela pode nos libertar. Afirmações de verdade elaboradas com todo cuidado têm o poder de mudar a maneira com que as pessoas veem os relacionamentos, o casamento, a moralidade, a paternidade, o dinheiro, a pobreza, o mundo! E isso é útil.

Pensar certo. Acreditar certo. Ver o mundo pelos olhos de Deus. Essas coisas são catalisadoras da mudança. Mas, no fim, *é a aplicação que faz toda a diferença.* Tanto Jesus quanto seu irmão Tiago não poderiam ter sido mais claros quanto a esse ponto. Todos estamos familiarizados com a declaração de Tiago de que a fé sem obras é morta.[7] O que costumamos negligenciar é que o escritor explica em um versículo anterior ao que está se referindo quando diz *morta*. Ali Tiago declara que a fé sem obras é *inútil*.[8] Em outras palavras, é inútil conhecer algo se você não sabe o que fazer com isso. Ou, mais importante ainda, é inútil conhecê-lo se você não tem a menor intenção de fazer alguma coisa com ele.

5 João 8.32.

6 Romanos 12.2.

7 V. Tiago 2.26.

8 V. 20.

Como Howard Hendricks costuma dizer: "Biblicamente falando, ouvir e não agir é não ouvir em absoluto".

Jesus concluiu o Sermão do Monte com o desafio da aplicação do que ensinara. "Portanto, quem ouve estas minhas palavras e as *pratica* é como um homem prudente que construiu a sua casa sobre a rocha".[9] Lendo a parábola em sua totalidade, é impossível confundir o que Jesus está querendo dizer: *Fico feliz que vocês tenham conseguido comparecer ao Sermão do Monte hoje. Mateus fará cópias das anotações e as distribuirá em um futuro breve. No entanto, se vocês não aplicarem o que ouviram hoje, talvez fosse melhor terem ficado em casa. Embora eu seja Jesus, ouvir-me pregar não os ajudará. Mas aplicar o que vocês ouviram hoje os preservará e os estabelecerá.*

O conhecimento isolado torna os cristãos *arrogantes*. A aplicação nos faz *santos*. Você pode usar essa. Se você quer uma igreja cheia de cristãos instruídos em Bíblia, basta ensinar o que a Bíblia diz. Se quer fazer alguma diferença em sua comunidade e talvez até no mundo, dê às pessoas compreensão, próximos passos e aplicações específicas. Desafie-as a fazerem alguma coisa. Como vimos, não é seguro pressupor que as pessoas sabem automaticamente o que fazer com o que lhes foi ensinado. Elas precisam de direcionamento específico. Isso é difícil. Requer um passo extra na preparação. Mas é assim que você as faz crescer. Por isso, perguntamos em relação a todas as nossas apresentações e lições: *A audiência saberá o que fazer com o que foi ensinado?* Se não, significa que temos mais trabalho a executar.

## Contextualização intencional

Reggie Joiner tem um ditado que às vezes o mete em encrencas: "Embora as Escrituras sejam inspiradas, não são todas igualmente aplicáveis". Com certeza, é meio chocante a primeira

[9] Mateus 7.24.

vez que se ouve ou lê isso. Mas, se você é pai, sabe por instinto que há muita verdade contida nessa declaração incisiva, fácil de memorizar. Também já o ouvi dizê-la assim: "Conquanto as Escrituras sejam todas inspiradas, não são igualmente aplicáveis a todos os grupos etários". Se pretende que seu conteúdo seja útil, você precisa dar um passo a mais contextualizando-o para sua audiência. O conteúdo percebido como útil sempre trata de uma necessidade manifesta. O conteúdo que não trata de necessidade manifesta é considerado irrelevante. Note que eu disse *considerado*. Pode ser a informação mais relevante que a audiência já ouviu. Mas, se ela não entender como o conteúdo interage com a vida de cada um, ele não será tão interessante assim. Portanto, conteúdo útil é conteúdo apresentado de uma maneira específica segundo a idade e a etapa de vida.

Todos fazemos isso de certa forma por intuição. É provável que você não ensine a história de Davi e Bate-Seba para crianças que ainda nem entraram na escola. E seu pastor de estudantes não deve preparar uma longa série sobre os sete selos do Apocalipse. Mas apenas *evitar* um conteúdo que parece impróprio para determinada audiência não é útil. Pode ser sinal de consideração, mas não é útil. *Evitar o inadequado de nada serve para assegurar que a audiência ouvirá o que é mais útil.* Evitar alimentos que fazem mal não garante que você só comerá o que é melhor para seu corpo. No entanto, para um conteúdo ser de extraordinária utilidade, é necessário mais que adotar uma postura defensiva. É preciso ter certa intencionalidade e foco no que é mais útil para uma audiência específica. Assim, mesmo que seja apropriado o ministério infantil evitar a história de Davi e Bate-Seba, esse seria um componente recorrente no conteúdo programático do seu pequeno grupo para adultos! Embora os estudantes do ensino médio talvez não necessitem de uma explanação sobre os sete selos do Apocalipse, poderia ser bastante útil para eles uma boa dose da sabedoria de Salomão em Provérbios 13.20 no que diz respeito ao impacto dos amigos sobre nossa vida.

Resolvemos desde o início que não bastava evitar o inadequado. Por isso, temos sido deliberados na seleção do conteúdo para cada um dos nossos públicos. Entendemos que o tempo que passamos diante de cada segmento da população da igreja é limitado. As pessoas se mudam. As crianças de hoje são os adolescentes de amanhã. A maioria dos solteiros só permanece solteira durante uma época da vida. As perguntas que os recém-casados fazem são um pouco diferentes das perguntas que os casais com filhos estão fazendo. Cada idade e cada etapa da vida introduzem um novo conjunto de desafios e oportunidades. A fim de que o conteúdo seja de fato útil, cada uma dessas dinâmicas deve ser levada em consideração.

No início, fazíamos perguntas como: O que seria mais útil as crianças da pré-escola saberem? O que seria mais útil as crianças em idade de ensino fundamental saberem? Que verdades queremos que os estudantes nos últimos anos dos ensinos fundamental e médio saibam antes que saiam do nosso círculo de influência? Que narrativas e princípios bíblicos seriam mais úteis para os solteiros? À luz do que as Escrituras ensinam sobre o casamento, o que os recém-casados precisam saber? O que os pais precisam saber? Em que deveríamos nos concentrar quando nos reunirmos com nossos pais solteiros recém-divorciados? O que os novos cristãos precisam saber? Perguntas como essas nos obrigaram a estreitar o foco e restringir o escopo do nosso ensino.

Você talvez tenha lido ou visto nosso livro *The Seven Checkpoints for Student Leaders* [Os sete pontos de controle para líderes estudantis].[10] O livro inteiro foi escrito em consequência

10 Stanley, Andy; Hall, Stuart; Giglio, Louie. **The Seven Checkpoints for Student Leaders**. Brentwood, Tenn.: Howard Books, ed. rev., 2011.

desse exercício. Identificamos sete princípios que queríamos que os estudantes compreendessem e internalizassem antes de deixarem nosso ministério estudantil. De todo o nosso ensino voltado para os níveis escolares fundamental e médio, 80% a 90% está relacionado com um desses sete conceitos. Como impedir que pareça repetitivo? Isso tem a ver com a seção anterior. Tudo depende da apresentação sempre em transformação. Cada uma das nossas divisões dedicadas à pré-escola e às crianças em geral conta com três grandes conceitos que norteiam a seleção de conteúdos. Nossa divisão para os casados estreitou o foco para seis conceitos principais. Sempre que ministramos esses conceitos aos líderes da igreja, todos vêm com a mesma pergunta: "Onde conseguimos uma cópia das suas listas?". Eu perguntaria a mesma coisa. Mas talvez a melhor pergunta seja: "Quão rapidamente consigo reunir minha equipe para começarmos uma discussão em torno do conteúdo que seria mais útil para os diversos grupos da nossa igreja?".

Devo advertir, no entanto, que essa é uma conversa repleta de perigos. *Repleta de perigos.* Às vezes, acho que eu deveria escrever romances.

## TODA A VERDADE

Por evidente que tudo isso possa parecer, o compromisso com a contextualização colocará você em desacordo com uma abordagem para o ensino bíblico e o desenvolvimento de conteúdo programático bastante aceitos. Meu problema não é o pressuposto por trás da abordagem, mas a abordagem em si. De acordo com essa visão, que é a visão na qual fui criado, como todas as Escrituras são inspiradas, devem ser todas ensinadas. Aos adultos, de qualquer forma. Concordo, de coração. Tudo deve ser ensinado — *em algum lugar*. Mas não em todo lugar. Sendo mais específico, não na igreja como um todo.

E não na escola dominical, ou em pequenos grupos. E a verdade é que ninguém no contexto da igreja local ensina de fato a Bíblia inteira para ninguém. Pode-se examiná-la. Mas não a ensinar. Veja como sei disso.

Existem 1.189 capítulos na Bíblia. São mais de 31 mil versículos. Faça as contas. Se você planejasse ensinar a Bíblia inteira em um ano, teria de cobrir mais de 22 capítulos por semana. Examinar é isso. Se você ensinasse um capítulo por semana, isso levaria quase vinte e três anos, presumindo que nunca pulasse nem um culto sequer de fim de semana. Você entendeu. Ninguém prega ou ensina versículo por versículo da Bíblia inteira à mesma congregação. Todo mundo seleciona aqui, escolhe ali, deixa passar acolá, corta caminho mais além, e o tempo acaba ou a pessoa é "chamada para servir em outra igreja". O que estou querendo dizer é: já que de qualquer forma teremos de escolher apenas algumas partes, por que não escolher as passagens e os princípios mais apropriados para audiências específicas? Não basta simplesmente evitar o constrangedor e inadequado. Sejamos intencionais em relação ao que, a onde e para quem ensinamos. Como... Jesus.

Lucas nos conta que, quando Jesus entrava em uma sinagoga, tinha o costume de se levantar e ler um texto. Certa ocasião, passaram-lhe o pergaminho do profeta Isaías. Acontece que Jesus não se pôs a ler desde o início. Na verdade, ele foi para o fim do livro. Aqui está a descrição de Lucas do que se passou:

> [...] E levantou-se para ler. Foi-lhe entregue o livro do profeta Isaías. Abriu-o e *encontrou o lugar onde está escrito*: "O Espírito do Senhor está sobre mim, porque ele me ungiu para pregar boas novas aos pobres. Ele me enviou para proclamar liberdade aos presos e recuperação da vista aos cegos, para libertar os oprimidos e proclamar o ano da graça do Senhor" (Lucas 4.16-19).

Percebeu? Havia algo de que sua audiência necessitava saber, de modo que ele foi ao texto específico que tratava do assunto da melhor maneira possível.

Parece uma excelente ideia para mim.

Mesmo pensando nos cultos de fim de semana, meu objetivo nunca foi ensinar a Bíblia inteira, mas, sim, equipar e inspirar adultos para se tornarem seguidores de Jesus. Nossa declaração de missão capta bem a ideia: *levar as pessoas a um relacionamento crescente com Jesus Cristo*. Como a maioria dos pastores de igrejas locais, eu ministro em um contexto muito específico. Minha responsabilidade é apresentar o evangelho do modo mais irresistível que posso. Além disso, compete a mim escolher temas, narrativas, princípios, aplicações e a teologia das Escrituras que tratem das questões específicas com as quais as pessoas da minha comunidade estão lutando, dando o meu melhor para responder às perguntas que elas estão fazendo. Sou responsável por ensinar "todo o conselho de Deus", como se costuma dizer? Sim. A Bíblia inteira? Só se você planeja permanecer em sua igreja atual por mais de vinte anos sem perder um só domingo.

Ou seja, todo ano prego uma ou duas mensagens sobre casamento, dinheiro, paternidade, generosidade, ganância, pureza sexual, perdão e tomada de decisões. E, claro, volto a ensinar os mesmos textos mais ou menos de dois em dois anos. Creio que, se conseguíssemos fazer os cristãos do nosso país praticarem o que a Bíblia ensina sobre esse punhado de assuntos, tudo mudaria. Ora, é ainda mais simples que isso. Se pudéssemos suspender por doze meses a imoralidade sexual em nosso país, tudo já seria diferente.

Não estou tentando produzir eruditos em Bíblia. Aliás, ensiná-la não cria eruditos em Bíblia. Cria pessoas que *se acham* eruditas no assunto. São os seres humanos mais maldosos e sem compaixão do Planeta. Você sabe de quem estou falando. Você os tem em sua igreja também. Eles o corrigem quando você comete o erro mais leve. Mas não se dispõem a servir em lugar algum. Vivem ocupados demais para isso. Não só acreditam em um inferno literal, como você fica com a impressão de que se sentem felizes pelo fato de muita gente estar indo para lá. Prefiro os cristãos famintos, ignorantes, do tipo que se dá por satisfeito amando Jesus e as pessoas pelas quais ele morreu. Prefiro o cristão que não sabe tudo, mas está comprometido em fazer o que sabe, àquele indivíduo que sabe tudo, e esse é o máximo que se dispõe a chegar. Lembra-se da viúva que ofertou tudo que tinha? Jesus gostava mais dela do que dos fariseus. Era do tipo que faz. Jesus gostava desse tipo. Imagino que ainda goste.

## Em algum lugar, não em todo lugar

Alguns parágrafos atrás, defendi a ideia de que a Bíblia inteira deveria ser ensinada em algum lugar, mas não em todo lugar. Para ser mais específico, não no culto principal. Então onde fica esse algum lugar? Na nossa rede contamos com três vias de acesso a uma educação mais holística sobre a Bíblia, disponíveis para os superinteressados. Temos uma trilha de liderança chamada Teopráxis.[11] Consiste em uma série de aulas com duração de seis semanas, desenvolvida para ajudar os líderes do ministério de voluntários a desenvolverem um arcabouço teológico e bíblico mais sofisticado. Não se trata de treinamento de habilidades. A série é por natureza puramente bíblica e teológica. Além do Teopráxis, somos associados a um ministério conhecido como BTCP – Bible Training Centre for Pastors and Leaders [Centro de treinamento bíblico para pastores e líderes].[12] O BTCP é uma

[11] Disponível em: <https://groupleaders.org/theopraxis>. Acesso em: 28 nov. 2018, 18:43:20.

[12] Disponível em: <www.bibletraining.com>. Acesso em: 12 nov. 2018, 16:04:01.

série de cursos de dois anos equivalente a uma graduação em teologia, análise da Bíblia e métodos de estudo bíblico. O curso vem sendo ministrado no mundo inteiro. O fundador, amigo meu, é gentil o suficiente para enviar seus treinadores às nossas igrejas a fim de conduzirem os estudos. E, para os supersérios, sediamos o curso de extensão do Seminário Teológico de Dallas.

A boa notícia é que, para o pessoal das igrejas que deseja um treinamento teológico mais aprofundado, há mais ensino e treinamento disponível do que as pessoas conseguiriam aproveitar em uma vida inteira. Aliás, homens, mulheres ou estudantes que têm vontade de estudar o texto inteiro estão vivendo na época certa. Graças à internet, tudo está disponível em qualquer tamanho, formato, linguagem e edição imaginável. E sou muito grato aos professores e estudiosos com seu trabalho incansável para nos prover recursos tão excelentes e de fácil acesso. Com certeza somos uma geração indesculpável!

Voltemos, porém, ao tema da seção só por um instante. Enquanto você desenvolve o filtro para avaliar seu conteúdo, permita-me sugerir quatro perguntas para serem acrescentadas ao seu arsenal:

1. O conteúdo é *útil*?
2. Ele oferece uma perspectiva potencialmente nova e útil?
3. Esse conteúdo oferece atividades práticas, aplicações ou próximos passos?
4. O conteúdo é específico para determinada idade ou época da vida?

## Os três grandes filtros

Chegamos então aos três filtros que usamos para aferir a irresistibilidade dos nossos ambientes. Avaliamos espaço, apresentação e conteúdo. Para cada ambiente ministerial, perguntamos:

1. O espaço é envolvente?
2. A apresentação é cativante?
3. O conteúdo é útil?

Esses são os nossos filtros. Quais são os seus? Lembre-se, cada ambiente ministerial é avaliado todo fim de semana. A única dúvida é: segundo *qual* padrão ou segundo o padrão *de quem*? Se você deseja a excelência para seus ambientes, precisa definir o que é *excelente*. Se quer que esses ambientes sejam irresistíveis, então deve definir *irresistível* em termos de transmissíveis para outras pessoas, fáceis de compreender. Cada membro da equipe e voluntário da sua igreja têm convicção de saber o que é excelente. Eles comparecem nos finais de semana para trabalhar em função de um propósito predeterminado. Por causa deles, você tem a obrigação de deixar a mosca do alvo tão clara quanto humanamente possível.

Chegar lá não será fácil. Todo mundo terá uma opinião para dar. Se você não gosta de reuniões, pode vir a odiar o processo. Mas, no fim, valerá a pena. A partir do momento em que chegar lá, tudo será melhor. Tudo fluirá mais suavemente. Todo mundo estará trabalhando e avaliando com base na mesma cartilha. Quando os visitantes entrarem nas suas instalações pela primeira vez, saberão que algo importante está acontecendo. Notarão a coerência e se sentirão seguros. Alguns saberão de imediato que querem fazer parte da sua organização e deixar os filhos participarem também. Ambiente é importante. Por isso, olhe com atenção renovada para os seus ambientes ministeriais. Torne-os os melhores que eles podem ser.

*Capítulo Dez*

# Regras de engajamento

Talvez o ambiente mais importante de qualquer igreja seja o culto de adoração do fim de semana. Quer ele aconteça na manhã do domingo, quer na noite de sábado, esse ambiente, mais que qualquer outro, define a igreja. Seus cultos de fim de semana determinam como as pessoas percebem e experimentam a igreja. E isso torna a equipe que cria as experiências de adoração do fim de semana uma das mais importantes da organização, se não *a* mais importante. Em grande medida, eles determinam a reputação da igreja junto à comunidade. Essa é uma das razões pelas quais me reúno toda manhã de terça-feira com os diretores de programação de todas as nossas igrejas da região de Atlanta. Nada é mais crucial que o culto do fim de semana.

Assim, é imperioso que sua equipe de programação esteja alinhada em torno de um propósito comum, bem como de uma abordagem comum. Como em todas as coisas, o *propósito* deveria determinar a *abordagem*. No frigir dos ovos, é o que fazemos, não o que nos propusemos fazer, que define nossa vida e reputação. O mesmo vale para as igrejas. Uma das incoerências mais comuns no mundo eclesiástico é a discrepância entre o *propósito* e a *abordagem*. Quase todos os pastores seniores com que já conversei seriam capazes de jurar (bem, jurar talvez não), de afirmar categoricamente que querem desigrejados frequentando suas igrejas e se mantendo conectados com elas. Mas então eles dão meia-volta na mesma hora e criam cultos de fim de semana nos quais presumem que todos os presentes são cristãos e frequentam a igreja toda semana. É a isso que me refiro quando falo em incoerência entre propósito e abordagem. A abordagem escolhida pela igreja se sobrepõe a seu propósito, a menos, é claro, que abordagem e propósito estejam alinhados. Mas não se engane. Se seu propósito declarado entra em conflito com sua abordagem, você jamais conseguirá alcançar o que se propôs realizar.

Portanto, uma das primeiras coisas que a equipe de programação deve fazer é deixar muito claro o propósito da experiência de fim de semana. Em nosso mundo, chamamos isso de "elucidar a vitória". Existe uma explicação profunda para o significado de *elucidar a vitória* no capítulo 10 do nosso livro *The Seven Practices of Effective Ministry* [As sete práticas do ministério eficaz].[1] A seção intitulada "Quatro passos para elucidar a vitória", na minha opinião, vale o que se paga pelo livro inteiro. Argumentamos ali que toda equipe responsável por qualquer ambiente dentro de uma igreja deveria se reunir e propor uma série de perguntas que resultem em uma declaração simples capaz de elucidar a vitória para aquele ambiente. No Apêndice C, fornecemos uma lista de "vitórias" para cada uma das nossas áreas ministeriais. Se a vitória permanecer obscura, obrigue sua equipe — os líderes e os voluntários — a dar palpites sobre o que significa uma vitória. Cada um imaginará uma coisa diferente. Por conseguinte, cada um fará uma avaliação diferente. E, como todo mundo gosta de vencer, a probabilidade é de que as pessoas considerarão a própria área ministerial bem-sucedida, sendo isso verdadeiro ou não. Por essa razão, é tão insuportavelmente difícil mudar ou eliminar a programação em uma igreja local. As pessoas sempre estarão convencidas de que aquela área

[1] STANLEY, Andy; JONES, Lane; JOINER, Reggie. **The Seven Practices of Effective Ministry**. Portland, Ore.: Multnomah, 2004.

em que elas mais investiram funciona. *Seja qual for* a área. Por quê? Porque, de acordo com nosso modo de mensurar o sucesso, ela é! Se você não elucida a vitória para a equipe, ela o fará por conta própria. E, a partir do momento em que um grupo se apaixona por determinado ministério ou estilo de ministério, encontra um modo de se convencer de que seu trabalho é essencial para o sucesso da igreja. Quer ele seja essencial, quer não.

## A VITÓRIA DO FIM DE SEMANA

Eis uma pergunta com a qual sua equipe deveria lutar ao extremo: o que significa vitória para seus cultos de fim de semana? O que faz que você e os membros da sua equipe se sintam meio: *Uau, este fim de semana nós arrasamos!* Qual o responsável por isso? Eu sei, eu sei. Trata-se de uma multiplicidade de coisas. Sendo assim, prepare uma lista. Comece a discussão.

*Qual é a vitória do fim de semana?*

Pergunta difícil de responder. Cada série de mensagens difere uma da outra. Você nem sempre detém o controle sobre o que os palestrantes convidados falarão. Também não quer que as coisas fiquem previsíveis demais. Entendo tudo isso. Mas, apesar de todas as variáveis inevitáveis, sua equipe de programação tem alguma coisa em mente quando se senta para criar a experiência do fim de semana. Ela parte de um conjunto de hipóteses tácitas que definem o sucesso. Em algum lugar, existe consenso quanto ao que faz um fim de semana excelente. Assim, você tem uma dívida consigo mesmo e com sua equipe no sentido de descobrir o que todos estão pensando e criar um léxico em torno disso. O pressentimento me diz que, a partir do momento em que começar a escarafunchar por todo lado e trazer à tona como os membros da equipe definem a vitória de fim de semana, você descobrirá tanto alinhamento quanto desalinhamento.

Continue escavando tempo suficiente, e você acabará tropeçando *naquilo* que faz subir o nível de energia na sala — o que leva todo mundo a se sentar à beira do assento. Qualquer que seja o denominador comum, você precisa encontrá-lo e rodeá-lo de algumas palavras. Quando tiver feito isso, só faltará decidir se o que a vitória *é* coincide com o que ela deveria ser.

Para muitas equipes, a vitória de fim de semana é um auditório lotado. Para o diretor de pré-escolares, pode ser o culto terminar no horário de modo que os voluntários não declarem um motim. Para o líder da adoração, pode ser a permissão para apresentar uma nova canção. *De preferência, que ele mesmo tenha composto!* Para o pregador, a vitória pode ser uma reação significativa no final da mensagem — tão significativa que o horário do culto é estendido, criando um problema para o diretor dos pré-escolares. Isso quer dizer que no domingo seguinte o pregador pedirá mais tempo para falar, o que exigirá do diretor da adoração o corte de uma música. *De preferência, a de outro compositor qualquer.* A vitória para o diretor educacional pode ser mais tempo para os avisos.

Sei o que você está pensando. *Como ele sabe disso?* Sei porque vivo no mesmo mundo que você. Mas, é como digo, depois que sua equipe concorda sobre a vitória do fim de semana, reduz-se a tensão inevitável criada quando todo mundo corre atrás da vitória certa aos próprios olhos.

## NOSSAS VITÓRIAS

Definimos duas vitórias para nossos cultos de fim de semana. Uma imediata e outra a longo prazo. Nossa vitória imediata acontece quando um frequentador regular traz um amigo — ou amiga — desigrejado que gosta tanto do culto a ponto de voltar na semana seguinte. Se esse amigo ou essa amiga voltar com outro amigo ou outra amiga desigrejado a reboque, abrimos o champanhe e contratamos uma banda. Sério mesmo, nosso objetivo no fim de semana é criar um ambiente tão cativante, uma apresentação tão envolvente e um conteúdo tão útil que os desigrejados não só ficarão com vontade de retornar na semana seguinte, como se sentirão à vontade e motivados para convidarem um amigo ou uma amiga. A isso celebramos. Essas são as histórias que ansiamos por ouvir ao comparecermos nas reuniões da equipe. Essas são as cartas e os *e-mails* que passamos para todo mundo ler no escritório. Esses são os relatos que circulam entre os presbíteros.

Celebramos pessoas que cruzam o limite da fé? Sim. Celebramos quando alguém opta por ser batizado? Já tratamos disso. E, sim, amamos quando a música provoca arrepios na espinha e nos traz lágrimas aos olhos. Amamos quando as pessoas se inscrevem como voluntárias. Vibramos quando as pessoas reagem em público à pregação. Adoramos terminar na hora e aplaudimos as habilidades de compor músicas dos nossos líderes de adoração. Esses são todos componentes maravilhosos e importantes. Mas a vitória — aquilo que nos desperta pela manhã e nos mantém despertos à noite — é quando um dos nossos frequentadores se expõe a risco e convida um amigo distante de Deus, e então esse amigo comparece, se emociona e opta por retornar na semana seguinte. Essa é a mosca do alvo, *baby. Não existe nada melhor que isso!* Eis a razão de planejarmos nossos cultos de fim de semana tendo em mente quem convida e seus convidados. Nossas equipes de programação se veem como parceiras de evangelismo de nossos membros e frequentadores regulares. Quer dizer que adequamos o conteúdo aos não cristãos? Nada disso. Adequamos a experiência aos não cristãos. Há uma grande diferença. E é dessa diferença que trata este capítulo.

Mencionei que tínhamos uma vitória a longo prazo e outra imediata. A vitória a longo prazo é a *mudança de vida*. É quando os indivíduos que frequentam nossos cultos com regularidade mudam o modo de pensar e o comportamento de acordo com a direção divina. Queremos que nossos cultos de fim de semana sejam catalisadores da transformação pessoal de vida. Queremos inspirar pessoas a crerem e a se comportarem de maneira diferente. Como acontece com nossas vitórias imediatas, disso tratam os *e-mails*, cartas e tuítes que publicamos, lemos, copiamos e fazemos circular pelo escritório. Quando a mudança significativa de vida faz parte de uma história de batismo, mostramos o vídeo em nossos encontros com a equipe, nas reuniões dos presbíteros e, quando temos permissão, postamos em nossas páginas do Facebook. Aqui está uma distinção importante. Embora nossa experiência de fim de semana seja desenhada pensando nos desigrejados, o conteúdo da nossa mensagem é projetado para a transformação de vida.

Como tenho reiterado desde o início, não estou sugerindo que toda igreja adote a *nossa vitória para o fim de semana.* Apenas exorto você a descobrir e definir a sua. A partir de então, a verdadeira diversão começará.

Uma vez que você tenha determinado sua vitória para o fim de semana, o passo seguinte será criar uma abordagem ou padrão que sirva de esteio à vitória. Criá-lo é uma coisa; implementá-lo é outra completamente diferente. Como você sabe, levar a igreja a uma nova abordagem do culto de fim de semana tem potencial para dividir a congregação. Falo por experiência. No fim deste capítulo, incluí alguns *insights* sobre a preparação da sua igreja para a mudança. Mas, para ser franco, essa não é uma área sobre a qual eu possa falar com tanta autoridade. Nossa equipe foi bem-sucedida ao levar um grande grupo de voluntários e líderes comprometidos a um novo modelo nos finais de semana. Mas isso é diferente de levar uma igreja estabelecida a empreender essa transição. De qualquer forma, coragem; pode ser feito. Tem sido feito. Deus pode chamar você para fazê-lo!

## Desenvolvendo seu modelo

Quando converso com pastores e equipes de programação sobre criar um modelo para o fim de semana deles, recebo sempre a mesma reação de repúdio. E sinto empatia por eles. A ideia de seguir o mesmo modelo semana após semana parece limitadora. Gente criativa fica enojada. Tipos teológicos erguem as mãos na mesma hora e perguntam sobre o papel do Espírito Santo na adoração. Um modelo deixa espaço para a obra do Espírito? Não coloca todo mundo dentro de uma caixa?

Na verdade, não. O modelo não *coloca* sua equipe em uma caixa. Sua equipe já está dentro de uma caixa. Ela planeja a experiência de fim de semana dentro dos limites de algum tipo de caixa, quer vocês sigam um modelo, quer não. Todos temos uma caixa de tempo. Pode ser de um minuto ou de duas horas. Mas o fato é que em algum momento o tempo acabará. Existe uma caixa de recursos, mais comumente conhecidos como itens individualizados do seu orçamento. Existe uma caixa de talentos. E também a caixa denominacional. Há ainda uma caixa de estilo. Em outras palavras, você já trabalha com limites. Criar e seguir um modelo assegura que você extrairá o máximo dos recursos limitados de que dispõe. Mais importante ainda, o modelo assegura que sua abordagem sirva de sustentação a seu propósito. No caso, nosso modelo nos obriga a pensar como forasteiros.

A criatividade sempre tem restrições. A partir do momento em que escolhe o tamanho da tela, a pintora já se restringiu. Os cineastas têm a restrição de cerca de uma hora e meia. Os dramaturgos trabalham dentro de restrições. Os escultores também.

Compositores que esperam ouvir sua música tocando no rádio têm a restrição de mais ou menos três minutos e meio.

E é interessante notar que praticamente todos os maiores sucessos dos últimos cinquenta anos seguiram um modelo similar: verso-refrão-verso-refrão-ponte-refrão-refrão. Imagine só. No intervalo de três a quatro minutos, parece haver uma variedade infinita de melodias, temas, progressões de acordes e estilos. Existem limitações? Sim. Há espaço para criar dentro dessas limitações? É só ligar o rádio.

Toda vez que você *cria* uma experiência de fim de semana, está trabalhando dentro de limitações. Como Picasso. Quero ajudar você a encontrar ou criar o modelo que permita aproveitar a capacidade criativa da sua equipe de modo que ela sirva de apoio ao que você considera uma vitória para o fim de semana dentro dos limites impostos. Quero ajudar você a definir sua versão de verso-refrão-verso-refrão-ponte-refrão-refrão.

Reconheça ou não, você já tem um modelo para sua experiência de fim de semana. Pode não saber como ele é, mas ele existe. E qualquer pessoa que frequente sua igreja durante seis ou mais meses tem uma boa ideia de como ele é.

Por quê? Porque seus cultos de adoração seguem o mesmo padrão sempre, toda semana. Os cânticos e os tópicos das mensagens mudam. Os terríveis avisos mudam. O letreiro das apresentações em tela muda. O apresentador e o líder da adoração podem mudar. Mas todo domingo há cânticos, uma mensagem, avisos, letreiros exibidos nas telas, um líder de adoração e um apresentador. Você tem um modelo. Tem uma versão própria de verso-refrão etc. A pergunta é: Você tem o modelo certo? Você conta com um modelo que serve de sustentação para sua vitória? Ele está em sintonia fina para ajudar você a realizar o que *diz* ser seu propósito realizar? O primeiro passo consiste em descobrir o modelo que você está seguindo no momento. Reúna a equipe e aplique alguma terminologia a seus pressupostos e abordagens até agora tácitos, do tipo molho secreto, relativos aos cultos de fim de semana. Descobrir e criar terminologia para o que você está fazendo hoje é importante por algumas razões. Para início de conversa...

## PROGRAMAÇÃO PERFEITA

Se você gosta do que vem acontecendo nos finais de semana, deve a si mesmo a descoberta do seu molho secreto para então guardá-lo com a própria vida. *Seu modelo atual é perfeitamente planejado para produzir os resultados que você vem alcançando.* Se você ama seus resultados, a última coisa que quer é se deixar levar inconscientemente para outra direção. O único modo de assegurar que isso não aconteça é lançar bem fundo sua âncora. E isso exigirá que introduza alguma objetividade a um processo em que hoje pode predominar a intuição. Por outro lado, se você estiver insatisfeito com os resultados atuais, precisa implementar algumas modificações. Mas é difícil discutir e mudar algo que nunca foi identificado e definido. De um jeito ou de outro, você precisa identificar e criar uma terminologia descritiva para seu atual padrão de fim de semana. A partir de então, terá de fazer a mais difícil das perguntas: À luz do que estabelecemos como nossa *vitória*, essa é de fato a melhor *abordagem*? Ela viabiliza sua vitória?

Nas páginas seguintes, vou conduzir você por nosso modelo. Como declarei anteriormente, não enfrentamos o desafio de mudar o modelo de fim de semana de uma igreja local. Tivemos a vantagem de partir de uma abordagem que acreditávamos sustentar os objetivos para o fim de semana descritos no início deste capítulo. Nosso modelo tem evoluído. Há coisas que podemos fazer agora que não eram possíveis no início. Há coisas que fazíamos no início e abandonamos ao longo do caminho. O tempo todo implantamos melhorias e ajustes, conforme a cultura se altera. Mas estamos comprometidos feito loucos com a criação de uma experiência que traga de volta quem veio a primeira vez e conduza as pessoas rumo à maturidade.

## O MODELO NORTH POINT

Nosso modelo é projetado para mover um grupo diversificado de adultos, presumindo pouco ou nenhum interesse, de onde quer que estejam quando ocupam uma vaga em nosso estacionamento até o *argumento principal* da mensagem. A versão resumida: *Temos como objetivo acolher nossos frequentadores do estacionamento até a mensagem.* Como em sua igreja, nosso público vai do cético ao santo. E, conquanto nosso objetivo imediato seja fisgar o cético, nosso objetivo de longo prazo se aplica a todos os presentes no auditório. Conduzir uma audiência, ainda mais tão diversificada, de onde ela está até onde você deseja que ela esteja, requer um *denominador comum.* Se você quiser que eu o siga em uma jornada, precisará vir me buscar. A jornada tem de começar onde estou, não onde você está ou acha que eu deveria estar.

Isso é muito sério. Onde começa a experiência do fim de semana determinará quem se fará sempre presente para empreender a jornada. Se a jornada parte do pressuposto de que todo mundo aqui sabe o que estamos fazendo, você acabará tendo uma audiência composta por pessoas que já sabem o que você está fazendo. Se sua jornada parte do pressuposto de que todo mundo na audiência é cristão, no fim a audiência estará cheia de cristãos. Quem comparece aos concertos da banda de *rock* cristão Third Day? Acima de tudo, pessoas que conhecem suas músicas e esperam ouvi-las. Onde você começa determina quem comparecerá. Por quê? Porque suas suposições criam o denominador comum para a jornada. Grandes comunicadores agem assim por intuição. De alguma forma, eles sabem onde você está e o levam com eles até onde querem que você esteja.

Assim, qual o denominador comum em uma audiência de histórias, idades, estágios de vida, experiências com igrejas, sofisticação teológicas etc. tão variadas? O que um grupo assim diversificado pode ter em comum? Como nossa vitória imediata envolve indivíduos que não necessariamente compartilham nossa visão de mundo, menos ainda nossa teologia, tampouco o denominador comum pode ser compartilhado. Por isso, voltamos e tiramos proveito de *experiências e emoções comuns*.

Na maior parte das vezes, seguimos firmes no sentido de uma emoção específica. Aprendemos que explorar uma emoção comum costuma ser a melhor maneira de influenciar como o indivíduo enxerga e aborda a vida. Todo mundo, do cético ao santo, sabe o que é sofrer, o que é duvidar e o que é acalentar esperança. Todo mundo adora rir. Todo mundo ama celebrar uma história de redenção. Todo mundo tem dúvidas e temores. Todo mundo questiona. Assim, damos duro para criar logo de início um momento em que todos os presentes no auditório estão em concordância, balançando a cabeça na mesma direção.

Agora, se isso o incomoda, você acaba de experimentar justamente aquilo que tentamos fazer todo fim de semana em todas as nossas igrejas. Se você encetou um diálogo imaginário comigo sobre como essa abordagem é barata e pouco bíblica, está vivendo a experiência exata de como essa abordagem é poderosa. Você está emocionalmente engajado. Interessado. E interessado porque discorda. Algumas das minhas mensagens prediletas são aquelas onde começo com uma declaração que deixa todo mundo pouco à vontade. Crie tensão, e você terá criado interesse. Jamais se esqueça disso. Mas, antes de descartar isso como um truque barato, talvez o interesse saber de onde tiramos essa ideia.

## O MESTRE DOS MESTRES

Certo dia Jesus ergueu os olhos e se viu rodeado por uma audiência extraordinariamente diversificada: coletores de impostos, pescadores, fariseus, os poderosos de Roma, além dos destituídos da Palestina. O espectro inteiro. Pessoas que não se consideravam más como algumas outras, mas cientes de que não chegavam nem perto de ser tão boas como outras tantas. Por diversas que fossem, Jesus reconheceu que todas tinham algo em comum. Elas compartilhavam da mesma confusão em relação à atitude divina para com os pecadores. Por isso, ele escolheu essa oportunidade específica para tratar da confusão delas. Mas por onde começar uma discussão de certa forma teológica com um grupo que possui graus variados de sofisticação nessa área? Por onde começar uma discussão relacionada com a visão que Deus tem dos pecadores com um grupo que inclui pecadores que não se enxergam como tais, lado a lado com pecadores que foram longe demais para serem redimidos?

Que tal esta abordagem:

> "Imaginem que um de vocês tenha cem ovelhas e perca uma delas" (Lucas 15.4, *A Mensagem*).

Perfeito. Uma situação hipotética envolvendo ovelhas.

Jesus começou a discussão explorando uma experiência humana comum que evocava uma emoção comum. A perda. Todo mundo daquela audiência perdera alguma coisa ao longo do caminho. E todo mundo ali sabia o que faria se tivesse cem ovelhas e descobrisse que uma se desgarrara.

> "Será que não vai deixar as noventa e nove no pasto para ir atrás da que se perdeu?" (v. 4, *A Mensagem*)

A essa altura, todas as cabeças balançavam em sinal de aquiescência. Consigo imaginar alguns fariseus pouco à vontade que de repente se descobrem concordando com coletores de impostos. Brilhante! Absolutamente brilhante. Todos concordam. Todo mundo sente a mesma coisa. Jesus, o Mestre dos mestres, sabia que, para sua audiência diversificada acompanhá-lo a um lugar novo, ele primeiro teria de ir aonde ela estava. Precisaria encontrar denominadores comuns com um grupo que pouco tinha em comum. Foi o que ele fez. É o que nós devemos fazer também. Não há nenhum truque. Trata-se de confiar na maneira pela qual fomos criados. Tem a ver com se importar tanto com as pessoas a ponto de ir aonde elas estão antes de lhes pedir que o sigam até onde você está convencido que elas devem estar. Jesus continuou:

> "E, quando a encontrar, ficará feliz da vida e a levará nos ombros de volta para casa. Vai até chamar os amigos e vizinhos e dizer: 'Vamos comemorar! Encontrei a ovelha que eu havia perdido!' " (v. 5,6, *A Mensagem*).

De novo, todas as cabeças deviam estar balançando. Era exatamente assim que agiriam. É o que as pessoas fazem quando encontram algo que haviam perdido. Ainda mais se for algo de valor. Agora que estavam todos de acordo, Jesus lhes pediria que o seguissem até um lugar novo.

> "Eu digo que, da mesma forma, haverá mais alegria no céu por um pecador que se arrepende do que por noventa e nove justos que não precisam arrepender-se." (v. 7)

Isso agora é novidade. Jesus acabava de contestar a visão aceita por todos da atitude de Deus para com pecadores e justos. Mesmo assim, não obrigou ninguém a abrir em Gênesis, capítulo 2. Em vez disso, falou:

> Imaginem uma mulher que tenha dez moedas e perca uma delas. Será que ela não vai pegar uma lanterna e vasculhar a casa até encontrá-la? E, quando a encontrar, vai chamar os amigos e vizinhos e dizer: 'Vamos comemorar! Achei a moeda que eu havia perdido' " (v. 8,9, *A Mensagem*).

Os fariseus na multidão talvez não tenham se identificado com a ilustração da ovelha perdida, mas a maioria se identificaria com a moeda perdida, ainda mais uma moeda que a esposa deles poderia ter perdido.

> "Eu digo que, da mesma forma, há alegria na presença dos anjos de Deus por um pecador que se arrepende." (v. 10)

A essa altura, todo mundo começa a entender. Os fariseus com certeza se identificaram com a história. "Espere um minuto. Você está dizendo que Deus *sente* por um pecador da mesma maneira que eu *sinto* por uma moeda perdida? Moedas são valiosas. Pecadores são... pecadores." Os pecadores também se identificaram com a história. "Quer dizer que Deus *sente* por mim do mesmo jeito que o pastor sente pela ovelha?"

Tendo provocado em sua audiência uma emoção comum, Jesus aumenta o valor da aposta passando da ovelha e das moedas para o relacionamento íntimo de um pai com seu filho. Cercado talvez por dezenas, talvez centenas de homens, muitos dos quais afirmavam ser filhos de Abraão e alguns outros que não reivindicariam nenhum relacionamento com Deus, ele os desafia a operarem uma mudança em seu modo de pensar sobre como Deus enxerga os pecadores — como Deus *os* enxergava! Todavia, Jesus não começou por Deus. Começou por *eles*. Começou suscitando uma emoção que se tornou o catalisador daquela que sem dúvida talvez fosse sua mensagem mais importante. Todos compraram a ideia? Não. Alguns ficaram ofendidos com o que Jesus dissera?

Com certeza. Todos se engajaram na história? Seguramente. Alguém não entendeu o que Jesus quisera dizer? Pouco provável. A intenção de Jesus estava tão inevitavelmente clara que essa trilogia de parábolas se tornou um dos trechos mais populares de toda a Bíblia.

## Regras de engajamento

Desde o começo, procuramos envolver emocionalmente as pessoas. E, quando digo começo, refiro-me ao estacionamento. Nosso modelo é projetado para criar uma jornada para nossos frequentadores. Como você pode ver pelo diagrama da página 218, o modelo inclui três grandes partes contendo vários passos graduais. No nível macro, nosso objetivo é *engajar* o público, *integrá-lo* e, por fim, *desafiá-lo*. Criamos nosso modelo em forma de funil para nos lembrar que nossa responsabilidade semanal é de *engajar* nossa audiência inteira. Não apenas os igrejados. Na minha experiência, é aqui que a maioria das igrejas erra por completo. Elas partem do pressuposto de que todo mundo já está interessado, engajado e bem informado. Tudo bem no caso da igreja projetada para os igrejados. Nada bem no caso das igrejas comprometidas com o engajamento de coração e mente dos desigrejados. Queremos todo mundo, do cético ao santo, envolvido desde o começo.

O segundo passo da jornada consiste em *integrar*. Desafiador, mas necessário. Descobrimos que, se fizemos um bom trabalho engajando nossa audiência emocionalmente, é possível integrá-la fisicamente. Por fim, nós a *desafiamos*. Desafiar pessoas antes que elas se envolvam e se integrem é uma violação à ordem das coisas. É lamentável, mas igrejas e comunicadores em especial tentam isso o tempo todo. Se você pensar em termos de relacionamentos pessoais, compreenderá de imediato por que não funciona. Desafie o comportamento ou a atitude de alguém que você não conhece e veja que diferença isso faz. Você pode ter razão.

Pode ser claro ao expor sua opinião. Mas não fará diferença alguma. Apenas ganhará um inimigo.

Se o objetivo da igreja ou de um pastor é apenas dizer a verdade, então engajar e integrar são passos desnecessários. Basta entoar umas duas músicas, recolher a oferta e pregar! Não há necessidade alguma de construir pontes relacionais. Mas, se o objetivo for fazer diferença, mudar de verdade o modo de pensar e de se comportar de alguém, então a construção da ponte relacional é um passo crítico. Resistimos à ideia de sermos influenciados por pessoas que não conhecemos ou em quem não confiamos. Abrimo-nos para a influência daqueles em quem confiamos ou que percebemos terem em mente o nosso bem. Confiança requer um denominador comum. Empatia. Tudo isso para dizer que precisamos trabalhar um pouco antes de esperar que as pessoas internalizem nossas mensagens e vivam de acordo. E isso é especialmente verdadeiro no caso daqueles que são novos na igreja ou que tiveram experiências ruins com a religião organizada.

REGRAS DE ENGAJAMENTO

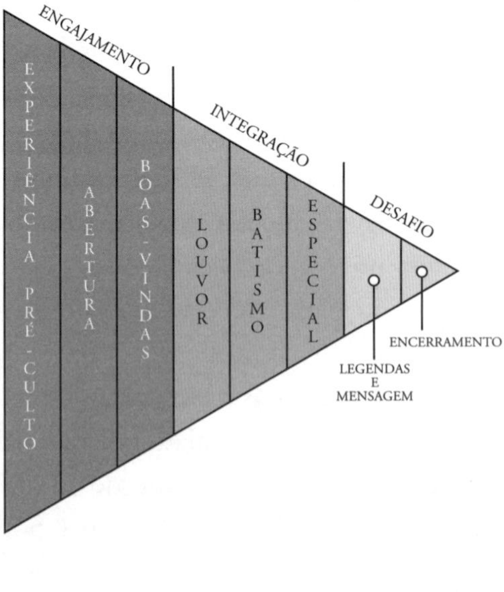

Para conduzir nosso público por essa jornada de três passos, empregamos oito elementos nos nossos cultos de adoração. Quatro deles fazem parte de todos os cultos. Os quatro restantes são utilizados quando oportuno.

## Elemento nº 1: Experiência pré-culto

A *experiência pré-culto* engloba tudo que nosso público encontra desde a hora em que entra em nossas instalações até que o culto de fato se inicie. Isso inclui o que as pessoas experimentam no estacionamento e nos corredores, o procedimento de *check-in* para as crianças e o processo de localização dos assentos no centro de adoração. Inclui ainda a clareza da sinalização, a limpeza dos banheiros, a temperatura dentro do prédio e a iluminação. Você sabe que, se ofender alguém *antes* do culto, será quase impossível envolvê-lo *no* culto. Por isso, trabalhamos duro no pré-culto a fim de criar uma experiência tão prazerosa quanto possível.

De modo mais específico, queremos que as pessoas se sintam confortáveis. Por que confortáveis? Porque toda vez que entramos em um ambiente novo, ainda mais se isso envolver nossos filhos, há um elemento de desconforto. Não sabemos ao certo aonde ir ou o que fazer. Levar crianças a um ambiente desconhecido traz à tona uma série de dúvidas. Em geral, os homens querem descobrir quanto tempo dura o culto, que hora poderão voltar para casa. Fazemos de tudo para tratar dessas questões o mais cedo possível.

Uma das melhores coisas que fizemos nesse aspecto foi criar um *website* no qual quem nunca frequentou nossas reuniões, mas planeja fazer uma visita, pode assistir a vídeos curtos de qualquer um dos nossos ambientes de fim de semana (*www.northpoint.org/new*). É possível ver o que acontece nas salas dos nossos bebês, nos ambientes dedicados a quem está no ensino fundamental, ou no início e fim do médio. E, claro, há uma sinopse em vídeo do que acontece no ambiente de adoração. Quem traz os filhos pode registrá-los *on-line* de modo que, quando chegam à entrada da igreja, alguém já os espera. Tudo isso em nome de tornar as coisas mais confortáveis.

Na experiência pré-culto, *confortável* tem precedência sobre *teológico*.

Isso pode parecer meio radical. Mas, se nossa vitória imediata é prender o interesse dos desigrejados, então, no extremo mais amplo do funil, precisamos afastar todo obstáculo possível do caminho dos visitantes desigrejados desinteressados, desconfiados, "vim contra a vontade" e "preferia estar em outro lugar qualquer". O estacionamento, os corredores, o auditório e o palco devem ser zonas livres de obstáculos.

Vários anos atrás, senti que começávamos a derrapar nessa área. Por isso reuni para uma sabatina nossas equipes de programação das igrejas da região de Atlanta. Não lhes contei o propósito da reunião. Levei-os a um dos nossos auditórios, onde mandara acender as luzes do palco e da plateia, como aconteceria em um culto de fim de semana. Distribuí envelopes e canetas, e pedi que se sentassem em áreas diferentes do auditório. Solicitei que permanecessem apenas sentados, em silêncio, por vários minutos antes de abrirem os envelopes e seguirem as instruções das folhas ali contidas. As instruções diziam mais ou menos o seguinte:

> Imagine que essa é sua primeira vez em nossa igreja. Você não é um frequentador regular. Nem tem nada contra igrejas. Apenas não vê necessidade delas. Alguém o convidou, e aqui está você.

Em seguida, pedi que respondessem a diversas perguntas do ponto de vista de um recém-chegado, como: *Quando você olha para o palco, o que vem à sua mente? O que o preocupa? O que você gostaria de saber de antemão? O que espera que não aconteça? O que o deixaria mais à vontade neste momento? Que informação você gostaria de ver saltar na tela?*

Como você talvez já imagine, tivemos uma sessão incrível de discussão com base nas respostas apresentadas. Pela primeira vez em muito tempo, olhávamos para nosso auditório como gente de fora, em vez de gente de dentro. Na condição de gente de dentro, sofremos daquilo a que Dan e Chip Heath se referem como "maldição do conhecimento".[2] Sabemos tanto sobre nossa igreja que é difícil para nós planejar tendo em mente o marinheiro de primeira viagem. Mas exercícios como o que descrevi ajudam. Uma das grandes descobertas que o nosso exercício possibilitou foi concluir que à pergunta "O que [você] gostaria de saber de antemão?", metade dos homens da equipe respondeu com um "Quanto tempo isso vai demorar?". Como resultado, pedimos a nossos apresentadores de fim de semana que incluam o seguinte em suas observações iniciais: "Ficaremos aqui mais ou menos uma hora".

Escolhemos todas as nossas músicas pré-culto pensando em um marinheiro de primeira viagem desigrejado. Incluímos uma mistura de secular conhecido com cânticos de adoração não tão conhecidos na entrada das pessoas no centro de adoração. Como muitas igrejas, ficamos repetindo *slides* com informações nas telas. Uma delas exibe várias vezes o texto ou os textos bíblicos do dia, permitindo que os novatos em estudo bíblico se adiantem e já localizem os versículos. E, como mencionei no capítulo nove, cerca de dez minutos antes do início do culto, começamos o 10Before.

[2] HEATH, Chip; HEATH, Dan. **Ideias que colam**. Rio de Janeiro: Alta Books, 2018.

Existem coisas que precisam ser comunicadas à igreja local. Mas elas costumam ser tão voltadas para dentro que criam uma desconexão potencial com os visitantes. Por isso deixamos todas as informações para os da casa no 10Before e o colocamos para rodar pouco antes do início oficial do culto. As pessoas que chegam atrasadas ou mesmo em cima da hora perdem essas informações? Sim. Mas aposto como você sabe quem são elas, não sabe? Os marinheiros de primeira viagem, pessoas que pensam que, se o culto começa às 11 horas, então é melhor chegar às 11 horas.

## Elemento nº 2: Abertura

O segundo segmento potencial na porção do nosso modelo dedicado ao engajamento é intitulado *abertura*. Usualmente é uma canção ou uma brincadeira interativa projetada para envolver a audiência. Empregamos aberturas mais ou menos uma vez a cada quatro a seis semanas.

Em nosso mundo, é considerado uma grande vitória fazer que todos na audiência sorriam dentro dos três primeiros minutos de culto. A abertura costuma ser desenvolvida para criar um sentimento de satisfação. Há pessoas que vêm a todas as nossas igrejas e nunca riram *dentro* da igreja. *Da* igreja elas já riram muito. Mas nunca se divertiram em um culto. Trabalhamos duro para criar esses momentos surpreendentes em que, pela primeira vez na vida ou em muito tempo, um homem ou uma mulher descobre como é se sentir bem na igreja. A música de abertura costuma estar associada ao tema da mensagem ou série. Em geral, escolhemos uma abertura para introduzir determinado assunto. Mas não a utilizamos com o intuito de defender uma ideia. A boa abertura produz um sentimento. Nesse ponto do culto, "secular e conhecido" funciona melhor que "sagrado e desconhecido".

As músicas dos Beatles fazem o maior sucesso todas as vezes. Até o presente momento, quem nos proporcionou a melhor abertura foi nossa iBand (que você encontra no YouTube procurando por North Point's iBand). Foi tudo perfeito. Muito legal. Envolveu dispositivos eletrônicos. Ninguém nunca tinha visto nada nem parecido. Todo mundo conhecia as músicas. A execução foi impecável. Havia sorrisos por toda a audiência. Os adolescentes amaram. Os homens na meia-idade amaram. As mulheres amaram porque os namorados e os maridos amaram.

De tempos em tempos, recebemos um *feedback* negativo por usarmos canções seculares na igreja. Entendo a preocupação. Não, essas músicas não "glorificam a Deus". Sim, os artistas que cantam algumas delas são pagãos. Mas nada disso nos incomoda. Nosso objetivo não é criar um ambiente "separado do mundo". Procuramos algo bem mais significativo que isso. Queremos mudar o mundo.

## Elemento nº 3: Boas-vindas

Nos finais de semana que incluem aberturas, o próximo passo são as *boas-vindas* do nosso apresentador. Nos finais de semana em que não há abertura, começamos com as boas-vindas. Esta não é a hora dos avisos. Chamamos de boas-vindas, pois isso é o que todo mundo faz quando as pessoas chegam a sua casa. Damos boas-vindas. Não esperamos que a visita entre por conta própria enquanto conversamos com a família. Nem a encontramos à porta para lhe dar informações aleatórias. Quando uma visita chega à nossa porta, damos a ela total atenção. Fazemos todo o possível para que se sinta... que rufem os tambores... *em casa*. Queremos que fique *à vontade*. Assim, as boas-vindas têm tudo a ver com o pessoal novo, não com o da casa. Ainda no espírito do "tem visita na porta" só por mais um instante, já estive em uma quantidade absurda de igrejas em que precisei entrar sozinho, encontrar um lugar para sentar e então ficar ouvindo os membros da família da igreja conversarem entre si.

Assim, tratamos nossos visitantes na igreja como os trataríamos em casa. Depois de lhes dar calorosas boas-vindas, oferecemos informações sobre os próximos passos deles entre nós, mas só as informações adequadas para eles. Evitamos uma agenda de eventos direcionada aos frequentadores regulares. A força gravitacional de toda igreja é no sentido dos de casa. Em lugar nenhum, isso é mais comum e mais perturbador que no espaço normalmente concedido aos avisos. Abandonamos esse termo por completo.

## ELEMENTO Nº 4: LOUVOR

As *boas-vindas* sinalizam o fim do *engajamento*. A partir de então, convidamos as pessoas para se *integrarem*. Você observará que demos a esse intervalo o nome de *louvor*, em vez de *adoração*. Foi proposital. E essa é uma distinção de extraordinária importância. Os cristãos, e os líderes de igreja em especial, fazem uso superficial do termo "adoração". Sejamos francos: empregamos o termo mais com força de adjetivo do que como substantivo. Temos música de adoração, líderes de adoração, centros de adoração e cultos de adoração. Mas quem é de fora não usa a palavra dessa forma. Para eles, *adoração* está relacionado com um verbo, *adorar*. E, se há um verbo envolvido, há um objeto, como ocorre por exemplo com o verbo "amar". As pessoas amam ao extremo — ou seja, adoram — os filhos, a profissão, seu barco e, de vez em quando, o cônjuge. Mas, mesmo para os não religiosos, o termo "adoração" tem nuanças religiosas. E há também pessoas de diferentes crenças. Para elas, o termo traz algo muito específico ao pensamento. E você pode ter certeza de que é algo bem diferente do que estamos fazendo durante nossas reuniões de fim de semana. Assim, tendo isso como pano de fundo, o que você acha que vem à mente de um verdadeiro desigrejado, ou de alguém com uma fé diferente, quando alguém sobe ao palco e convida todos a ficarem de pé para "adorarmos em comunhão"?

Deixe-me perguntar isso de outra maneira. Como cristão, se você fosse a uma reunião de fim de semana em uma mesquita, e uma pessoa lá na frente convidasse todos para a adoração, o que você pensaria? Sei o que *eu* pensaria: *Oh! Será que posso mesmo fazer isso? Não estaria traindo minha fé?* Colocar incrédulos ou tipos diferentes de fiéis em situações nas quais eles se sintam constrangidos a adorar é incrivelmente injusto. Ofensivo. Um engodo. É insultante. Mas o que eles podem fazer? Continuar sentados? Ir embora? A única opção além dessas é se levantarem e fingirem acompanhar algo que não compreendem ou em que não acreditam. Com isso, nós os transformamos em hipócritas! Você nunca parou para pensar nisso, não é? Sabe por quê? Porque nossa propensão natural é criar igrejas para igrejados.

Percebo agora que esta seção se concentra no modelo da North Point. Mas me permita abandonar nosso modelo e adotar o seu por um instante. Se você acredita que talvez haja incrédulos presentes em sua reunião de fim de semana, tire o termo "adoração" do seu vocabulário nesse período. Além disso, todos sabemos que o significado de adorar é mais amplo e mais abrangente que louvar. Se ler o Novo Testamento com atenção, você descobrirá que de qualquer forma as pessoas não "ficavam em pé" para adorar. A maioria delas "caía de joelhos".

Portanto, use o termo "louvor". Do ponto de vista do desigrejado, parece mais com algo como cantar. Convidar alguém para ficar de pé é cantar e muito diferente de lhe pedir para adorar. Se você quiser criar uma igreja que os desigrejados amam frequentar, deve pensar como alguém de fora.

Pois bem, tendo dito tudo isso, mais que depressa eu salientaria que algo muito poderoso acontece quando os cristãos cantam junto. Forma-se uma atmosfera *reverente*. Para muitos, isso *é* adoração. A verdade expressa em música penetra o coração como poucas coisas conseguem fazer. Cantar com a coletividade tem um poder evangelístico. Isso é especialmente verdade quando alguém que não entra em uma igreja há muito tempo de repente se vê confrontado com um hino que conhece da infância. De uma hora para outra, a pessoa retorna a um lugar em que a vida era mais simples. Os hinos conseguem levar os adultos de volta a capítulos de sua vida que precederam decisões das quais eles mais se arrependem. Mas não só quem retorna à igreja é impactado pelo canto coletivo. Como eu, tenho certeza de que você já viu marinheiros de primeira viagem aos prantos por causa de cânticos que nunca ouviram — em razão de letras que lhes trespassaram a resistência. De repente eles ficam emocionados e não têm a menor ideia do porquê. Portanto, não entenda que estou diminuindo o valor dos cânticos de adoração ou a adoração coletiva por meio da música. Trata-se de chamá-la pelo que ela é e de deixar Deus usá-la como julgar melhor!

Fechado?

Não?

Oh, bem. Eu tentei.

## Quais e onde

A seleção e a ordem das músicas são importantes em nosso modelo. Como muitas equipes, escolhemos e pedimos canções com base em ritmo e fluidez. Gostamos de começar *para cima*. Entendemos a dinâmica de passar da celebração para a reflexão. Mas há um elemento adicional na seleção e na ordem das canções que consideramos importante. Planejamos sabendo que solicitaremos que participem do canto coletivo as pessoas que não compraram a ideia de Jesus e tudo mais. Não queremos convertê-las em mentirosas antes do necessário. E, caso elas optem por não cantarem algo em que não acreditam, gostaríamos de ajudá-las a se livrarem do problema assim que possível. Por isso, esforçamo-nos ao máximo para iniciar o canto coletivo entoando peças com letras menos ofensivas. Tentamos começar com cânticos que destacam a glória de Deus revelada na natureza, o amor de Deus, seu poder, sua misericórdia, seu perdão etc. — coisas com que a maioria das pessoas não tem problema. Passamos então para os cânticos mais centrados em Jesus. É uma diferença sutil, mas que achamos importante. Nem sempre acertamos. Mesmo assim, é fundamental em nosso processo de planejamento. Há músicas que jamais incluiríamos na *playlist* do fim de semana, mas que podemos escolher como tema para uma noite de adoração e comunhão de meio da semana. Os públicos são diferentes, e a vitória para os dois ambientes também.

Nossas séries de músicas compreendem duas ou três canções, dependendo de haver ou não batismos no fim de semana. Isso se deve em parte tanto ao público-alvo como à restrição de tempo. Damos às pessoas permissão para cantarem mal. Ou para não cantarem em absoluto, se preferirem assim. É importante que os líderes de louvor se lembrem de que um segmento da nossa população não gosta de cantar. Nunca. Nem no carro nem no chuveiro. Não será na igreja que eles cantarão. De tempos em tempos, lembro nossos líderes de louvor de que essas pessoas não estão fazendo nada errado. Algumas simplesmente não gostam de cantar. E tudo bem. Por favor, não apele para a culpa para tentar fazer as pessoas cantarem. A disposição ou indisposição de um indivíduo para participar do canto coletivo não é reflexo de seu compromisso com Cristo ou de sua maturidade espiritual. E isso vale para os dois lados.

Você conhece líderes de igreja que perderam o ministério por causa de falhas morais? Aposto que eles sabiam todas as letras e chegavam a levantar as mãos de vez em quando.

## ELEMENTO Nº 5: BATISMO

Batizamos de duas a três vezes ao mês. Como eu disse antes, exigimos daqueles que desejam ser batizados permissão para exibirmos um vídeo em que descrevam sua jornada de fé. Essas gravações de três a quatro minutos são pensadas para envolver a audiência emocionalmente. E ela se envolve. É difícil argumentar contra a história de alguém. Temos um processo sofisticado para ajudar as pessoas a darem forma à própria história e a gravarem na forma de vídeo. Para a maioria das pessoas que são batizadas, essa é a melhor oportunidade que terão de impactarem o maior número de indivíduos. Por isso, fazemos tudo que podemos para ajudá-las a deixarem a história o mais clara e interessante possível. A maioria convida membros da família. Não é incomum, todavia, que um indivíduo traga uma dúzia ou mais de amigos desigrejados.

O momento do batismo é estratégico para nós. Ele acontece logo antes da oferta. E só para que você saiba: recolhemos a oferta toda semana. A razão pela qual fazemos isso é estratégica: pouquíssimas coisas são tão inquietantes para os desigrejados quanto a maneira pela qual a igreja fala sobre dinheiro. Dar sequência ao batismo com a coleta permite associarmos mudança de vida a generosidade. Isso é de extrema importância tanto para o visitante desigrejado quanto para o frequentador regular. Como líderes de igreja, sabemos ser a generosidade financeira das pessoas que nos capacita a criarmos experiências de fim de semana inspiradoras e instrutivas para famílias inteiras. E sabemos como custa caro fazer isso direito. Sabemos também que há uma relação direta entre os recursos disponíveis para nós e o impacto que podemos causar em nossas comunidades. Mas essa relação nem sempre é evidente para o frequentador comum da igreja. Portanto, somos rápidos em ressaltar que as histórias de mudança de vida que eles acabam de testemunhar são um transbordamento de sua generosidade financeira para com a igreja local por eles adotada. E isso não é conversa de vendedor, certo? É a verdade sincera de Deus.

Esse é o espaço em nosso culto no qual costumamos nos dirigir aos desigrejados. Fazemos que saibam que construímos este prédio para eles e falamos sobre a nossa esperança de que Deus faça no coração deles aquilo que acabamos de ver como prova na vida dos batizandos. Explicamos que eles podem vir toda semana gratuitamente, e que é gratuito porque eles estão sentados perto de algumas das pessoas mais generosas do estado da Geórgia — tão comprometidas em ajudá-los a se conectarem com o Pai celestial que amam doar para a igreja local. Em seguida, oramos e fazemos a coleta.

## Elemento nº 6: Especial

Esse é o elemento utilizado com menos frequência em nosso modelo. Aqui se incluem cânticos, às vezes entrevistas ou apresentações curtas em vídeo, projetados para criar a tensão da qual a mensagem vai tratar. Esse é mais um ponto de envolvimento emocional e, de certa forma, intelectual. Até aqui, fizemos tudo que estava ao nosso alcance para deixar as pessoas *à vontade*. Nesse ponto do modelo, é como se déssemos uma guinada em outra direção. Os especiais são escolhidos para incomodar um pouco as pessoas. Eles suscitam dúvidas. Apontam para mistérios não solucionados. Trazem à superfície necessidades percebidas e perguntas sem resposta. O bom especial tem o final aberto. Uma canção que dissipe toda a tensão não funciona aqui. Queremos provocar as pessoas, não tranquilizá-las. Por isso, quase nunca usamos um cântico cristão nesse espaço. Eles resolvem coisas. Respondem a perguntas. Não é esse o papel do especial. Dois dos meus especiais prediletos para pregar na sequência foram "Storm" [Tempestade], da banda Lifehouse, e "Confessions of a Broken Heart" [Confissões de um coração partido], de Lindsay Lohan. Músicas como essas tocam os pontos nevrálgicos da experiência humana. Todo mundo já atravessou um longo período de angústia se perguntando se algum dia ele chegaria ao fim. Muitas mulheres em nossas congregações definham na precariedade de um lar em que o pai está ausente. Quando você se levanta para falar depois de músicas desse calibre, a mesa está posta. A tensão enche a casa. Todos buscam uma tábua de salvação. As questões levantadas por músicas como essas nos levam além da persuasão religiosa e do viés antirreligioso. Servem como acesso para o mais comum dos denominadores. Entretanto, uma palavra de advertência para aqueles que carregam sobre si o manto do comunicador: se você introduzir determinado assunto com uma música emocionalmente carregada, é melhor ter algo significativo para dizer. Não selecione uma música que suscitará questões que você não está preparado para responder. Não escolha a música que promete mais do que você é capaz de entregar.

Falo por experiência.

## Elemento nº 7: Legendas / mensagem

As *legendas* designam o vídeo de um minuto em que apresentamos o título e o tema de determinada série de mensagens. Em termos funcionais, elas são pensadas como uma transição envolvente enquanto preparamos o palco para o preletor. O capítulo seguinte se concentra no preparo e na apresentação da mensagem. O importante a observar aqui é que quando eu, ou qualquer um dos nossos comunicadores, me levanto para pregar, reiniciamos o processo de *engajamento, integração* e *desafio*. Procuramos um denominador comum com o objetivo de trazer à tona uma emoção comum capaz de servir como trampolim para entrarmos no texto. Esforçamo-nos muito para fazer a audiência balançar a cabeça em sinal de concordância antes de passarmos para as Escrituras. Mas, no momento em que chegamos às duras realidades da Palavra de Deus, as cabeças balançando começam a desaparecer. E tudo bem.

Como se pode ver no diagrama "Regras de engajamento" (página 218), a mensagem ocupa o ponto mais estreito do funil. Em nossa abordagem, esse é o lugar apropriado para lançar um desafio direto às crenças, suposições e estilo de vida das pessoas, bem como a tudo mais que vai de encontro com o que as Escrituras ensinam. É aqui que corremos o risco de ofender nossa audiência. É onde começamos a perder as pessoas. Mas para nós tudo bem. O apóstolo Paulo nos advertiu de que o evangelho é pedra de tropeço para alguns e tolice pura para outros.[3] Ao mesmo tempo, ele observou que o evangelho *é* o poder e a sabedoria de Deus. Alguns o receberão, enquanto outros o dispensarão. Em Mateus 13, Jesus introduziu essa ideia na parábola do semeador. Nossas igrejas estão cheias de pessoas com níveis diversos de receptividade. Imagino que nossa audiência representa toda a variedade de solos descritos por Jesus. No passado, ouvi pastores interpretarem o ensinamento de Jesus como se significasse que nossa abordagem na apresentação do evangelho é quase irrelevante. Eles argumentam que é a natureza do solo que faz a diferença. Eu concordaria com essa declaração. Mas, embora nossa abordagem da semeadura da Palavra de Deus não determine se a semente ganhará raízes, com certeza determina se um indivíduo está aberto para retornar na semana seguinte para mais uma fase da semeadura!

[3] V. 1Coríntios 1.23,24.

De uma coisa sei por experiência. Os solos mudam. O meu com certeza mudou. Aposto que o seu também. Sou grato por ter frequentado uma igreja que me conectou relacionalmente mesmo quando meu coração resistia. Apesar de muita semente ter sido desperdiçada em mim, no fim o solo do meu coração se tornou mais receptivo. E a semente ganhou raiz. Por isso, celebramos quando desigrejados optam por voltar. Sabemos que é possível conectar um indivíduo relacionalmente antes que ele ou ela se conecte teologicamente. Sabemos que os corações mudam com o tempo. Estamos convencidos de que é a abordagem da igreja para o fim de semana que determina se até quem tem o mais antagônico dos corações retornará.

Tenho convicção de que nosso modelo, nossa abordagem, é o que nos permite apresentar o evangelho sem fazer concessões, pregar duro contra o pecado e enfrentar os temas culturais mais emocionalmente carregados, ao mesmo tempo que propiciamos um ambiente no qual as pessoas desigrejadas se sentem à vontade. Um dos mitos sobre as igrejas grandes é que elas são grandes porque comprometem o evangelho, diluem as exigências do discipulado e fogem das questões difíceis, tudo para reunir multidões. Conquanto isso possa ser verdade em um punhado de casos, com certeza não é a norma. Não nos importamos de ofender pessoas com o evangelho. Presumimos que isso acontecerá. Como pregador, é minha responsabilidade ofender pessoas com o evangelho. Essa é uma das razões pelas quais trabalhamos tão duro para não as ofender no estacionamento, na entrada, no *check-in* ou nas partes iniciais do nosso culto. Queremos que as pessoas voltem na semana seguinte para outro *round* de ofensas!

## ELEMENTO Nº 8: ENCERRAMENTO

O último elemento em nosso modelo é o *encerramento*. Como seria esperado, em geral consiste em uma música. Como o *especial*, usamos encerramentos com moderação. Costumamos reservá-los para o fim de uma série ou para mensagens em que sentimos ser necessário conceder às pessoas a oportunidade de sentarem e refletirem no que acabam de ouvir. Em alguns casos, combinamos o encerramento com um chamado à ação. De vez em quando, damos aos frequentadores a oportunidade de irem à frente como prova da decisão que tomaram de confiar em Cristo. Essas ocasiões costumam ser acompanhadas de música. Mas não sempre. Não me acanho de solicitar a quem resolveu seguir Cristo que se levante no lugar em que está sem que ninguém abaixe a cabeça ou feche os olhos enquanto todo mundo olha ao redor.

O propósito do encerramento é pontuar uma mensagem ou série. Essa é uma das razões pelas quais o utilizamos com parcimônia. Nem sempre é fácil encontrar uma canção específica para determinada mensagem ou série. É tentador encerrar toda semana com música a fim de criar um término tão elegante quanto o início da experiência. Mas optamos não seguir por essa estrada.

Quando não conseguimos achar uma canção que pontue de fato a experiência, preferimos uma oração final e a dispensa das pessoas. Fica meio sem graça às vezes, concordo. Mas isso garante que ninguém veja nosso encerramento como um hábito, nem o utilize como desculpa para correr na frente e chegar ao estacionamento antes da multidão. Sim, temos desses também! O outro motivo pelo qual não lançamos mão do encerramento toda semana remonta ao que eu disse antes: nem todo mundo ama música. Assim, agimos para agradar esse pessoal sempre que podemos e simplesmente os deixamos ir embora. Como na maioria das igrejas, nossas possibilidades de encerramento vão desde baladas reflexivas até cânticos de celebração — desde solos até canções em conjunto.

## Regras para as exceções às regras

Pois bem, são essas as nossas regras. As "Regras de engajamento" compõem o modelo segundo o qual vivemos, planejamos e produzimos... a maior parte do tempo. Acontece que vivemos no mesmo mundo que você. Há finais de semana em que o modelo não dá conta do trabalho. Todo ano há uns poucos finais de semana em que seguir o modelo na verdade funcionaria contra nós. Por isso, abrimos exceções. Nosso princípio básico diz que, embora seja aceitável nos afastarmos do modelo *propositadamente*, não é legal nos desgarrarmos dele *acidentalmente*. Se vamos abrir uma exceção, tem de haver um motivo muito bom para isso. Não nos afastamos das "Regras" porque estamos entediados. Não abandonamos nosso modelo para "fazer algo mais descolado". E não abandonamos essa abordagem só porque sentimos necessidade de "mudar um pouco as coisas". Todas essas são razões muito internas *da casa*. A equipe de produção constitui o único grupo que se entedia com o modelo, nunca a congregação. Tenho certeza de que a mocinha que faz o papel de Cinderela na Disney World fica entediada de repetir a mesma coisa dia após dia. Mas ela não é paga para ser criativa. Ela é paga para ser Cinderela. Por isso, segue o modelo de comportamento da Cinderela. E funciona.

De volta ao ponto. Há finais de semana em que uma agenda única requer que deixemos as "Regras de engajamento" em compasso de espera. Por exemplo, no Domingo do Serviço Estratégico. É o fim de semana em que canalizamos toda a nossa energia e criatividade no sentido de recrutar voluntários para a temporada ministerial seguinte. Tudo que fazemos no fim de semana do Serviço Estratégico é voltado para inspirar as pessoas a servirem. Uma ou duas vezes por ano, dedicamos um fim de semana inteiro a levar as pessoas para os pequenos grupos. Nesses finais de semana, tudo tem a ver com a vida do grupo.

O lançamento de uma campanha importante é outra ocasião em que nos afastamos de nossa abordagem padrão.

Como você talvez imagine, isso cria tensão em nossa equipe. Uma tensão positiva. Ninguém quer ofender ou afastar os marinheiros de primeira viagem. Desejamos que nossos cultos sejam seguros. Mas, ao mesmo tempo, há ocasiões na vida de uma igreja local em que você é obrigado a se concentrar na família.

Nos finais de semana em que planejamos infringir nossas próprias regras, anunciamos isso de antemão. Dizemos coisas como: "Se essa é sua primeira vez, queremos que saiba que hoje faremos tudo um pouco diferente do habitual. Na verdade, a pessoa que o convidou pode sentir que deve a você um pedido de desculpas na hora em que o culto terminar. A boa notícia é que dentro de uma hora você saberá em primeira mão o que mantém esta igreja viva".

No Domingo do Serviço Estratégico, sou muito explícito quanto à nossa estratégia. Costumo dizer: "Temos uma agenda bem específica para hoje. Usaremos todas as nossas habilidades criativas e persuasivas para fazer que o máximo possível de pessoas se junte a uma equipe de serviço estratégico". Dirijo-me então aos visitantes: "Se esta é sua primeira vez conosco, você não poderia ter escolhido melhor fim de semana para vir. Quando sair deste prédio, talvez você se pegue questionando: *Quem são todas essas pessoas e como este lugar consegue ser tão organizado?* Bem, você está prestes a descobrir tudo isso. E adoraríamos que se juntasse a nós no que acreditamos ser a tarefa mais importante do Planeta". Todo ano, os marinheiros de primeira viagem se inscrevem para se juntarem a uma equipe de voluntários. Todo ano.

Também há assuntos que exigem uma abordagem diferente para o fim de semana.

Passamos várias semanas promovendo um culto de fim de semana dedicado ao tema da pornografia. Como você sabe, quando se planeja tratar de assunto envolvendo coisas proibidas para menores, as famílias gostam de ser avisadas. Assim, quase todo mundo compareceu àquele fim de semana específico por ter sido avisado com antecedência de que aquele seria um culto mais pesado que a média. Também não nos pareceu correto inaugurar os trabalhos com nosso cântico coletivo *para cima*. Por isso, eliminamos esse segmento inteiro e fomos direto ao ponto, mais cedo do que aconteceria em uma situação normal.

## PRÓXIMOS PASSOS

Como afirmei antes, sem dúvida você não precisa adotar nosso modelo. Mas não pode se dar ao luxo de não desenvolver um modelo próprio. Lembre-se, sua equipe já está seguindo algum tipo de padrão. Ou talvez tenha resvalado para alguma rotina. De um jeito ou de outro, ela trabalha debaixo de algumas hipóteses e avalia utilizando algum tipo de filtro. Um modelo de programação de culto tornará seu planejamento mais simples e seus resultados mais consistentes. Impedirá que você se desvie do propósito. Garantirá que uma nova equipe de programação e os voluntários saibam com precisão o que se espera. Haverá menos adivinhação e melhor execução. Deixando claras as expectativas, o modelo simplifica o processo de avaliação. Todo mundo avaliará pelo mesmo critério.

O modelo propicia a seus tipos mais criativos uma tela em branco — parâmetros. Gente criativa ama inventar. Mas, como todos nós sabemos, a criatividade nunca é o objetivo de uma equipe de programação. O objetivo é tirar vantagem da criatividade em função da *vitória*. Se você deixar claro qual é a vitória para o fim de semana e chegar a um acordo em relação a seu modelo, sua equipe de criação de arte achará bem mais fácil se concentrar na própria energia criativa.

Por isso, gaste o tempo necessário estabelecendo a vitória do fim de semana. Em seguida, desenvolva um modelo que o leve até lá. Abra espaço para as exceções. Mas certifique-se de que sejam mesmo exceções, não apenas desculpas para "fazer alguma coisa diferente".

*Capítulo Onze*

# PREGAÇÃO COM DOIS PROPÓSITOS

Pregação. De longe, a parte mais estressante do meu trabalho. Comparada à pressão do preparo e da apresentação da mensagem, tudo mais é fácil. As pessoas me perguntam o tempo todo como lido com a pressão de administrar uma grande organização multifacetada. Sempre dou risada. Adoraria tirar um ano *só* para administrar uma grande organização multifacetada. Comparada à pressão e ao estresse de me levantar e encarar um grupo de congregantes altamente qualificados, alguns dos quais me ouvem há dezessete anos, a parte da organização é destituída de estresse. Portanto, se você está lendo isto e carrega sobre si o manto da comunicação em sua igreja, pode ser que tenhamos mais em comum do que você achou no início. Como você, convivo com a pressão constante que só aqueles que fazem o que fazemos são capazes de compreender em plenitude.

Abraço coletivo.

Mas, ao mesmo tempo, é uma honra, não? É incrível ter a oportunidade de nos levantarmos e proclamarmos a Palavra de Deus para a igreja. Ninguém tem mais consciência da nossa indignidade do que nós mesmos. Ainda assim, Deus escolhe nos usar. É uma coisa incrível. Espero que você nunca pare. Espero que eu também não. Espero que nunca percamos o encantamento de saber que palavras saem da nossa boca, que pessoas tomam decisões e que elas têm a direção da vida transformada. Contudo, na noite de sábado, com os olhos fitos no meu rascunho frio, sem graça, tentando imaginar onde foi parar a *ideia* que eu queria transmitir... bem, você sabe como é. Às vezes, é só um trabalho. Um trabalho duro. É quase como um exame oral semanal. Quando as pessoas começam a querer saber: "Os pregadores só trabalham um dia por semana?", tenho uma bela resposta. Fique à vontade para utilizá-la. Eu respondo: "Pense um pouco na parte mais estressante do seu emprego, a parte que define seu sucesso ou fracasso financeiro. Imagine ter de repetir a mesma coisa toda semana em cima de um palco e na frente da sua família, de amigos, estranhos e pessoas que não têm nenhum afeto particular por você. Imagine não ter a opção de ligar para avisar que você está doente, ou remarcar porque sua apresentação não ficou pronta". Fim de papo.

É claro que há um monte de pregadores preguiçosos por aí. Converso com um pessoal que começa a preparação no sábado. Alguns no sábado à noite! Depois há homens e mulheres das principais linhas denominacionais que recebem a mensagem completa via *e-mail*. Só precisam baixar e ler. Uma amiga minha é pastora da Igreja episcopal. Quando a entrevistaram, informaram-na que ela nunca deveria pregar mais de vinte minutos. Ela conta que um cavalheiro, se é que se pode chamá-lo assim, aproximou-se antes do culto e perguntou se ela conseguiria sintetizar a mensagem em oito minutos. Era aniversário dele e ele precisava ir para um almoço preparado em sua homenagem. Ela disse que sorriu e respondeu que veria o que conseguiria fazer, pretendendo ignorá-lo por completo. Mais ou menos na metade da mensagem, ergueu os olhos e o viu de pé no meio da igreja girando o dedo no ar em sinal de que ela devia concluir. Já imaginou? Espero que você não consiga nem imaginar. Não conte para ninguém que eu disse isso, mas algumas igrejas não merecem ter um pastor.

## DUALIDADE DE AUDIÊNCIA, UNICIDADE DE OBJETIVO

Como você talvez já imagine, ouço muitas perguntas sobre a pregação. Uma que fazem sempre é: "Como você envolve igrejados e desigrejados na mesma mensagem?". Em outras palavras, como prego para cristãos e não cristãos e, de algum modo, mantenho os dois grupos engajados e com vontade de voltar? Amo essa pergunta. Amo-a porque aponta para um falso pressuposto que precisa ser corrigido — um pressuposto que influencia a maneira pela qual os comunicadores preparam e apresentam suas mensagens.

Se você pretende criar uma igreja que os desigrejados amam frequentar, eles terão de *amar* a mensagem do fim de semana. Mesmo que não a amem, eles precisam se envolver com ela a ponto de desejarem voltar no fim de semana seguinte. Você, ou alguém da equipe de pregadores, tem de aprender a engajar as pessoas que discordam da premissa e possivelmente da aplicação do que está sendo ensinado. Isso é complicado. Para a maioria dos pregadores, requer certo desaprendizado. Certa reorganização. Mas pode ser feito. E não é tão difícil quanto parece. Assim, neste capítulo, vou descarregar tudo que aprendi ao longo dos últimos vinte e cinco anos sobre comunicação para uma audiência em que impera a dualidade.

Para início de conversa, precisamos deixar claro um ponto particular. Envolver desigrejados com a mensagem do fim de semana não implica diluir o texto, pular determinadas partes ou ir mais devagar com ele. Você pode fazer tudo isso. Assim agem alguns pregadores. Mas não é necessário. A longo prazo, a prática é prejudicial tanto para os que creem quanto para os que não creem. Cristãos maduros não se envolvem nem se beneficiam com sermões baseados em uma versão *light* das Escrituras. Penso que os incrédulos não se impressionam com sermões baseados nas Escrituras *light*, nem se sentem inspirados a voltar para ouvir mais sermões baseados nelas. Na verdade, ninguém sai ganhando com isso. Portanto, tire essa ideia da cabeça.

A chave para ser bem-sucedido na tentativa de engajar os desigrejados com uma mensagem de fim de semana tem mais a ver com sua *abordagem* e *apresentação* do que com o *conteúdo*. Lá atrás defendi a ideia de que a abordagem da igreja para o fim de semana determina se os desigrejados voltarão. O mesmo vale para a mensagem. Em nossa discussão sobre ambientes irresistíveis, examinamos as minúcias da apresentação e do interesse. A apresentação determina o interesse. O conteúdo costuma ser secundário. Como salientamos, não é o conteúdo do número do comediante que nos cativa. É a apresentação. Portanto, considerando todo esse pano de fundo, tratemos agora especificamente da abordagem e da apresentação da mensagem de fim de semana.

## ZONA DE DESCOBERTA

Todos os pastores seniores com que converso são categóricos quanto a querer que desigrejados frequentem suas igrejas e se conectem com elas. Pode haver exceções por aí, mas ainda preciso conhecê-las. Todavia, muitos desses mesmos pastores abordam a comunicação do fim de semana como se não houvesse incrédulos na casa. Pregam como se todos os presentes fossem cristãos e frequentadores habituais. De igual modo, todo pastor que conheço se preocupa com o número alarmante de pessoas entre 18 e 25 anos que abandona a igreja e nunca mais retorna. Quanto à razão disso, não há mistério. Tenho convicção de que esse público abandona a igreja porque nada o instiga a ficar! Os líderes de igreja que parecem muito preocupados com a taxa de abandono dessa faixa demográfica são os mesmos responsáveis por criar as experiências de fim de semana que essa faixa demográfica considera absolutamente desinteressantes. Em outras palavras, o grupo responsável por conectar pessoas de 18 a 25 anos a congregações locais são os catalisadores da fuga que empreendem. Isso é trágico. Eles não tinham a intenção de afugentá-los. Não era esse o seu *propósito*. Acontece que todo fim de semana alguma coisa passa a perna nas boas intenções e nos propósitos sublimes da típica igreja local. E essa alguma coisa não é a teologia, a intenção ou o orçamento. É a abordagem e a apresentação. Semana após semana, os pregadores optam por uma abordagem que subverte o próprio desejo de se conectarem aos desigrejados por vontade própria ou alheia. A abordagem escolhida pela igreja suplanta seu propósito vez após vez. A abordagem escolhida pelo comunicador também. Pior, a abordagem errada consegue neutralizar o conteúdo do comunicador. Como você, já ouvi apresentações do evangelho tão confusas que nem eu sabia como se esperava que o incrédulo reagisse. Apesar de não haver nada errado com o conteúdo, isto é, com o evangelho, a apresentação era tão ruim que tornou o evangelho confuso e sem atrativos. Independentemente do que *pretendemos* conseguir, como atingimos esse objetivo determina o resultado.

## Herança

Para muitos de nós, o desafio é que herdamos abordagens para a pregação em muitos casos conflitantes com a razão pela qual entramos originariamente nesse ministério.

Se você for como a maioria dos pregadores, seu chamado para pregar foi impulsionado pelo desejo de alcançar pessoas com o evangelho. Você chegou aonde chegou porque sentia um peso por quem se mantém distante da fé. Na época, você sentiu que o melhor veículo para alcançar os de fora era a pregação.

Mas pregação era tudo que você via acontecer semana após semana na igreja em que foi criado.

Se você não foi criado na igreja, então a pregação era qualquer abordagem adotada pelo pregador que enfim conseguiu falar ao seu coração. De um jeito ou de outro, todos fomos muito influenciados pelas pessoas que nos serviram de modelo. E isso se torna um problema se a abordagem que nos foi apresentada como modelo, pela qual nos sentimos atraídos, entra em conflito com nosso propósito. Com nosso chamado. Com a razão pela qual nos envolvemos nessa história toda, acima de tudo.

Aqui está o que sei a seu respeito. Você não se rendeu ao chamado de Deus para sua vida com o intuito de perpetuar um modelo ou um estilo, menos ainda uma abordagem para a pregação. Você não disse sim para Deus a fim de eternizar uma abordagem para isso ou aquilo. Você disse sim na esperança de que Deus o usasse para impactar sua geração. E, se isso fizer seu coração bater um pouco mais forte, permita-me pressionar você um pouco. Se você foi chamado para alcançar esta geração de desigrejados, então deve adotar uma abordagem para o ministério e, acima de tudo, uma comunicação, que promovam esse chamado.

Você não pode se dar ao luxo de bancar a babá da abordagem utilizada pela geração anterior. Não há tempo para isso. Além do mais, você só tem uma vida para investir nessa causa gloriosa. Portanto, invista-a bem. Faça os ajustes necessários em sua abordagem.

## Tirando as dúvidas

Talvez tirar a discussão do contexto da pregação ajude. Você tem experimentado a mesma dinâmica em sua família. Lembra-se de quando você na infância queria alguma coisa de um dos seus pais? Com o tempo você aprendeu *quando*, *como* e *quanto* pedir.

Aprendeu a avaliar quando "não" queria dizer *não* e quando "não" queria dizer: *Se você continuar argumentando, pode ser que consiga.* Se você é casado, experimentou a mesma dinâmica em um nível diferente. Todo marido já ensaiou diálogos mentais com a esposa vezes e mais vezes quando tinha um grande pedido a fazer. Por quê? Porque maridos inteligentes sabem *quando* e *como* pedir. E sabem o que oferecer em troca. Tenho dois adolescentes e um filho de 20 anos. Em inúmeras ocasiões, Sandra e eu conversamos à exaustão sobre como abordar um dos nossos filhos em relação a determinado assunto mais delicado. Sabemos, como todo pai de adolescente, que estar certo não basta. Conteúdo não é tudo. A abordagem é que faz toda a diferença. Escolha a abordagem errada, e você criará resistência desnecessária. Escolha a abordagem correta, e tudo se desenrolará com mais facilidade. A boa notícia, portanto, é que você já tem anos de experiência em adaptar sua abordagem para que ela corresponda a seu objetivo. Agora você precisa aplicar toda essa aprendizagem às suas habilidades de comunicação em público.

Assim, as duas primeiras perguntas a que você precisa responder são:

1. Minha abordagem à pregação favorece meu desejo de ver desigrejados comparecendo à igreja, retornando e depois trazendo um amigo?
2. Se não, estou disposto a mudar minha abordagem?

Se você não sabe ao certo qual é a resposta para a primeira pergunta, basta conversar com algumas pessoas. Sendo bem mais específico, saia perguntando por todo lado até descobrir quão à vontade seus principais líderes se sentem para convidar desigrejados a um culto de fim de semana. Ou eles se sentem à vontade, ou não. Você tem a obrigação de saber. E, caso não se sintam à vontade, você precisa saber por quê. Se quer mesmo saber como os marinheiros de primeira viagem e os de muitas viagens vivenciam sua pregação, você é inteligente o suficiente para imaginar como obter essa informação. Sim, pode ser doloroso. Mas também pode ser um choque de realidade que o pressionará a ajustar a abordagem.

## Meu objetivo

Pois bem, antes de entrar nos detalhes de como engajar desigrejados por meio de seus sermões, quero revelar meu objetivo e minha abordagem para o fim de semana. Obviamente, penso que todo mundo deveria agir do mesmo modo. Eu diria, e direi, que você também deveria adotar essa abordagem. Se não acreditasse nela, não faria dessa forma. Mas, se você não gostar da minha estratégia de comunicação de fim de semana, não se dê por satisfeito simplesmente descartando-a. Isso é fácil. Não requer grande esforço derrubar um castelo de areia a pontapés. Apenas se certifique de deixar muito claro o *seu* objetivo e a *sua* abordagem.

Primeiro: *meu objetivo*. No fim de semana, o objetivo é apresentar as Escrituras de maneira tão proveitosa e cativante que *todos* na audiência fiquem felizes por terem comparecido e deixem a igreja com a intenção clara de retornarem na semana seguinte.

Profundo, hein?

Quero que a audiência se sinta tão feliz por estar conosco que volte na semana seguinte. Quero que as pessoas deixem a igreja intrigadas com o fato de ouvirem alguém ensinar Bíblia e elas acharem que foi... *útil*. Quero que os céticos duvidem da própria descrença. Quero que os crentes creiam com maior profundidade. Quero que quem não tem uma Bíblia saia decidido a arranjar uma. Quero que os cristãos nominais tirem a poeira de cima da deles e recomecem a ler as Escrituras. Esse é o meu objetivo. Essa é a minha *vitória* como comunicador.

Se você já me ouviu falar, sabe que em quase toda mensagem pressiono a audiência para ler a Bíblia por vontade própria. O tempo todo digo coisas como "Você acredita que isso está na Bíblia? Você deveria ler a sua". Tento afastar as desculpas. Lembro a eles: "Vocês não precisam acreditar que a Bíblia é inspirada para lê-la". Chego até a zombar quando acho necessário: "Alguns de vocês não abrem a Bíblia desde que um professor da faculdade disse que ela era puro mito. Que outro conselho desse professor vocês seguiram? Nenhum, é o mais provável. E se ele estiver errado? Ei, e se o professor da faculdade que disse isso estiver sentado em alguma igreja hoje se sentindo mal por todos os jovens calouros impressionáveis que foram induzidos ao erro?". Eu diria: "Não fuja da Bíblia por não acreditar nela toda. Não há nada que você leia por acreditar em tudo que está escrito. A infalibilidade não é a prova de fogo para você ler as coisas, é?". Não sou pedante a ponto de não falar coisas como: "Você deveria ler a Bíblia para ter mais autoridade moral quando diz às pessoas que não acredita nela. Não seja como a criança que jura não gostar de vagem sem nunca ter experimentado. O que é isso! Do que você tem medo?".

Ora, se tudo isso faz você perguntar por que um incrédulo em seu juízo perfeito haveria de cruzar a porta de uma de nossas igrejas, que dirá voltar uma segunda vez, é porque você deixou de notar algo muito importante ao longo do caminho. Está com o marca-texto por perto? *Quando as pessoas estão convencidas de que você deseja algo PARA elas, não DELAS, é menos provável que se sintam ofendidas quando você as desafia.* Lembra-se do seu treinador predileto? Aquele que era duro com você, mas conseguia fazer que você desse o seu melhor? Retomaremos a ideia em uma ou duas páginas.

Em última análise, quero que as pessoas se apaixonem pelo Autor das Escrituras e por seu Filho. Mas não tenho nenhum controle sobre isso. Ou seja, a melhor opção de que disponho é arranjar um encontro entre eles. Imagino que, se eu fizer um bom trabalho, mesmo que elas não caiam de amores no primeiro encontro, sempre existe a possibilidade de alguma coisa acontecer no segundo ou terceiro encontro. Meu Deus, conheço pessoas que frequentam nossas igrejas há vários anos e dizem que ainda não chegaram *lá*. Não há nada que eu possa fazer em relação a isso, exceto continuar promovendo encontros. Desde que as pessoas estejam sendo expostas à proclamação do evangelho, há esperança!

Bem, você pode apontar todo tipo de problema teológico com o meu objetivo. Sem problemas. Todo mundo tem o direito de errar, inclusive eu. Minha esperança é que você reserve algum tempo para decidir o que procurará conseguir nos finais de semana. Por quê? Porque, se você não deixar muito claro seu objetivo, jamais identificará a melhor abordagem. Não quero que você passe a próxima temporada do ministério frustrado com a falta de resultados advinda de uma abordagem contraproducente ao seu próprio ministério. Sei que cada fim de semana é diferente do anterior. Mas, no nível macro, o que você espera? O que está tentando conseguir? Qual a sua *vitória* como comunicador?

## MINHA ABORDAGEM

Como tenho um propósito centrado na Bíblia ao pregar, *minha abordagem* também é centrada na Bíblia.

Eis a minha estratégia de comunicação para o fim de semana. Não conte para ninguém. Minha técnica consiste em seduzir os espectadores para que me sigam por uma passagem das Escrituras com a promessa de que o texto responderá a uma pergunta que eles têm feito, solucionará um mistério sobre o qual eles têm pensado muito ou aliviará uma tensão que eles têm carregado sobre os ombros. A partir do momento em que mergulhamos no texto, dou o meu melhor para deixar que o texto fale por si mesmo. Vou devagar. Destaco palavras. Potencializo o drama. Envolvo os ouvintes no texto até que ele os revista por inteiro. Levo minha energia *para o* texto e faço o possível para descobrir a energia *no* texto. A partir do momento em que as pessoas estão completamente envolvidas na passagem bíblica, extraio uma afirmação elaborada com muita cautela e que brote do texto, e faço tudo que está ao meu alcance para que ela as cative.

Então deixo que as pessoas vão embora no horário.

Essa é a minha abordagem.

Qual é a sua?

## Sete razões para não fazer listas

Em *Comunicação que transforma*,[1] descrevo minha abordagem geral à preparação e à transmissão de sermões. Considerando os nossos propósitos aqui, quero me concentrar em sete diretrizes que têm relação direta com a pregação para os desigrejados. Seis delas são úteis. Uma é só algo que eu precisava pôr para fora.

## Diretriz nº 1: Faça sua audiência saber que você tem ciência da presença deles...

**... e que isso o deixa feliz.**

A chave para engajar os desigrejados por meio de comunicação de fim de semana é incluí-los. Contudo, para que eles se *sintam* incluídos, precisam saber que você está ciente da presença deles e que isso o deixa feliz. Você sabia que quem não vai à igreja

1 **Stanley, Andy; Lane, Jones. Comunicação que transforma. São Paulo: Vida, 2010.**

há muito tempo se sente estranho na primeira vez que volta? Essa pessoa se imagina "sobrando". Presume que todo mundo da igreja se conhece e sabe que se trata de um forasteiro. Na cabeça dessa pessoa, a distância até o pregador que ocupa o palco é de quilômetros, não de metros. Em muitas igrejas, sente-se um visitante que invadiu a casa de alguém. Não tem certeza se você está feliz com essa presença. Na verdade, em alguns casos, a razão pelo qual essa pessoa não vai à igreja há algum tempo é porque a última igreja que ela frequentou, que muitas vezes é a mesma na qual ela foi criada, ficou feliz em vê-la partir! Por isso, se você nunca a mencionar em sua mensagem, pode confirmar todas as suspeitas infundadas que tem. Portanto, mencione-a. E faça-o assim que possível.

Não se dirija apenas "aos que vieram aqui pela primeira vez", nem diga "se você está nos visitando hoje...". Não é disso que estou falando. Você precisa desenvolver um estilo próprio. E nunca deve dizer algo que não seja sincero ou algo que não se sinta à vontade em dizer. De qualquer forma, aqui vai uma amostra do tipo de coisa que falamos o tempo todo:

> "Se você veio aqui pela primeira vez e não se considera uma pessoa religiosa, estamos felizes de tê-lo em nosso meio. Fique conosco tempo suficiente, e você acabará descobrindo que nós também não somos tão religiosos assim".

> "Se você não se considera cristão, ou talvez não tenha certeza de ser, não poderia ter escolhido melhor fim de semana para se juntar a nós".

> "Se você tem dúvidas sobre a fé, a Bíblia, Jesus e talvez até sobre a existência de Deus, precisa saber que construímos este lugar para você. Nosso objetivo desde o princípio foi criar uma igreja que as pessoas de fora da igreja amariam frequentar".

> "Se você só está aqui hoje porque veio visitar seus parentes e eles disseram que não dariam nada para você comer se não viesse à igreja com eles, minhas desculpas. Todos ainda temos um longo caminho a percorrer".
>
> "Você pode estar aqui porque alguém o subornou com um almoço ou disse que você conheceria alguém bonito ou bonita. Seja qual for a razão, ficamos felizes por você ter vindo".
>
> "Se essa é a primeira vez, ou a primeira vez em muito tempo, que você entra em uma igreja e isso o incomoda um pouco, relaxe. Não queremos nada *de* você, mas, sim, *para* você. Queremos que você conheça a paz que nos sobrevém quando fazemos as pazes com o Pai celestial".
>
> "Se é sua primeira vez em uma igreja, ou a primeira depois de muito tempo, e você se sente deslocado por achar que somos todos boas pessoas e você não é tanto assim, precisa saber que está rodeado de gente que peca mais do que você à proporção de dez para um. Não deixe esses rostinhos bonitos o enganarem".
>
> "Podemos não crer todos na mesma coisa, mas todos lutamos com as mesmas tentações, medos, inseguranças e dúvidas. Você tem mais em comum conosco do que pode imaginar. E estamos felizes por ter se arriscado e decidido vir à igreja hoje."

Isso basta para começar. Apenas lembre-se: quanto antes, melhor.

## DIRETRIZ Nº 2: COMECE TENDO EM MENTE A AUDIÊNCIA...

**... não a mensagem.**

Como discutimos antes, grandes comunicadores levam as pessoas a empreenderem jornadas. De onde eles *partem* determina quem os seguirá. Se seu desejo é que frequentadores desigrejados o sigam, pode ter de voltar vários passos em relação ao ponto do qual costuma começar. Vimos como Jesus fez isso em sua trilogia de parábolas que tratam da reação de Deus aos pecadores. Ele não partiu dos *pecadores*. Nem de Deus. Mas, sim, das ovelhas. Poderia ter partido de Deus ou dos pecadores. E tudo que disse teria sido absolutamente correto! Mas Jesus não veio ao mundo para proferir verdades. Nem para estar *certo*. Ele veio para nos mostrar o Pai e para pagar pelo nosso pecado. Assim, nessas ocasiões de clareza extrema, ele recuava bastante para pôr toda a sua audiência a bordo. De novo, seu ponto de partida determina quem o seguirá.

Esse é o meu intento quando digo que minha abordagem é seduzir os espectadores para que me sigam passagem bíblica adentro. Antes de levar as pessoas para o texto, quero que pensem: *Oh, meu Deus. Que bom que vim aqui hoje.* Faço isso criando tensão. Nos textos, a tensão costuma estar na resposta a uma ou mais das seguintes questões:

- A que pergunta este texto responde?
- Que tensão esse texto resolve?
- Que mistério esse texto soluciona?
- De que problema esse texto trata?

Antes de atrair a atenção das pessoas para uma solução, quero me certificar de que elas estão emocionalmente envolvidas com o problema. Se o texto responde a uma pergunta, não ouso me aproximar dela até que todos na audiência queiram de fato saber a resposta. Os mistérios, as questões e as tensões com que todos nós lutamos servem como denominador comum para quem crê e para quem não crê. Se deseja que não cristãos se envolvam com você em sua jornada, parta do ponto em que todos nós damos de ombro e dizemos: "Não sei a respeito, mas gostaria que alguém me esclarecesse".

Isso não é difícil. Na verdade, é bem fácil. Ao contrário do que pode ter sido dito a você, ou do que você acredita, temos muito mais pontos em comum do que divergências com os desigrejados. Preocupamo-nos com as mesmas coisas. Nenhum de nós acha que tem dinheiro suficiente. Todo casal casado enfrenta desafios similares. Todos nos perguntamos o que acontece quando morremos. Os pais vivem preocupados com as companhias dos filhos. Todos precisamos de amigos. Todos enfrentamos tentações esmagadoras. Todos convivemos com arrependimentos com os quais não sabemos o que fazer. Todos já fomos feridos. Todos lutamos para conseguir perdoar e somos afligidos pela culpa. Para ser franco, não consigo pensar em um só problema exclusivo dos cristãos. São problemas de todos, e ponto final. Ou seja, existe um denominador comum fértil seja lá em que lugar olhamos. É por onde devemos começar.

Por onde você começa?

## DIRETRIZ Nº 3: SELECIONE UMA PASSAGEM E ATENHA-SE A ELA...

**... todos ficarão contentes com isso.**

Como meu objetivo na pregação é apresentar as Escrituras de modo proveitoso e interessante, preciso torná-las acessíveis. Pessoas não familiarizadas com a Bíblia se sentem intimidadas. Ela é diferente de todos os outros "livros" que já tiveram nas mãos. Disseram-lhes que não tentassem lê-la do início ao fim. Imagine como isso soa. Com frequência as aconselham a começar por João. Quem? *E você já parou para pensar que há quatro partes chamadas João? Três delas com números na frente. Deve ser resultado de algum tipo de disputa.*

Qualquer coisa que possamos fazer para tornar a Bíblia mais acessível e menos intimidante é uma vitória. Por isso, defendo tanto que você se concentre na mensagem em torno de um único texto. Reconheço que determinados assuntos exigem que chamemos a atenção das pessoas para mais de uma passagem. Meu conselho é fazer disso uma exceção, não a regra. Saltitar por toda a Bíblia ilustra quanto você é inteligente. Raras vezes promove o entendimento ou o amor de uma audiência pelas Escrituras. E confunde demais os não cristãos. Pior, estabelece um precedente terrível em relação a como eles deveriam ler a Bíblia. Não queremos cristãos novos e não cristãos a vasculhar as Escrituras em busca do versículo que diga o que elas esperam ouvir. Queremos que deixem as Escrituras falarem por si. Mensagens construídas em torno de citações fora de contexto realizam o oposto desse objetivo. E aproveitando que estou pegando no seu pé — cuidado com o grego. Não desgaste sem querer a confiança dos seus espectadores nos textos traduzidos para o português. Além disso, é provável que você saiba grego o suficiente apenas para se pôr em perigo. Você pensa que a prática o faz parecer inteligente. E pode ser que faça. Mas, com o tempo, torna as nossas traduções para o português pouco confiáveis, coisa que elas não são. Portanto, devagar com o grego.

Escolha uma passagem e atenha-se a ela. Cinco passagens não são melhores que uma. Cinco passagens compõem uma série. Escolha uma passagem e restrinja-se a ela até que todos a compreendam. Torne-a interessante a ponto de seus espectadores sentirem vontade de ir para casa e lê-la vezes e mais vezes sozinhos. Torne-a clara de tal modo que, ao lê-la em casa, eles a compreendam e prossigam a leitura!

## Diretriz nº 4: Dê a eles permissão para não crer...

**... nem obedecer.**

Os imperativos do Novo Testamento são dirigidos aos cristãos. Consequentemente, os cristãos têm de prestar contas uns aos outros de como vivem. Mas, por motivos desconhecidos para mim, eles amam julgar o comportamento dos não cristãos.

O que nos causa dupla perplexidade é o fato de Paulo tratar dessa questão. Eis o que ele diz:

> Pois como haveria eu de julgar os de fora da igreja? Não devem vocês julgar os que estão dentro? Deus julgará os de fora [...] (1Coríntios 5.12,13).

Aí está. Em uma atitude hipócrita, no entanto, a igreja tem sido muito melhor em policiar o comportamento dos de fora do que daqueles que lhe pertencem. Isso é lamentável. E desnecessário. Poucas coisas desacreditam mais a igreja perante os incrédulos do que quando ela os considera obrigados a seguir um padrão com o qual eles nunca concordaram, para início de conversa. Nada diz *hipócritas* mais rápido do que cristãos esperando que não cristãos se comportem como cristãos quando metade dos cristãos não age assim metade do tempo. Os cristãos do século I com certeza não julgavam os não cristãos por se comportarem como não cristãos. Eles esperavam que cristãos se comportassem como cristãos. De novo, o apóstolo Paulo escreve:

> Sejam sábios no agir para com os de fora; aproveitem ao máximo cada oportunidade. Mantenham diálogos sempre plenos de *graça*, temperados com *sal*, a fim de que saibam responder a todos (Colossenses 4.5,6; tradução livre da *New International Version*).

Como você, já ouvi mensagens demais dirigidas *para* incrédulos cheias de sal e temperadas com graça. Essa é em parte a razão pela qual tantos desigrejados são exatamente isso: desigrejados. Penso que seria sábio da nossa parte estender o conselho de Paulo à nossa pregação. Quando nos dirigirmos aos incrédulos, tudo deveria ser graça, com apenas uma pitada de sal. Para tanto, precisamos distinguir entre o que os autores bíblicos esperavam dos que creem e o que é esperado dos que não creem. Resumindo, dê uma via de escape aos não cristãos.

Sou muito intencional em relação a isso quando prego. Faço declarações como: "Se não é cristão, você está livre dessa". Ou então: "Se você não é um seguidor de Jesus, não pode ser responsabilizado pelo que estamos prestes a ler. Tem passagem livre agora".

Chego a ponto de dizer: "O texto de hoje pode fazer você se sentir feliz por não ser cristão! Você pode procrastinar sua decisão indefinidamente depois de hoje". Na maior parte dos finais de semana, os não cristãos não são nosso público-alvo. São visitantes bem-vindos. Da mesma forma que em casa não esperamos que as visitas limpem a mesa depois do jantar e sirvam o cafezinho, há coisas que não deveríamos esperar que os incrédulos fizessem quando visitam nossas igrejas. Temos de avisá-los disso. Assim, se você desobrigá-los do que está sendo dito, talvez acabe se surpreendendo com a reação deles.

Minha experiência é que, *quando você oferece uma escapatória aos não cristãos, eles respondem inclinando-se na sua direção.* Ainda mais se você os *convidar* em vez de *esperar* algo deles. Há uma grande diferença entre esperar que alguém *faça* alguma coisa e ser convidado a *experimentar* essa coisa. É natural que revidemos quando pressionados. Mas em geral não é o que acontece ao recebermos um convite. Assim, eu sempre convido nossos amigos incrédulos a tentarem viver como cristãos, a aplicarem os princípios que discutimos, a adotarem o novo modo de pensar que as Escrituras apresentam. Também costumo lhes dar um intervalo de tempo. Uma semana ou um dia.

Talvez um exemplo ajude aqui.

No episódio inaugural da nossa série *As novas regras para o amor, o sexo e o namoro*, dirigi-me aos solteiros da audiência:

— Você é a pessoa que a pessoa que você está procurando está procurando?

Refleti sobre 1Coríntios 13, discutindo os vários termos que Paulo usa para definir amor. Então encerrei lendo o versículo 11:

> Quando eu era menino, falava como menino, pensava como menino e raciocinava como menino. Quando me tornei homem, deixei para trás as coisas de menino.

Lembrei-os de que as histórias infantis sempre TERMINAM com *E foram felizes para sempre*, quando o príncipe e a princesa ficam juntos AFINAL. A premissa é que, a partir do momento em que o príncipe e a princesa se encontram, o resto todo é muito fácil!

— Assim pensam as crianças — completei. — Bem como alguns de vocês.

A partir daí, continuei desafiando os cristãos solteiros em nossas igrejas a abandonarem a visão infantil do amor, do sexo e do namoro e a crescerem. Disse-lhes que chegara a hora de eles começarem a se concentrar naquilo em que estavam *se tornando*, em vez de em quem estavam *correndo atrás*. Sugestivo, não? Prossegui dizendo que encontrar a pessoa certa sem primeiro se tornar a pessoa certa é a receita para um final infeliz para sempre.

Ahhh, mas isso não vale para todo mundo, vale? Por isso me dirigi aos não cristãos presentes na audiência:

— Você pode não ser uma pessoa muito religiosa. Com certeza, não é seguidor de Cristo. Mas sabe em seu coração que o que ouviu esta noite é verdade. Teve relacionamentos suficientes dando errado para enxergar *o mito da pessoa certa* como ele realmente é: um mito. Você já conheceu a pessoa certa. Diversas vezes! Por isso, durante esta série, quero convidar você a lutar também com a seguinte pergunta: *Você é a pessoa que a pessoa que você está procurando está procurando?* Se não, quero ajudar você a se tornar essa pessoa. E, mais importante ainda, acredito que você tem um Pai celestial querendo ajudar também.

Isso me leva de volta à declaração que fiz anteriormente e à qual prometi retornar: *quando as pessoas estão convencidas de que você deseja algo PARA elas, não DELAS, é menos provável que se sintam ofendidas quando você as desafia*. E quer saber de uma coisa? Eu na verdade desejo algo PARA os solteiros da minha cidade — cristãos *e* não cristãos. E temos posicionado nossa igreja no sentido de ajudar a ambos.

Se você me disser que "tenho de", presumo que você queira alguma coisa de mim. Se me oferecer uma oportunidade "para", estarei mais inclinado a acreditar que você está desejando o melhor para mim. Convidar desigrejados a dar pequenos passos é o mesmo que convidá-los a dar os primeiros passos. Todos temos visto Deus honrar os primeiros passos. Temos visto Deus honrar a fé equivalente à de uma criança. Aprenda a criar espaço em sua pregação para quem se sente inseguro, cético, descrente. Dê-lhes uma via de escape. E então lhes faça um convite.

## Diretriz nº 5: Evite proclamar: "A Bíblia diz"...

**... porque ela não diz.**

Certo, esse próximo ponto é um campo minado. Então, tentarei atravessá-lo na ponta dos pés.

Tecnicamente está errado dizer "A Bíblia diz..." ou "A Bíblia ensina...". Na verdade, a *Bíblia* não diz nem ensina nada.

Explicarei o que quero dizer em um instante. Isso não apenas é tecnicamente incorreto, como a expressão cria um obstáculo desnecessário para a fé, ou seja, para a crença na infalibilidade ou inerrância, seja qual for o termo da sua preferência, das Escrituras. Acredito que as Escrituras sejam inspiradas por Deus.[2] Você acredita nisso. Mas a maioria das pessoas não acredita. A maioria supõe que a Bíblia foi escrita por homens e, portanto, está cheia de erros. Não se pode culpá-los por pensarem assim. Basta ler seu jornal local. Se você espera que os incrédulos presentes em sua congregação superem esse obstáculo ANTES de depositarem fé em Cristo... bem, boa sorte. Não vai acontecer. Pelo menos, não com pessoas seculares de coração. Nem precisa acontecer. As pessoas não têm de acreditar que as Escrituras são inspiradas por Deus para se tornarem seguidoras de Cristo.

Espere um pouco... não acenda essa tocha ainda. Pense bem.

A Bíblia como a conhecemos não existia nos trezentos primeiros anos do cristianismo. As pessoas começaram a se tornar seguidoras de Cristo antes mesmo de os Evangelhos serem escritos. Lembra-se de nossa jornada por Atos 15 alguns capítulos atrás? Lembra-se de alguma coisa sobre os gentios terem de aceitar as Escrituras judaicas? Nem eu. Não só os gentios do século I não eram obrigados a aceitar a infalibilidade do Antigo Testamento, como não se exigia nem mesmo que o lessem. Eles foram dispensados de seguir seus ensinamentos. Lembre-se também de que o apóstolo Paulo se tornou um seguidor de Cristo antes que *qualquer porção* do Novo Testamento tivesse sido escrita. Portanto, sejamos francos. Há certo espaço para manobra. E, se você fala sério acerca de criar um ambiente livre de obstáculos desnecessários para a fé, talvez precise fazer alguns ajustes no modo com

[2] V. 2Timóteo 3.16.

que se refere às Escrituras. Não estou sugerindo que mude de opinião, mas apenas que mude sua... abordagem. Por isso, aqui vão algumas sugestões sobre como falar a respeito do texto sem colocar obstáculos desnecessários no caminho de quem está vindo à igreja pela primeira vez, ou de alguém que luta com afinco para saber quem é Jesus.

**Não se trata de um livro**

A maioria das pessoas, incluindo a maioria dos cristãos, não compreende o que a Bíblia é de verdade. Implementar alguns ajustes na maneira de você se referir a ela, bem como a textos específicos, ajudará todos da congregação a alcançarem maior entendimento das Escrituras e a desenvolver gratidão por elas existirem. Se você for coerente no emprego da terminologia, com o tempo ajudará os céticos a desconstruírem a resistência deles, que frequentemente costuma ser baseada em falsos pressupostos reforçados pela maneira de os cristãos falarem das Escrituras. Ao promover pequenos ajustes, você ajudará todo mundo da igreja a obter melhor entendimento de quão incrível a Bíblia realmente é. Afinal, se as pessoas vão rejeitar a mensagem do cristianismo, certifiquemo-nos de que rejeitem a mensagem real, não uma caricatura pobre.

Para começar, não se refira à Bíblia como um *livro*. É uma injustiça. Ela não é um livro; é muito melhor que isso. Como você sabe, mas eles não, a Bíblia é uma coletânea de antigos manuscritos redigidos ao longo de um período de mais ou menos mil e quinhentos anos, por mais de 40 autores. Por isso é tecnicamente incorreto dizer "A Bíblia diz...". Autores específicos na Bíblia dizem coisas. Ao afirmarmos "A Bíblia diz", nós a tratamos como um mero livro. Acontece que os livros têm autores. Pergunte aos cristãos comuns quem é o autor da Bíblia, e eles dirão "Deus".

Diga isso aos céticos comuns, e eles darão risada. Estarão certos. Sejamos sinceros. Deus não *escreveu a Bíblia* como as pessoas escrevem livros. Portanto, embora esse tipo de terminologia funcione para quem já se convenceu, é um obstáculo para quem ainda não o fez. A boa notícia: sabemos quem escreveu a maior parte dos textos reunidos em nossas Bíblias. Deveríamos aproveitar cada oportunidade para salientar isso. O que a Bíblia tem de impressionante não é que Deus a escreveu. O que ela tem de impressionante é o que citamos há pouco: os textos constitutivos da Bíblia foram escritos por mais de 40 homens ao longo de um período de mil e quinhentos anos e, no entanto, contam uma única história. Isso é fantástico! E, contrariando a alegação da autoridade divina, é incontestável. Não acredita em mim? Leia-a.

De certa forma, a Bíblia *é* um milagre. Deveríamos desenvolver uma terminologia que se refira a ela como tal. Estou certo de que você se sente tão ofendido quanto eu quando ouve as pessoas rejeitarem a Bíblia como sendo cheia de contradições, não confiável, mito etc., etc., Para ser franco, grande parte da confusão da nossa cultura é culpa da igreja. Não ensinamos às pessoas o que a Bíblia é de verdade. Na maior parte das vezes, dizemos: "Ei! É a Palavra de Deus! Pare de discutir e obedeça!". Como consequência, criamos uma espécie de fantoche difícil de defender, se não impossível. Eu gostaria de fazer parte da geração que mudará isso. E gostaria que você se juntasse a mim. Podemos alterar o diálogo sobre a Bíblia se usarmos outra terminologia. Vamos passar a falar o que a Bíblia realmente é. A Bíblia é uma coletânea de manuscritos divinamente inspirados.

## Cite autores, não "a Bíblia"

Quando afirmamos "A Bíblia diz", estamos na verdade nos referindo a um ou dois autores específicos. Cite os autores.

Por exemplo: qual você consideraria um argumento mais substancial a favor da ressurreição do nosso Salvador, do ponto de vista de um cético?

> *Prova A:* A Bíblia diz que Jesus ressuscitou dentre os mortos depois de passar três dias dentro do túmulo.
>
> *Prova B:* Mateus, ex-coletor de impostos que se tornou um dos seguidores de Jesus, escreve que Jesus ressuscitou dentre os mortos e afirmou tê-lo visto. Não só isso, mas também Lucas, um médico que entrevistou testemunhas oculares, chegou à conclusão de que Jesus ressuscitou dentre os mortos. Ele estava tão convicto que desistiu da prática da medicina e passou a ser um implantador de igrejas. Marcos, amigo do apóstolo Pedro, creu que Jesus ressuscitou dos mortos baseado no relato de Pedro. O mesmo Pedro que negou até conhecer Jesus afirmou depois ter visto Cristo ressurreto. Mais tarde, ele também foi crucificado, não pelo que cria, mas pelo que disse ter visto: Jesus ressuscitado. Tiago, irmão de Jesus, acreditava que o próprio irmão havia ressuscitado dentre os mortos. O apóstolo Paulo, com base no tempo que passou com testemunhas oculares, concluiu que Jesus, na verdade, ressuscitou dentre os mortos.

E eu poderia ir muito mais longe. Você entende aonde quero chegar. Um dos argumentos se apoia na hipótese relacionada a um "livro" que não é livro. O outro argumento se fundamenta em uma multidão de relatos de testemunhas oculares, todos eles contidos nas Escrituras. Não deveríamos esperar que pessoas racionais cressem que Jesus ressuscitou dos mortos porque "a Bíblia assim o diz". Isso não vale grande coisa como argumento. Mas amo desafiar as pessoas a considerarem a autenticidade histórica da ressurreição com base no testemunho de Mateus, Pedro, João,

Tiago, Lucas, o apóstolo Paulo e uma dúzia de outras personagens menos conhecidas e citadas em todo o Novo Testamento.

Nossa cultura precisa compreender que o alicerce da fé cristã não é uma Bíblia infalível. O alicerce da nossa fé é um acontecimento único na História, atestado por indivíduos que viveram e escreveram durante os dias em que isso se deu. Por conveniência, seus escritos foram reunidos e publicados no que chamamos de Novo Testamento, expressão utilizada pela primeira vez no fim do século II. A melhor coisa que podemos fazer em favor dos incrédulos em nossas congregações é levá-los o tempo todo de volta à questão preponderante para todos no estágio da jornada em que eles se encontram: *Quem foi Jesus?* E logo depois: *O que você fará com as evidências esmagadoras de que ele ressuscitou dentre os mortos?* A maneira de você se referir às Escrituras é uma apologética constante à confiabilidade e fidedignidade delas.

**Não presuma que eles sabem**

Nossa cultura é analfabeta de Bíblia. Aposto que você sabia disso. Os cristãos da sua igreja podem não ser, mas a sociedade em geral é. Isso significa que você tem uma decisão a tomar. Se você quiser envolver pessoas seculares em sua pregação, tem de parar de presumir que seus espectadores sabem tudo sobre Bíblia. Convidamos um casal que nunca havia estado em nossa igreja para conhecer nosso pequeno grupo vários anos atrás. Eram nossos conhecidos graças ao time de beisebol do nosso filho. Sabiam que eu era pregador, e mais nada. Ambos frequentaram a igreja católica quando crianças, mas as duas famílias tinham abandonado a igreja antes que os dois passassem para o ensino médio. Na primeira noite em que nosso grupo se reuniu, o líder imaginou que seria divertido dividir-nos em grupos de três e fazer-nos competir em um jogo de perguntas e respostas sobre conhecimentos bíblicos. Grande engano. Sério mesmo, nossos convidados não sabiam nada. Eram profissionais bem-sucedidos no campo da assistência médica. Jay acabou administrando um dos maiores conglomerados hospitalares do nosso estado. A primeira pergunta tinha algo a ver com Davi e Golias. Jay se virou para mim e disse:

— Andy, estou com vergonha de confessar, mas não sabia que essa história estava na Bíblia. Pensei que fosse uma figura de linguagem. Sabe, como quando uma pequena empresa trava um corpo a corpo com uma grande empresa no mesmo espaço de varejo ou de tecnologia.

Assim, o que você acha que um cara como meu amigo Jay pensa quando ouve com atenção um dos seus sermões? Estúpido? Como um forasteiro? Como alguém que não conhece o aperto de mão secreto?

Bob, um dos meus melhores amigos, não era cristão quando nos conhecemos. Como Jay, ele não sabia quase nada da Bíblia. Mas, enquanto Jay respeitava esse estranho livro que nunca lera, Bob não contava com essa vantagem. Para ele, a Bíblia era apenas um entre vários livros religiosos escritos por homens para controlar as pessoas. Depois de uns dois anos que nos conhecemos, ele começou a ir à igreja de vez em quando. Certa noite, durante esses anos de consolidação da amizade, ele me ligou:

— Ei, Andy, acabo de ver um programa no History Channel sobre José. — Bom sinal. Até que ele continuou: — Mas foi meio confuso. Contaram a história toda sem mencionar nem uma vez Maria ou Jesus ou nada parecido. Só falaram dos seus irmãos.

Hummm.

Na última vez em que pregou uma mensagem sobre a história de José e sua túnica colorida, você se lembrou de contar para a congregação que existem dois Josés famosos na Bíblia?

Se não, pessoas como meu amigo Bob devem ter ido embora se perguntando por que Jesus nasceu em uma estrebaria se o pai era o primeiro-ministro do Egito!

Não faça pressuposições. Sempre parta do degrau mais baixo da escada. Leve as pessoas com você. Defina o que é *epístola*. Quando citar o livro de Marcos, certifique-se de dizer para a audiência que Marcos escreveu um dos quatro relatos da vida de Jesus. Mantenha os biscoitos ao alcance das mãos. Isso não é sinônimo de superficialidade, mas apenas um modo de assegurar que todos os presentes consigam acompanhar você na jornada.

## DIRETRIZ Nº 6: RECONHEÇA O ESTRANHO...

**... seria estranho não o fazer.**

A Bíblia diz algumas coisas bem estranhas, não? Na verdade, *não*. Alguns *escritores bíblicos* fazem afirmações bem estranhas e contam histórias bem estranhas, não? Aqueles de nós criados na igreja apenas se deixam levar: um machado flutuante; animais selvagens aparecendo aos pares e entrando em um barco; a sombra de um homem se projetando em cima de um desconhecido e ele sendo curado de uma enfermidade; um mar se abrindo em dois e uma nação atravessando o leito seco. Como assim, leito seco? Sério mesmo? Para você e para mim, é só mais um dia na igreja. Ouvimos essas histórias tantas vezes que na mesma hora saímos à procura de aplicações e princípios transferíveis. Enquanto isso, há pessoas em nossas igrejas pensando: *Hã? Tenho de acreditar que essas coisas aconteceram de verdade para ser cristão?* Prestamos a nós mesmos e aos incrédulos em nossas congregações um desserviço quando nos esquecemos de fazer uma pausa e considerar como algumas coisas que estão na Bíblia devem soar esquisitas para alguém que não foi criado na igreja.

Ao chegar a esses versículos e narrativas incomuns, reconheça-os pelo que de fato são: incomuns. Difíceis de acreditar. Como regra geral, *diga o que você desconfia que os incrédulos estão pensando*. Ao fazê-lo, você terá mais credibilidade. E seu público, mais espaço. A atitude diz que você é um ser racional como eles, que não deixou o cérebro no guarda-volumes e que espera que ninguém o tenha feito. Outra coisa que a atitude transmite é a admissibilidade de ler a Bíblia com senso crítico. Tudo bem *ler* a Bíblia antes de *crer* nela.

### Natural *versus* sobrenatural

A maior parte dos incrédulos assume existir um conflito entre ciência e religião. Qualquer coisa que você faça para lhes ratificar a natureza cética e investigativa conta como bônus. Você só não quer parecer crítico das pessoas que não "aceitam pela fé e creem!". Afinal, queremos que os indivíduos inteligentes do nosso mundo estejam em uma busca constante pelas causas naturais. Você não retornaria a um médico que olhasse para o resultado da ressonância magnética do seu rim e dissesse: "Bem, parece que Deus permitiu o desenvolvimento de uma mancha no seu rim. Por que não vai para casa orar? Volte dentro de uns quinze dias e faremos outra ressonância para ver se alguma coisa mudou". Nem pensar. Você quer um médico que compreenda o mundo natural da causa e efeito. Um médico cujo conhecimento das funções naturais do corpo humano lhe permita traçar uma hipótese fundamentada sobre a causa da mancha. Um médico que saiba descobrir exatamente o problema. Mais importante ainda, que saiba se livrar dele. Um médico que entenda de causas e soluções naturais. Se ele for cristão, tanto melhor. Só que, na verdade, você não quer uma resposta cristã. Quer uma resposta, e ponto final. Por isso, se é isso o que você e eu esperamos do consultório médico, por que haveríamos de esperar que as pessoas abandonassem esse mesmo modo de pensar a partir do momento em que entram em nossas igrejas?

Não existe conflito ou contradição reais entre a fé cristã e a ciência. A ciência continua a descobrir como Deus formou e mantém todas as coisas. Se eu desmontar o *laptop* em que estou trabalhando e pedir para um dos meus amigos que trabalham com TI vir aqui em casa e explicar em detalhes precisos como ele funciona, não concluirei que não existe um fabricante de *laptop*. Pelo contrário. Provavelmente ficarei mais impressionado do que nunca. Não precisamos desestimular quem busca causas e soluções naturais. Para alguns, esse é o caminho que acabará por levá-los a seu Criador.

Meu médico é também um dos meus melhores amigos. Ele não é cristão, mas não por falta de diálogo. Em certos aspectos, ele é mais "cristão" que muitos cristãos que conheço. Fecha o consultório toda quinta-feira para atuar como voluntário em um albergue local. Segura moribundos nos braços, faz o que pode para deixá-los confortáveis e cuida das preocupações e expectativas dos membros da família. Basicamente, é um pastor às quintas-feiras. Mas não lhe diga isso.

Quando o consulto para saber o resultado dos meus exames anuais, o mestre que existe dentro dele salta fora. Houve uma ocasião em que se pôs a traçar um quadro elaborado das diferentes drogas que interagem com enzimas específicas e de como determinado exame de sangue consegue prever o impacto de certas interações. Ele acabou se deixando levar pelas próprias explicações. Acompanhei mais ou menos metade do que o ouvi dizer quando de repente ele parou. Então, com um largo sorriso no rosto, ele complementou:

— Não sei como alguém pode não crer em Deus. Você sabe?

Ri alto. Ali estava um sujeito com dificuldade para crer nos milagres registrados no Novo Testamento, mas que encontra a digital de Deus por toda a anatomia humana. Sua observação sobre como Deus nos forma alimenta minha fé. Sua pesquisa de causas naturais o conduziu ao Criador. Tudo isso para dizer que não precisamos temer quem sai à procura de causas naturais. No fim, seu caminho o conduzirá direto ao Criador. Portanto, não tenha medo. Mais importante que tudo, abra espaço em sua pregação para aqueles que simplesmente não conseguem aceitar as coisas que são... difíceis de aceitar.

Ao tratar de milagres, de Satanás, de inferno e inclusive de determinados aspectos do céu, reconheça que são coisas difíceis de aceitar para a mente moderna. Veja a seguir um dos meus roteiros. Sinta-se à vontade para plagiar ou adaptar:

> Para aqueles de nós criados na igreja, é fácil acreditar que essas coisas aconteceram. Mas, se você é novo no estudo da Bíblia, posso entender por que tem tantas perguntas ou dúvidas. Talvez interesse a você saber que alguns seguidores do próprio Jesus encontraram dificuldade para crer em algumas dessas coisas. É provável que você já tenha ouvido a expressão "Sou como Tomé; preciso ver para crer". Tomé foi um seguidor de Jesus que não acreditou que seu senhor tivesse ressuscitado dos mortos. Por isso a expressão. Ao que tudo indica, o próprio irmão de Jesus, Tiago, não acreditou também, por muito tempo. Ou seja, você está em boa companhia. Sem pressão.

Como declarei antes, a principal afirmação com a qual o incrédulo precisa fazer as pazes nada tem a ver com a longa lista de milagres espalhada pelo Antigo e Novo Testamentos. A questão é aquilo em que as pessoas creem sobre Jesus. Por isso, estou sempre à procura de oportunidades de mudar o debate para essa direção. Toda vez que ensino sobre uma passagem à qual os incrédulos podem objetar por a considerarem impossível de acreditar, gasto um tempo para validar suas dúvidas e então oferecer uma análise racional justificando por que razão eles talvez queiram reconsiderar. Minha análise racional simples é a seguinte: Jesus acreditava que tal incidente ocorreu de verdade. Toda vez que menciono Adão e Eva, digo algo mais ou menos assim:

> Vou contar a vocês por que acredito que Adão e Eva foram pessoas de verdade. Porque Jesus acreditava nisso. Sou um homem simples. Se alguém prevê a própria morte e ressurreição e faz que elas aconteçam, estou com essa pessoa. Pouco me importa na verdade o que ele diz; estou com o sujeito que ressuscitou dentre os mortos. Gostaria de fazer isso um dia desses. E Jesus declarou que quem cresse nele, mesmo morrendo, viveria. Por isso estou com o que ele disse.

Aplico a mesma lógica a cada oportunidade que surge. Agindo assim, consigo três coisas. Primeiro, conduzo os incrédulos de volta àquela que é *a* questão. Em segundo lugar, ofereço aos cristãos um *insight* que lhes fortalece a fé. E, por último, dou aos frequentadores um argumento/uma apologética que eles podem usar nas conversas com os amigos céticos. Salgar nossa pregação com declarações semelhantes nos permite reconhecer as dificuldades que todos temos com certas passagens, ao mesmo tempo que propicia um modo de seguir em frente para aqueles que lutam genuinamente com questões de fé.

## Diretriz nº 7: Não apele para o misticismo...

**... a menos que esteja querendo um carro novo.**

Se você fala sério sobre seu culto de fim de semana servir de ponte para quem está retornando à fé ou investigando

Deus pela primeira vez, fique longe do misticismo. Mesmo que você pertença a uma igreja altamente carismática, mantenha distância do misticismo. Não é assim que se vive. Os incrédulos não vivem dessa maneira. Portanto, não pregue dessa maneira. O misticismo só impõe distanciamento entre você e sua audiência.

Por outro lado, se você gosta de se posicionar como "homem de Deus" ou "porta-voz ungido do Senhor" ou outro disparate qualquer como esse, então o caminho a seguir é o do misticismo. Essa posição transmite a ideia de que você ocupa uma posição privilegiada, que está mais perto de Deus que as pessoas da audiência poderiam esperar se encontrar um dia. Misticismo cria... mistério! E com o mistério vem o medo! Isso que coloca *você* no assento do motorista. A partir do momento em que fizer seu pessoal pensar que você é especial, eles dedicarão a você um tratamento especial. Acrescente à fervura um pouco de teologia da prosperidade e bem antes do que você imagina estará dirigindo um carrão, vestindo-se na última moda, com as pessoas próximas jamais questionando suas decisões. Como poderiam? Você é o homem de Deus. Será espetacular.

Pois bem, acontece que seu cônjuge e seus filhos saberão que você é um impostor, um fingido. Mas no fim o cônjuge se habituará de tal modo com a fortuna e a fama que ele ou ela não dirá nada. Já seus filhos, bem, para eles será um desastre. Mas você terá os recursos necessários que permitirão assegurar que recebam as melhores opções de tratamento disponíveis. Use lentes de contato. Evite os óculos de leitura. Providencie um séquito, um Cadillac Escalade e quem carregue a sua armadura, e você estará pronto para qualquer coisa. Oh, mais um detalhe. Mantenha distância dos Evangelhos. Nada deu muito certo para aqueles caras. Agarre-se ao Antigo Testamento. Os Evangelhos poderiam pôr sua farsa em risco!

## Em breve, em um cinema perto de você

Se você achou este capítulo particularmente perturbador e inquietante, sou capaz de compreender. Só espero que, quando tiver terminado sua conversa imaginária comigo, você pare e reflita sobre o que tanto o incomodou. Não sei o que você almeja com sua pregação, mas espero que *você* saiba. Não sei qual é sua abordagem à pregação, mas espero que você pare e a defina. E mais importante que tudo, espero que a abordagem que você adotar um fim de semana após o outro seja planejada com perfeição para o auxiliar a realizar o que for que você esteja tentando fazer. Se não, espero que você tenha a coragem e a humildade necessárias para implementar algumas mudanças.

É evidente que, na minha opinião, todos devemos pregar pensando nos desigrejados. Estou convencido de que devemos permitir que a presença deles molde nossa abordagem. Creio que o irmão de Jesus concordaria. Acho que ele nos sugeriria não fazermos nada em nossa pregação que dificultasse a vida daqueles que estão se voltando para Deus. Mas esse é o meu ponto de vista. Você pode não ter vontade alguma de ajustar seu estilo de comunicação para se tornar mais atraente para os desigrejados e os biblicamente analfabetos da sua comunidade. Tudo bem. Há muitos entre nós comprometidos em fazer justamente isso. No fim, acabaremos encontrando a oportunidade de implantar uma igreja em sua comunidade. E, se você for como a maioria dos líderes de igreja, reagirá muito mal. E nós não nos importaremos com isso. Achamos que trilogias e parábolas relacionadas com coisas perdidas refletem o coração de Deus. E acreditamos que Jesus veio buscar e salvar o que estava perdido. Cremos que a igreja é o corpo de Cristo, e que o corpo de Cristo tem a ver com a atividade de Cristo. Engraçado, aposto que você também acredita em tudo isso. Então, o que você fará em relação a essas coisas? Ou o que tem feito? Sério mesmo?

Continua bravo?

Está bem, talvez devêssemos terminar com algo sobre o que concordamos. Tenho hoje dois filhos na faculdade e um prestes a concluir o ensino médio. Os três amam a igreja local. Se por um acaso insano eles forem morar na sua cidade e frequentar sua igreja, por favor não estrague tudo. Por favor, não se esconda atrás da sua tradição e dos seus hábitos tipo "é assim que fazemos as coisas por aqui" nem pregue mensagens "pré-cozidas" aos meus filhos. Por favor, não lhes roube a paixão pela igreja porque você é preguiçoso demais para aprender. Acomodado demais para experimentar algo novo. Tem medo demais das pessoas que emitem seu contracheque.

Está bem, é provável que meus filhos não frequentem sua igreja. Mas os filhos de alguém a frequentarão. Se você tem filhos, *eles* frequentarão sua igreja. A cada domingo, você lhes instila amor e apreço mais profundos pela igreja, ou faz como a maioria dos pastores e provê mais uma razão para eles não a frequentarem quando não forem obrigados? O assunto é sério. Não quero que você pregue como eu, mas quero que seja parte da solução. Quero que o fato de pessoas com 20 e poucos anos estarem deixando a igreja sem olhar para trás o incomode. Muito. A mim incomoda. Penso que incomoda nosso Pai celestial também. E você?

Por isso, se não concordarmos quanto à importância de pregar para os desigrejados, com certeza podemos encontrar algum denominador comum em torno da nossa paixão por recuperar a atenção e a imaginação de uma geração de garotos que está sendo criada na igreja, mas não vê a hora de cair fora. *O que o está impedindo de fazer os ajustes necessários na pregação para conquistar esse segmento da nossa população?* Só existe uma resposta de verdade para essa pergunta.

*Você.*

*Seção Cinco*

# TORNANDO-SE INTENSA E ENVOLVENTE

## Promovendo a transição da igreja local

Espero que o tempo que passamos juntos tenha despertado uma ideia ou duas em você. O ideal para mim, o que eu adoraria, seria que você se juntasse a nós em nossa campanha para criar mais igrejas que os desigrejados amem frequentar. Seja como for, é provável que você esteja traçando planos e sonhando. Mas planos e sonhos acabam exigindo mudanças. E, como você sabe, desencadear e implementar mudanças em uma igreja local é... bem, várias palavras vêm à mente... árduo, espinhoso, frustrante, suicida. Sem dúvida, você também poderia acrescentar algumas.

Apesar disso, os líderes de igreja tentam fazê-lo o tempo todo. Eu tentei. Aposto que você também. O fato de permanecer comigo todo esse tempo significa que você deve estar preparado para mais um ou dois *rounds*. Supondo ser esse o caso, nesta seção final contarei tudo que aprendi sobre implementar mudanças em uma igreja local. Para ser mais específico, quero ensinar o que aprendi sobre criar uma cultura ministerial que acolha as mudanças em vez de resistir a elas.

Como você sabe por minha história, não passei uma igreja de um modelo para outro. Quando iniciei o segundo endereço da igreja do meu pai, as instalações nos obrigaram a revisar nosso modelo. As circunstâncias nos fizeram adotar uma abordagem diferente para quase tudo. Claro, ninguém da minha equipe reclamou. Amávamos o caráter rústico do nosso armazém mal iluminado, impossível de climatizar e periclitante. O ambiente físico nos deu a permissão de que necessitávamos para adotar uma abordagem diversa para o ministério. Mas isso é diferente de mudar uma igreja estabelecida que não tem a menor intenção de se transferir de prédio ou localização.

Onde posso falar com alguma autoridade é na área da mudança de *pessoas*. Tenho grande experiência ajudando o pessoal da igreja a adotar um modo diferente de pensar o ministério da igreja local. Como muitas principiantes, a North Point começou com um núcleo proveniente de igrejas tradicionais. Por mais que eles apreciassem nossa *visão*, o ceticismo pairava no ar em relação à nossa *abordagem*. Foi preciso certo convencimento. Ao longo do caminho, aprendi algumas lições importantes sobre conduzir pessoas por uma mudança. E, sim, muito do que aprendi foi do jeito mais difícil.

*Capítulo Doze*

# CHEGANDO ÀS VIAS DE FATO COM O *STATUS QUO*

Toda inovação tem prazo de validade. Em algum momento, o *novo* deixa de ser *novo*, independentemente do que vem escrito no pacote. No fim, as novas ideias adquirem aspecto de notícia velha. Não é só pão que fica rançoso com o tempo. Toda abordagem nova e inovadora ao ministério também conta com prazo de validade. Todas elas. Nada é irresistível ou relevante para sempre. Isso deveria enervar você um pouco. Como eu, você já visitou (ou talvez tenha trabalhado em) igrejas onde parece que ninguém vê uma ideia nova há décadas. Por estranho que pareça, costumam ser essas as igrejas mais resistentes à mudança. Vai entender.

Como eu, sua reação inicial a tudo isso é: "Não debaixo do meu nariz. Isso jamais acontecerá na minha vida". Ao que eu responderia: "Verdade mesmo? O que o torna tão seguro disso?". Já ocorreu a você que "era uma vez" uma época em que as ideias e abordagens ao ministério de aspecto tão rançoso hoje já foram novidade e revigorantes? Tudo que está implementado hoje originariamente foi considerado uma boa ideia no passado. Do contrário, jamais teria sido aceito, para começo de conversa. Tudo que você vê em operação foi adotado como melhoria em relação a uma abordagem antiquada, mas que um dia representou uma ideia revolucionária. E assim prossegue. Tudo que hoje vigora começou como um desafio ao *status quo* em uma geração anterior.

Pessoas lutaram por essas cores nas paredes, essa mobília, o projeto arquitetônico desse... prédio horroroso. Sim, difícil imaginar. Mas é verdade. O que hoje é feio, foi lindo na época. O que dá a impressão de irrelevante hoje, foi de vanguarda em algum lugar do passado.

Por falar em "algum lugar do passado", em algum lugar do passado os únicos instrumentos musicais considerados apropriados para a igreja eram o piano e o órgão. Aposto que você sabia disso. Até que alguns diretores musicais e pastores radicais começaram a fazer experiências com orquestras. Imagine só uma orquestra dentro do santuário. Meu pai foi um desses pecadores infiéis. Eu estava na segunda fileira de bancos no primeiro domingo em que nosso diretor musical subiu em seu banquinho de cozinha, ergueu a batuta de fibra de vidro e trouxe a orquestra à vida. Foi mágico. Poderoso. E sobretudo barulhento. A maioria gostou da introdução da orquestra, mas houve uma facção que ficou incomodada ao extremo com a ideia de levar tambores para o interior do santuário. Não uma bateria, veja bem. Tambores de orquestra. Lembra-se deles? Tambores eram coisas "mundanas". Aposto que disso você não sabia. Ao que tudo indica, tampouco meu pai. Tambores no santuário eram prova de que estávamos nos tornando mundanos. Desse modo, poucas semanas após o *début* da orquestra, meu pai pregou um sermão sobre por que não havia problema em usar tambores na adoração.

Não demorou muito para ele pregar uma mensagem inteira sobre por que não havia problema em bater palmas na igreja. É sério. Bater palmas era um assunto tão grave que durante mais ou menos um ano nossa igreja chegou a ter uma política específica sobre isso. As palmas eram permitidas no culto de domingo à noite, mas não no da manhã. Em vez de bater palmas, os homens tinham permissão para grunhir um *amém* quando alguma coisa acontecia. Ainda sou capaz de me lembrar desses grunhidos durante o sermão sobre as palmas.

De repente, em algum lugar ao longo do caminho, grandes coros e orquestras passaram a ser notícia velha. Dependendo da sua idade, você pode nunca ter frequentado uma igreja com orquestra. E supõe que guitarras elétricas sempre tenham feito parte da experiência do domingo de manhã. Mas as coisas não ocorreram exatamente assim. Muitos pastores perderam o emprego e a religião por introduzirem o instrumento de Satanás na adoração de fim de semana. Enquanto tambores eram mundanos, as guitarras elétricas eram do Diabo. Então veio o teatro. Seguido da dança interpretativa. Você entendeu. Ideias novas em geral são consideradas más ideias. Então se tornam normativas. No fim, viram notícia velha. Nada é novo ou inovador para sempre. Sua melhor ideia, aquela que outras igrejas copiam e pelas quais ficam com os louros, acabará seguindo o caminho dos sinos para acompanhar a música e o ministério em ônibus. É ingenuidade e arrogância pensar o contrário. Talvez a única exceção seja pregar de cima de um banco posicionado ao lado de uma TV de plasma.

Somos tolos por supor que nossas ideias atravessarão gerações. Também por nos imaginarmos dotados de intuição para sentir o cheiro da necessidade de mudança em nossas organizações. Se fosse fácil assim, todo mundo promoveria as mudanças certas no momento apropriado. A verdade é que o relógio está tiquetaqueando para nossas boas ideias. De trás para a frente. E mais rápido do que pensamos.

## Resistindo ao movimento de resistência

A resistência à mudança experimentada por líderes de todas as áreas talvez tenha sido mais bem sintetizada por James M. Kouzes e

Barry Z. Posner quando escreveram: "Qualquer sistema conspirará inconscientemente para manter o *status quo* e impedir a mudança".[1]

Embora os líderes costumem ser rápidos em culpar as pessoas pela relutância em mudar, Kouzes e Posner ressaltam com acerto que o problema é muito mais profundo e complexo que mera inflexibilidade ou teimosia. Trata-se de um problema de sistemas. Toda igreja local é um conjunto complexo de sistemas. Toda igreja tem um jeito próprio de fazer as coisas. E, na maior parte das vezes, funciona. Por isso, a mudança raras vezes é percebida como solução. Na maioria dos casos, ela passa a impressão de interrupção. Uma interrupção dispendiosa de algo excelente do jeito que está. Uma interrupção sem nenhuma garantia no final. Só promessas e doce ilusão. Por isso, seu sistema de igreja "conspirará inconscientemente para manter o *status quo* e impedir a mudança". O *jeito em que as coisas são feitas* na sua igreja está tão entranhado que você encontrará resistência a cada curva do caminho. E, apesar do que você talvez se sinta tentado a pensar, não é culpa de ninguém.

Pense no assunto da seguinte forma: as instalações da sua igreja são desenhadas em torno do *jeito em que as coisas são feitas*. O orçamento é organizado em torno do *jeito em que as coisas são feitas*. A equipe é contratada e treinada para implementar *o jeito em que as coisas são feitas*. Quase todo mundo que comparece o faz na expectativa do *jeito em que as coisas são feitas*. Se você está em uma igreja com dezenas de salas de aula para a escola dominical dos adultos, será um pouco difícil convencer as pessoas a adotarem um modelo que não requeira esse tipo de conveniência. As instalações conspiram contra você! Se a receita da sua igreja

[1] Kouzes, James M.; Posner, Barry Z. **O desafio da liderança**. Rio de Janeiro: Campus, 2003.

é consumida por completo pelo modelo atual, será difícil introduzir qualquer coisa nova. A primeira pergunta que farão a você será: "Como você planeja pagar por isso?". Se a segurança no emprego de sua equipe está vinculada à preservação do *jeito em que as coisas são feitas*, eles se oporão a você a cada oportunidade. E, se as pessoas em sua igreja não estiverem incomodadas com o *jeito em que as coisas são feitas*, não há nenhum incentivo para se juntarem a você e sua grande aventura. Portanto, sim, praticamente tudo em seu atual "sistema" conspira contra você. Não admira que, na maioria, os pastores, pregadores e professores se deem por satisfeitos ajustando o modelo herdado em vez de introduzirem algo novo. É difícil demais. Caro demais. Perturbador demais. Arriscado demais.

## Naquele tempo

Quando lançamos a North Point em 1995, nossa abordagem representou uma mudança de paradigma significativa para os igrejados da nossa cidade, bem como para nossa região do país. O sudeste dos Estados Unidos é a fivela do Cinturão da Bíblia, uma das regiões mais igrejadas da nossa nação. Em 1995, ninguém em Atlanta clamava por uma igreja nova ou por um novo tipo de igreja. Igreja era igreja. Ou você a frequentava, ou não. E, se quisesse frequentá-la, não havia nada mais fácil que achar uma. E quem não frequentava sabia o que esperar nas raras ocasiões em que visitá-la era inevitável.

Praticamente tudo que fizemos foi um desafio ao *status quo*. E não me refiro apenas ao estilo de música. Construímos instalações que não se pareciam com uma igreja. Introduzimos grupos domésticos em uma cultura que cresceu com a escola dominical. Não tínhamos diáconos. Permitíamos que as mulheres servissem a comunhão. Meu Deus, permitíamos quase tudo às mulheres.

Nossa equipe tinha uma estrutura diferente. Estabelecemos folga em nossas finanças. Não contávamos com ministérios para homens ou para mulheres. Nada de classes para novos membros. Rotulávamos e nomeávamos tudo. Acelerávamos o caminho das pessoas rumo à liderança.

Ao contrário do que alguns podem pensar, não lançamos a North Point sob o comando de um bando de gente de 20 e poucos anos sem juízo e à procura de algo novo. Eu tinha 38 anos. Todos os membros originais da nossa equipe se aproximavam dos 40. Eu era o mais jovem da diretoria. Os demais componentes passavam dos 50. Um bando de gente velha. Não me lembro deles insatisfeitos com o *modelo* que deixaram quando vieram fazer parte da North Point. Na verdade, se eu tivesse introduzido o modelo em que fora criado, estou convicto de que a maioria me acompanharia. Muitos o fariam com mais disposição. Familiaridade é... familiaridade. É confortável. Você sabe como se comportar e o que fazer e esperar. O problema era: vínhamos de um modelo desenhado com perfeição para gente como nós. Os igrejados. Por isso, o *status quo* precisava ser descartado.

Mais fácil falar do que fazer.

Mas pode ser feito.

Aqui está como.

## LÁ, NÃO AQUI

A frase na sequência desta frase é tão importante que resolvi escrever uma frase antes *da frase* para garantir que você não deixe de captar a ideia ali contida. *O catalisador para introduzir e viabilizar a mudança na igreja local é uma visão que honre a Deus, encha a boca de água e seja inequivocamente clara.* Talvez você esteja cansado de ouvir falar e de ler sobre visão. Ainda mais de mim. Acontece que, após vinte e cinco anos de liderança de igreja, estou mais convencido do que nunca de que a visão compartilhada é a chave para operar a mudança. E, uma vez implementadas as mudanças iniciais, a visão se torna a chave para manter o foco e o impulso organizacionais. A visão compartilhada é fator crítico para colocar sua igreja no trilho certo e mantê-la alinhada.[2] Apesar de haver muito que se possa dizer sobre visão, o mais relevante para nossa discussão é o fato de que *a visão é o ponto de partida para toda discussão relacionada com mudança*. Comece a discussão em qualquer outro ponto, e você experimentará resistência.

Quando ouço líderes de igreja reclamando que seu pessoal não muda, digo sempre:

— Antes de falarmos sobre seu "pessoal", vamos falar da sua visão. Diga-me em uma frase para onde você está levando sua igreja. Descreva o futuro. Pinte um quadro para mim com palavras.

*Em 100% dos casos, os líderes que não conseguem fazer que seu povo mude, tampouco são capazes de articular a própria visão.* Assim, por onde você imagina que eles começavam a conversa sobre mudança com o pessoal que não quer mudar? Por tudo que precisava ser mudado. O que experimentavam então? Resistência.

O modo mais ineficaz de iniciar uma conversa sobre mudança é falar do que necessita ser mudado. Nunca se deve começar uma conversa sobre mudança tratando do ponto em que os envolvidos se encontram. Comece sempre por onde você quer estar. Quando você inicia a discussão pelo que precisa mudar, em geral parte de alguma coisa com que alguém se sente envolvido emocionalmente. Essa é a receita perfeita para o fracasso. Ou para o fim

[2] No meu livro ***Making Vision Stick*** (Grand Rapids: Zondervan, 2007), faço uma descrição detalhada dos componentes críticos da projeção efetiva da visão.

da conversa. Nos meus dois primeiros anos de faculdade, eu sabia que precisava *mudar* meus hábitos de estudo. Na verdade, não era uma questão de mudá-los; eu precisava adquiri-los. Enfim. Nada *mudou* até eu decidir me inscrever no curso de pós-graduação. A partir do momento em que adquiri uma imagem clara do futuro desejado, meu comportamento se transformou. É o que a visão faz: permite que eu veja onde estou em relação a onde preciso estar. Lembrar-me de onde estou e depois me dizer que preciso mudar não é nem muito atraente, nem inspirador. Mas me mostrar um futuro desejado e ajudar-me a descobrir o que preciso fazer hoje a fim de chegar lá... isso é diferente. Portanto, o melhor lugar para começar qualquer conversa sobre mudança é o futuro. Como poderia ser. Como deveria ser. Talvez como tem de ser!

Na condição de líder, sua responsabilidade é deixar as pessoas da sua igreja insatisfeitas onde elas estão, pintando um quadro atraente de onde elas poderiam estar. Só depois que nosso núcleo adotou a visão de uma igreja que os desigrejados amassem frequentar é que seus componentes se dispuseram a abrir mão das noções cômodas, do tipo "sempre fizemos desse jeito". Quando eles confrontaram o próprio partidarismo emocionalmente carregado em relação à igreja com a descrição do nosso futuro desejado, acabaram percebendo que os dois eram incompatíveis.

Alguma coisa *tinha* de mudar.

Na verdade, eles não optaram por mudar, tampouco correram atrás de algo diferente. Nossos velhos modos de fazer as coisas não estavam errados; apenas não eram compatíveis com o futuro que havíamos escolhido. Com o tempo, nosso núcleo acabou percebendo que suas noções preconcebidas acerca da igreja não promoveriam nossa visão. Se você deixa as pessoas insatisfeitas com relação a onde elas estão, é provável que elas afrouxem os dedos em torno do modo com que fazem as coisas agora.

Mas, se você tentar soltar-lhes os dedos à força, pode deixar seu currículo preparado.

## MUDANÇA NÃO É VISÃO

E então, qual é a sua visão para sua igreja? Em uma frase ou duas, como você deseja que seja o futuro? Que sensação espera que ele transmita? Que fique bem claro: *mudança* não é visão. Tampouco é *relevante* ou *contemporânea.* Se o principal problema que o incomoda é o fato de sua igreja não ser um *lugar descolado* e, por isso, as famílias jovens não permanecem, você tem uma tarefa a cumprir. Se sua compulsão repentina por mudança é alimentada pela observação da diretoria de que as pessoas os estão abandonando para frequentarem a igreja contemporânea do outro lado da rua, isso não basta. Se seu fardo não é nem um pouco mais profundo do que o desejo de se atualizar e se aperfeiçoar a fim de que as pessoas não vão embora, você se dará melhor se continuar a reproduzir o modelo da geração anterior. Não há necessidade de mexer nas coisas para o rebanho satisfeito com que você vem lidando hoje. Talvez você devesse orar para que Deus traga um líder que esteja de fato obcecado pelo fardo genuíno de ver as pessoas afastadas de Deus. Se tiver sorte, talvez ele permita a você ficar por perto e observar o que acontece quando um líder ingênuo o suficiente para acreditar que Jesus ainda está edificando sua igreja se levanta e projeta uma visão tão cativante que incendeia a imaginação das pessoas secretamente ansiosas por dar a própria vida em favor de algo maior do que elas mesmas.

Isso não foi muito gentil, não é?

Então vamos lá. O que você gostaria de ver Deus fazer em sua expressão local da *ekklesia* de Jesus? Alguma coisa o incomoda além do comparecimento das pessoas? O estilo da música? O nível de excelência? Pelo que você sabe dos capítulos anteriores, acredito que essas coisas sejam importantes. Mas, se você quiser implementar mudanças relevantes em sua igreja local, precisa de um fardo concedido por Deus que o mantenha acordado a noite inteira. Tomando emprestada uma frase de Bill Hybels, você precisa de uma dose intoxicante de "descontentamento santo". Quer ver mudanças? Peça para Deus começar por você. Peça para Deus sobrecarregar você com algo pelo que valha a pena arriscar sua carreira. Não, isso não é uma hipérbole. É a natureza da visão ordenada por Deus. Não se trata simplesmente de algo que poderia ser, mas de algo que você está convencido de que *precisa* ser. Quando isso fica claro, e quando você pensa que já está pronto para começar a tocar no assunto de uma maneira que as pessoas consigam entender e apoiar, então, e só então, estará pronto para começar a falar sobre o que precisa mudar.

## MANTENDO O CURSO

Além de a visão ser o ponto de partida para qualquer discussão sobre mudança, ela alimenta o foco e o ímpeto organizacionais para que vocês continuem seguindo em frente. Eis o por quê. Existe um elo inexorável entre a visão organizacional e seu apetite por aperfeiçoamento. A visão expõe o que ainda precisa ser realizado. Nesse sentido, ela tem o poder de criar um sentimento sadio de insatisfação organizacional. O líder que mantém a visão exposta o tempo todo diante da equipe cria uma sede por aperfeiçoamento que, por sua vez, produz um apetite por mudança. Desse modo, a visão contribui para o desenvolvimento de uma cultura que fique à vontade com a mudança. Igrejas centradas na visão esperam a mudança. Ela é o meio para um fim. É fundamental para fazer o que poderia e deveria ser realidade. Indo ao que interessa, não há como superestimar a importância de uma visão clara e interessante se você sente que as coisas precisam mudar.

Desde o primeiro dia, somos um pouco paranoicos em relação a nos afastarmos da visão. Não estamos imunes ao problema. A visão requer esforço constante para que permaneça. Em certos sentidos, o sucesso numérico opera contra nós. Se começarmos a divagar, ainda seremos grandes. Podemos até lotar. Mas *grande* e *lotado* não são o que nos propusemos fazer. *Grande* e *lotado* poderiam se tornar uma distração com facilidade. Manter nossa igreja *grande* e *lotada* poderia acidentalmente se tornar nossa missão. Com certeza, o é para muitas igrejas. Por isso, estamos o tempo todo procurando maneiras de manter a simplicidade da visão e fazê-la permanecer no centro de cada nível da organização.

Mais uma vez, qual a visão da sua igreja?

O que vocês esperam conseguir?

O que poderia e deveria haver em sua comunidade?

Enquanto você não souber, não adiantará nada tentar mudar coisa alguma.

*Capítulo Treze*

# MISSÃO E MODELO

É provável que você não experimente grande resistência caso se levante no próximo fim de semana e apresente uma nova visão para sua igreja. Na verdade, talvez descubra que as pessoas estão mais engajadas que de costume. Ideias novas sempre despertam o interesse. Para quem ora pedindo que algo novo aconteça, a nova visão pode dar a sensação de que você recebeu uma resposta. Se você lidera uma igreja evangélica e sua visão inclui alcançar pessoas não alcançadas, pode ser que ouça um *amém* ou dois. Se for mesmo bom, talvez consiga até alguns aplausos. Enquanto for tudo bíblico e intangível, nenhum problema para o seu lado. Mas, assim que a professora da escola dominical descobrir que sua visão exigirá dela abrir mão da classe que ela comanda... bem, aí sim a diversão vai começar, não é?

Como sei disso?

Com 26 anos, convenci os diáconos da igreja do meu pai a me deixarem organizar um evento evangelístico para adolescentes de abrangência municipal. Eles ouviram atentos enquanto eu explicava meus planos. Compartilhei o objetivo de levar o pregador convidado às escolas locais para reuniões. Eles amaram a ideia de convidar outras igrejas da região para levarem as crianças do ministério infantil ao nosso evento, que teria duração de uma noite. Todos os presentes na sala acharam que o evento era uma grande ideia... até o experimentarem.

Para infelicidade deles, quando chegou o dia do evento, já era tarde demais para cancelá-lo. Para felicidade minha, quando o evento começou, era tarde demais para cancelá-lo. E também, para felicidade minha, eu era filho do pastor. Eles ficaram perambulando pelo fundo do santuário enquanto 2 mil adolescentes um tanto turbulentos eram entretidos *não por um coro e uma orquestra*. O que eles imaginaram depois da minha mais excelente projeção de visão era muito diferente do que de fato aconteceu. Como descreveram mais tarde: "Foi irreverente, uma verdadeira baderna". Ficaram perturbados pelo que viram acontecer "no mesmo local em que a Palavra de Deus é pregada todo domingo". Como um senhor pontuou: "Não corresponde ao que somos".

Fiquei atônito. Olhei para o senhor que havia feito esse comentário e perguntei:

— O senhor ficou até o fim? Ouviu a mensagem? Viu o encerramento em que 2 mil crianças foram à frente orar com o conselheiro e entregar a vida a Cristo?

Jamais esquecerei da resposta:

— Você poderia ter conseguido a mesma coisa sem aquela música.

E ponto final. Ninguém expressou gratidão por todo o trabalho duro. Ninguém pareceu se comover com a reação no final. Fiquei arrasado. Mas não foi um incidente isolado. E serve para ilustrar a dinâmica que todo líder de igreja impregnado de visão experimenta em algum momento ao longo do caminho. Ou seja: *novas ideias são boas ideias desde que não exijam de ninguém fazer algo realmente novo.*

## MODELO *VERSUS* MISSÃO

As mudanças às quais as pessoas resistem são aquelas associadas ao modo pelo qual o ministério é *realizado*, ao modelo adotado pela igreja. O modelo define a igreja e, assim, mais que qualquer outra coisa, determina o *status quo*. *É assim que fazemos por aqui. É isso que somos.* Com o tempo, as igrejas se apaixonam pelo próprio modelo. Mas modelos existem como meios para determinado fim. Eles são criados para servir de sustentação à missão da igreja. Houve um tempo em que todo modelo de igreja lhe sustentava a missão. Mas de repente uma geração caiu de amores pelo modelo em detrimento da missão. A verdade é que, para a maior parte das igrejas, sustentar o modelo vigente *é* a missão da igreja. A equipe é treinada tendo esse modelo particular em mente. As pessoas aprendem a esperar os programas associados a determinado modelo. Orçamentos são estabelecidos em torno do modelo.

É mais ou menos como aquele sofá velho que seus pais carregam de casa em casa toda vez que se mudam. A princípio, eles o compraram por necessitarem de um lugar para sentar. Escolheram por causa do tamanho e para decorar uma sala em particular. No ambiente original, ficava perfeito. Com o tempo, no entanto, o sofá passou a ser mais que apenas um lugar para as pessoas se sentarem. Tornou-se parte da família. Afinal, ficou associado a lembranças. Havia uma história para cada mancha. Bebês foram alimentados em cima do sofá. A bem da verdade, pode ser que bebês tenham... deixa pra lá. A questão é que a família se tornou emocionalmente apegada ao sofá. A uma peça do mobiliário! E, na hora da mudança, apesar de o sofá não combinar mais com a casa nova e a nova decoração, eles o colocam dentro do caminhão e o levam consigo. Poucos anos mais tarde, empacotam-no de novo e se mudam outra vez. Ele está desbotado e rasgado, e não tem mais nada de atraente, mas a família não consegue se desfazer dele.

O que começou como solução para um problema — ou seja, *onde vamos nos sentar?* — tornou-se em mascote. Não há nada errado nisso. Mal algum foi praticado. Você sabe que um dia o sofá acabará na rua ou em alguma instituição de caridade. Por Deus, se querem ficar com aquela monstruosidade de sofá, que Deus os abençoe.

Mas reproduza a mesma dinâmica na vida organizacional, e o resultado será devastador. Isso explica em parte por que a participação nas denominações tradicionais continua a declinar. Elas se apaixonaram pelo modelo em detrimento da missão. Por fim, uma geração surgiu e disse: "Eu não me sento no seu sofá". E foi embora sentar-se em outro lugar. Como os líderes dessas denominações reagiram? Lançando campanhas publicitárias! *Ei, pessoal, volte! Não, não trocamos o sofá. Mas temos uma campanha publicitária nova!* Eles não entendem por que a próxima geração não quer voltar justamente para o modelo que ela deixou. Não conseguem entender por que pessoas de 20 a 30 anos não querem voltar e se sentar em seu sofá horroroso, antiquado. Não compreendem por que "gente jovem" não se mostra capaz de apreciar as histórias associadas a todas as manchas do estofado. Então, quando alguém funda uma igreja com sofás novos, escolhidos com a próxima geração em mente, eles criticam! Quando um modelo não é mais um meio efetivo, ou o melhor meio para um fim, o modelo deve ser ajustado ou abandonado. Se não, bem, olhe em volta.

Modelos de ministério que não sustentam a missão da igreja acabam por impedir a missão ou por se transformar na própria missão. Mencionei que, depois de minha bem-sucedida cruzada evangelística estudantil, me disseram para nunca mais marcar um evento como aquele outra vez? Era uma igreja que convidava as pessoas à frente após cada sermão. Uma igreja cuja declaração de missão fora extraída diretamente de Mateus 28. Por mais que eu ame a igreja em que fui criado, ela estava casada com um modelo, não com sua missão.

Uma das principais razões pelas quais as igrejas estão vazias é que os líderes eclesiásticos amam seus modelos mais do que amam as pessoas. Escrevendo para líderes de negócios, o autor Seth Godin aborda uma tensão paralela no mundo dos negócios quando diz: "Não se apaixone por uma tática a ponto de defendê-la para todo o sempre. Em vez disso, decida de uma vez por todas se você está ou não no mercado".[1] Receio que os líderes de igreja estão apaixonados demais pela própria tática, pela própria abordagem para a igreja. Jesus nos chamou para estarmos em um mercado. Uma das razões pelas quais nossa igreja cresceu tão rápido foi, para não ficar girando em torno da citação de Seth, o fato de todas as outras igrejas de Atlanta estarem competindo pelo mercado dos igrejados. Resolvemos entrar no mercado dos desigrejados. É um mercado muito maior e sem concorrentes na época. Nosso desafio é nos certificarmos de que permaneceremos nesse mercado. Para isso, ousamos não nos apaixonar por nosso jeito de fazer as coisas.

## Um segredinho sujo

Antes de deixarmos esse tópico para trás, preciso assinalar mais uma realidade constrangedora da igreja norte-americana. A real missão de muitas igrejas é *pagar as contas*. Não, você não encontrará isso escrito em parte alguma. Mas sejamos francos: a maior parte das igrejas locais não sente premência nenhuma, de nada, até o dinheiro começar a escassear. Então, de repente, elas se preocupam em "alcançar pessoas". É quando começam a falar sobre como atrair jovens casais. Uma igreja pode passar anos sem batizar ninguém a não ser crianças e ninguém fica preocupado.

1 Godin, Seth. **O melhor do mundo:** saiba quando insistir e quando desistir. Rio de Janeiro: Sextante, 2008.

Uma igreja pode passar uma década sem uma única profissão de fé e ninguém convoca uma reunião especial. Mas deixar de fechar o orçamento três ou quatro meses consecutivos? De repente todo mundo está preocupado falando em mudança. Mas não porque tiveram um encontro com Deus. Oh, não. Foi o encontro com uma planilha do Excel que os colocou de joelhos. Então, para piorar ainda mais as coisas, a partir do momento em que a crise financeira passa, tudo volta a ser como era antes. A verdade trágica é que a maior parte das igrejas nos Estados Unidos não mudará até que as finanças a obriguem a fazê-lo.

## JESUS E OS CRIADORES DE MODELOS

Jesus enfrentou a mesma dinâmica. Os fariseus amavam o próprio modelo. Claro, alegavam que era o modelo de Moisés. Quando chegou o século I, no entanto, tanta coisa havia sido acrescentada e adaptada que o sistema vigente na época se tornara uma simples sombra do que Deus pretendera na origem. A questão sobre a qual Jesus vivia em conflito era o sábado. Que tolice da parte dele insistir em curar no sábado! Ele devia ter mais juízo. Não importava o fato de não ser um problema resgatar seu bode de dentro do poço no sábado. Mas curar uma criatura feita à imagem de Deus? Isso estava fora de cogitação.

No fim de mais um debate sobre *qual é o comportamento apropriado no sábado*, Jesus observou o seguinte: "[...] o sábado foi feito para as pessoas, não as pessoas para o sábado".[2] Os fariseus faziam justamente o contrário. Pensavam que a prioridade era o modelo. Jesus disse que não; a prioridade são as *pessoas*. O sábado, em conjunto com toda a Lei, fora dado em benefício da nação de Israel. Deus nunca pretendeu que os judeus servissem à Lei.

[2] Marcos 2.27, paráfrase do autor.

Seu intento era que eles o servissem. A Lei era um meio para esse fim. Deus pretendia que os judeus amassem o próximo.[3] A Lei também era um meio para esse fim. Jesus morreu nas mãos de homens convencidos de estarem fazendo a vontade de Deus, comprometidos com a proteção e a defesa da Lei. A tragédia foi que eles a protegiam e a defendiam a ponto de excluir seu propósito.

Creio que não preciso demonstrar a aplicabilidade disso. Tanto a história moderna da Igreja quanto a história antiga estão repletas de exemplos trágicos do que acontece quando os igrejados se apaixonam por um modelo ou uma abordagem e perdem de vista a razão de a igreja ter sido instituída, antes de qualquer coisa. A igreja em que fui criado tem um histórico terrível de direitos civis. Houve uma época em que se solicitava que os negros deixassem o santuário. Conheço uma mulher que permaneceu entre os brancos reunidos no *lobby* um domingo de manhã, de olhos fixos em uma única mulher negra sentada dentro do santuário aguardando o culto começar. Não sabiam ao certo "o que fazer". Você consegue imaginar uma situação dessa? Talvez nem precise. Talvez você também tenha uma história para contar.

É verdade que esses são exemplos extremos. Mas não quero que você subestime como essa dinâmica é poderosa e insidiosa. É a mesma que hoje mantém milhares de igrejas em compasso de espera. Elas simplesmente não conseguem avançar. Não conseguem retomar a missão. Estão presas a um modelo que não serve mais ao propósito original. Se você está em uma *dessas igrejas*, conhece a séria frustração de vê-la se tornar cada vez menos cativante enquanto os de dentro voltam as costas para o mercado e amaldiçoam nossa cultura irreligiosa. Se você está em uma *dessas igrejas*, a seguinte citação de Jim Collins pode o levar a fazer se perguntar se ele andou espiando por cima dos seus ombros:

[3] V. Levítico 19.18.

> Quando as instituições falham não distinguindo entre práticas vigentes e princípios duradouros do próprio sucesso e equivocadamente se fossilizam em torno de suas práticas, elas estão se preparando para a degradação.[4]

Como ele sabia disso? Tenho sérias dúvidas de que você necessite de alguma ajuda para contextualizar o *insight* de Jim. Contudo, a fim de que permaneçamos mais algum tempo aqui, declararei a mesma coisa com nossas palavras:

Quando uma *igreja* falha não distinguindo entre seu *modelo* vigente e a *missão* para a qual foi chamada e equivocadamente se fossiliza em torno do seu *modelo*, ela está pronta para a degradação.

Talvez fosse uma boa ideia imprimir isso em cartões para cada presbítero ou membro do conselho, distribuí-los na próxima vez em que se encontrarem e discutir o assunto durante uma hora mais ou menos.

Talvez não.

Mesmo que não participe de uma *dessas igrejas*, você está em uma igreja que corre o risco de nutrir tamanha paixão por um modelo a ponto de acidentalmente abandonar a própria missão. Todos vivemos e lideramos no limite dessa possibilidade. Faz parte da natureza daquilo que fazemos. Por isso, permita-me ser muito direto. E pode ter certeza de que não estou apontando o dedo para ninguém. É algo de que falamos o tempo todo na North Point.

> *Case-se com sua missão.*
> *Namore com seu modelo.*
> *Apaixone-se por sua visão.*
> *Permaneça moderadamente encantado por sua abordagem.*

[4] Collins, Jim. **Como as gigantes caem**. Rio de Janeiro: Elsevier, 2010.

## Sem exceção

Sempre que desafio líderes de igreja a *namorarem com seu modelo* e *se casarem com sua missão*, descubro-me preparando um inventário pessoal. Com o que estou mais comprometido... de verdade? Pelo que nossa equipe é mais apaixonada... de verdade? Por perpetuar o modelo que nossa equipe criou ou por criar igrejas que os desigrejados amam frequentar? Chegará o dia em que nosso modelo atual entrará em conflito com nossa missão declarada. Nesse dia, estaremos perigosamente confortáveis com *o jeito em que fazemos as coisas por aqui*.

Por isso, conversamos sobre essa dinâmica o tempo todo. Não queremos passar um só dia paparicando um modelo que não funciona mais. Não queremos nos tornar guardiões da abordagem para o ministério de uma geração anterior, mesmo se *nós* formos a geração anterior que a criou. Sabemos que, no fim, todas as nossas ideias novas e inovadoras se tornarão institucionalizadas. Muitas delas já estão. Mas elas acabarão não refletindo mais *a melhor maneira* de viver o ministério. Serão apenas o *nosso jeito de fazer as coisas*. Quando esse dia chegar, será nossa vez de decidir: Queremos ser guardiões de um modelo ou uma igreja que os desigrejados amam frequentar?

David McDaniel, diretor da Strategic Partner Churches, é nosso especialista em plataforma de vídeo em múltiplas páginas. Participei, com várias outras pessoas, de um encontro de perguntas e respostas com ele. De repente surgiu a dúvida: "Quanto tempo uma igreja consegue sobreviver fundamentada em pregações por vídeo? Existe algum plano para passar as igrejas de vocês para as pregações ao vivo?". O senhor que perguntou isso estava à procura de uma receita de bolo, o que era perfeitamente compreensível. Jamais me esquecerei da resposta de David: "Quando sentirmos que o ensino por vídeo deixou de ser um meio eficaz de *conduzir as pessoas a um relacionamento crescente com Jesus*, passaremos para o comunicador presencial".

Resposta certa.

Certa porque David priorizava a missão em detrimento do método. Quando a pregação em vídeo não servir mais à missão da igreja, ela tem de ser deixada de lado. Será apenas mais um sofá velho e feio que alguém terá de carregar até a rua.

Contudo, estou certo de que eu conseguiria encontrar espaço para um projetor ou dois no meu porão.

## LIGANDO OS PONTOS

No mundo das igrejas, a resistência à mudança ocorre acima de tudo em torno de qualquer tentativa de modificar ou eliminar a programação. Como você sabe, a programação é onde as igrejas são enredadas em determinada era e definham até o dinheiro acabar. Por isso, em algum momento, você será obrigado a tratar de mudanças na programação da sua igreja. No restante do capítulo, vou fornecer a você terminologia e uma única pergunta catalisadora para viabilizar sua mensagem.

A programação não é uma ilha em si mesma. Portanto, para iniciar a nossa discussão e prepará-lo para que você inicie a sua, vamos dar uma olhada em quatro componentes do ministério da igreja e, sendo mais específico, em como eles se relacionam.

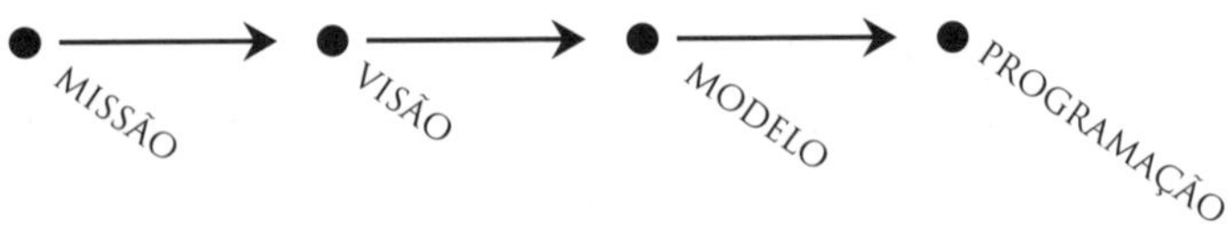


Existem dezenas de maneiras de definir e explicar missão e visão. Já discutimos as duas em rápidas palavras. Para os propósitos que temos aqui, pense em **Missão** como os imperativos inegociáveis relacionados com *a igreja*, ou seja, a Igreja de modo geral. Para nós, é fazer discípulos. Em nossa terminologia, *liderar pessoas a um relacionamento crescente com Jesus Cristo*. Sua tribo pode enxergar a missão da igreja em termos diferentes ou mais amplos.

Considere **Visão** como a contribuição de suas igrejas locais, ou talvez suas paraigrejas, para a missão global da *Igreja*. Organizações como a Compassion International, a Fellowship of Christian Athletes e a Samaritan's Purse contribuem todas elas com a missão da *Igreja*. Mas não do mesmo modo, não para o mesmo público-alvo e não da mesma maneira que a igreja local. Seminários e editoras também contribuem. Todavia, a visão deles é diferente da visão de uma igreja local. Nossa contribuição com a missão da *Igreja* é criar igrejas que os desigrejados amam frequentar. Tenho certeza de que a esta altura você já sabe disso.

Um **Modelo** de igreja é basicamente a estrutura que uma igreja ou denominação escolhe ou cria para levar adiante sua visão específica. O modelo é o princípio ou tema organizacional sob o qual opera a programação da igreja. Ele é mais amplo que um programa específico. Abrange todos os programas da igreja. Toda igreja tem um modelo, mas nem todas sabem o que é isso. Muitas vêm adotando, sem ter consciência disso, o modelo do tipo *Quanto mais, melhor*. Esse é o modelo em que a igreja passa o tempo todo acrescentando programas na esperança de que alguma coisa funcione. Outras igrejas implementam o modelo *O que aquela igreja enorme do outro lado da rua está fazendo?*, que dispensa explicações. Igrejas demais implementam o modelo do tipo *Sabor da semana*. É aquele em que o pastor vai a uma conferência, ouve falar de um novo modismo que tem dado certo em outra parte do país, volta para casa e força sua aplicação a tudo que a igreja vem fazendo. Existe o modelo *Adoração*, no qual a parte do leão dos recursos e da energia é dedicada às reuniões de fim de semana. Toda igreja tradicional tem um modelo próprio; a vantagem é que, quando as pessoas se mudam, conseguem encontrar uma igreja semelhante à que deixaram para trás. Desde o início, adotamos um modelo do tipo *Grupos*. Tudo que fazemos é projetado para levar as pessoas para o interior de pequenos grupos.

E isso enfim nos leva à programação.

A **programação** é escolhida ou criada para viabilizar um modelo específico que, por sua vez, viabiliza a visão da igreja. Ou, pelo menos, é assim que deveria funcionar. Toda programação foi criada originariamente como um meio para um fim. O problema, como temos visto, é que com o tempo os líderes se esquecem do fim porque se apaixonam pelo meio. Mas, se você levar seus influenciadores a adotarem a perspectiva que estou prestes a explicar, tornará mais fácil para eles romperem o caso de amor com uma abordagem específica ao ministério.

A melhor maneira de pensar na programação, e talvez o melhor contexto para discuti-la com seus líderes, é considerar cada plano como a resposta a uma pergunta iniciada com "*Qual a melhor maneira de ___________?*". Praticamente toda programação de igreja foi introduzida desde o princípio para tratar de uma dessas perguntas. Esse é um conceito de extraordinária importância para se manter em posição de destaque à medida que você desenvolve sua estratégia de mudança.

Abordar a programação por esse ângulo é uma das melhores maneiras de assegurar o alinhamento entre *visão* e *atividade*. Por quê? Porque as perguntas, diferentemente das declarações de missão ou proposições de valores, requerem uma resposta. Elas têm o potencial de atiçar a emoção. Expõem fragilidades e lacunas em qualquer modelo ministerial ou abordagem à programação. Envolva seus líderes em uma conversa em torno de uma lista de perguntas iniciadas com *qual a melhor maneira de...*, e será grande a probabilidade de que vocês vejam os pontos fracos e fortes em sua programação atual sem você precisar ressaltá-los.

Por exemplo, nosso modelo de *Grupos* requer que nos debatamos sem parar com perguntas como estas:

- Qual a melhor maneira de assimilar os adultos em pequenos grupos?
- Qual a melhor maneira de encontrar e treinar os líderes de grupos?
- Qual a melhor maneira de absorver as crianças e os adolescentes nos grupos?
- Qual a melhor maneira de introduzir os recém-chegados à vida dos grupos?
- Qual a melhor maneira de introduzir quem está buscando e quem está voltando à vida dos grupos?

Avaliamos a programação com base em até que ponto ela serve ao nosso objetivo de engajar membros e frequentadores na vida do grupo. Um programa deve preparar pessoas para a vida no grupo ou servir como um passo *fácil, óbvio* e *estratégico* para entrar em um grupo.

Depois há as perguntas mais abrangentes das quais toda igreja precisa tratar, como:

- Qual a melhor maneira de apresentar o evangelho a crianças?
- Qual a melhor maneira de oferecer uma visão de mundo bíblica para adolescentes?
- Qual a melhor maneira de capacitar os casais para edificarem casamentos saudáveis?

- Qual a melhor maneira de envolver os frequentadores na comunidade?
- Qual a melhor maneira de motivar e treinar os pais para assumirem a responsabilidade pelo desenvolvimento espiritual dos próprios filhos?
- Qual a melhor maneira de preparar os casais de noivos para o casamento?
- Qual a melhor maneira de recrutar e treinar os voluntários?
- Qual a melhor maneira de apresentar aos frequentadores sua responsabilidade global?

A partir do momento em que líderes de igreja conseguirem enxergar cada plano da sua igreja como resposta a uma pergunta específica do tipo *qual a melhor maneira de...*, será mais fácil para eles darem uma trégua em relação ao jeito em que as coisas sempre foram. Por quê? Porque, embora as perguntas perpassem gerações, as respostas não. As perguntas permanecem sempre as mesmas; as respostas *mudam*. Expor o conflito entre essas perguntas fundamentais e sua programação atual é um modo poderoso de preparar as pessoas para a mudança.

## Institucionalizando as respostas

Toda igreja se sente atraída pela institucionalização das próprias respostas a essas perguntas. A programação apresentada na origem como resposta culturalmente relevante para uma pergunta atemporal acaba definindo a igreja. Torna-se parte do *isso é quem somos*. Explicar a dinâmica para seus líderes e fornecer-lhes um contexto útil no qual enfrentar essas questões percorrerá um longo caminho no sentido de ajudá-los a pensarem fora da sua atual caixinha de programação. Insistir em que seus líderes e influenciadores continuem a lidar com questões como essas assegurará que sua igreja resista à atração gravitacional rumo à institucionalização de suas respostas.

É natural presumir que o que funcionou no passado funcionará sempre. Mas, claro, esse modo de pensar é letal. E, quanto mais tempo ele passe sem ser contestado, mais difícil é identificá-lo e erradicá-lo.

Como escrevem Richard J. Harrington e Anthony K. Tjan,

> As hipóteses que uma equipe defende há mais tempo ou mais profundamente são as que têm maior probabilidade de serem sua perdição. Algumas crenças parecem ter se tornado tão óbvias que estão interditadas ao debate.[5]

Entendeu a última frase? Nada em nossa agenda de programação jamais deveria ficar interditado ao debate. Por quê? Como já dissemos, "Toda inovação tem um prazo de validade. Em algum momento, o *novo* não é mais *novo*". Junto de uma visão declarada com toda a clareza, ajudar sua equipe a compreender o relacionamento dinâmico entre missão, visão, modelo e programação é fundamental para introduzir mudanças. Esses relacionamentos servem de contexto para suas discussões. Seu objetivo, é claro, deve ser criar uma cultura de igreja tão centrada na visão que a ansiedade por perder o foco seja maior do que de fazer mudanças. Mas ser uma organização centrada na visão requer mais que a própria visão. E esse *mais* tem me custado *mais* fãs entre pastores, pregadores e professores do que qualquer outra coisa.

Por isso o deixei por último.

[5] HARRINGTON, Richard J.; TJAN, Anthony K. Transforming Strategy One Costumer at a Time, **Harvard Business Review**, March 2008.

*Capítulo Catorze*

# LIDERADO PARA LIDERAR

Se você trabalha na igreja há cinco ou mais anos, duvido muito que alguma coisa do capítulo anterior tenha parecido chocante ou surpreendente. Acho que a maioria dos líderes de igreja concordaria com minha premissa. Nunca encontrei um líder que se sentisse chamado para reproduzir um modelo que funcionou bem vinte anos atrás, mas que hoje não causa mais impacto algum. Ninguém quer trabalhar em uma igreja aferrada a uma abordagem que não lhe promova de verdade a missão ou a visão. A maioria dos líderes de igreja é intuitiva o suficiente para saber quando algo está dando certo e quando não está. Isso nos leva à pergunta que não quer calar: Por que ainda não fizemos nada a esse respeito?

Por que não há mais pastores intolerantes com o que não funciona? Por que falta visão a tantas igrejas? Por que o Grande Mandamento e a Grande Comissão não embasam cada decisão de planejamento que tomamos e cada dólar que gastamos? Por que as igrejas esperam até haver uma crise financeira para começarem a falar em mudança?

A terceira pessoa é uma maravilha, não?

Por que *você* permite que uma programação estagnada e um modelo ultrapassado definam sua igreja? Por que *você* espera surgir um problema financeiro antes de sugerir mudanças? Alguém da sua igreja está lendo este capítulo e tentando imaginar por que *você* não dá um passo à frente e faz alguma coisa?

Muitas dinâmicas contribuem para essa epidemia geracional. Quero chamar sua atenção para o que estou convencido de ser o principal culpado disso. Caso você se pegue discutindo comigo ao longo dos próximos parágrafos, vou entender. Sempre que ensino essa matéria, sofro oposição. Só peço que preste muita atenção no que exatamente o incomoda na minha sugestão. Porque, enquanto você argumenta comigo em sua cabeça, outro grupo precisa fazer uma pausa a cada conjunto de frases para dar piruetas ao redor da sala. Enquanto você pensa: *Não acredito que ele está dizendo uma coisa dessa!*, outro grupo está pensando: *Finalmente alguém para dizer isso!*

Assim, aqui vamos nós.

O principal motivo pelo qual as igrejas se apegam a modelos e planos antiquados é a falta de liderança. Para uma organização permanecer centrada na visão, ela deve ser conduzida por um líder ou por vários líderes centrados na visão. O problema é que os conselhos eclesiásticos raras vezes recrutam e contratam líderes. Eles recrutam e contratam pastores, pregadores e professores. Então esperam que esses pastores, pregadores e professores liderem. Mas pastores, pregadores e professores são treinados e dotados para... adivinhou: pastorear, pregar e ensinar. Na maioria das igrejas, do homem ou mulher que tem sobre si a responsabilidade de pregar, espera-se que carregue também o manto da liderança. Isso vale tanto no caso de ele e ela serem dotados e treinados para liderar quanto não.

Frequentei um seminário muito respeitado por quatro anos. Sabe quantas aulas sobre liderança minha escola exigiu que eu tivesse? Aposto que você sabe. Nenhuma. Nem uma única. E o meu era *o* curso desenhado para quem se sentia chamado a liderar uma igreja local. Pior que o fato de não ensinarem sobre liderança era a mensagem implícita: *isso não é importante. Se você conhecer a Bíblia, sabe tudo de que precisa para liderar uma igreja local.* Mas conhecer a Bíblia não faz de ninguém um líder. Vários anos depois da minha formatura, o seminário acrescentou um curso de liderança. Aplaudo a iniciativa. Mas aqui está o desafio: ensinar liderança para líderes resultará em melhores líderes. Ensinar liderança para pastores, pregadores e professores resultará em pastores, pregadores e professores que cursaram liderança. O curso pode torná-los melhores, mas não os transformará em líderes.

Pastores, pregadores e professores que não são dotados na área da liderança resvalam para a *administração*. O melhor resultado possível é pegarem o que lhes foi entregue e alimentar, proteger, defender e, em alguns casos, melhorar isso. O pior resultado possível é se concentrarem em pastorear, pregar e ensinar e delegar decisões-chave de liderança para comissões. Eles permanecem reticentes no que tange a ir além dos limites para os quais foram contratados. Não é nem intuitivo nem confortável para eles abandonar a abordagem herdada a fim de levarem a igreja em uma nova direção. Por conseguinte, acabam casados com o modelo em que foram contratados.

## Espere um pouco!

A oposição que costumo receber quando ensino sobre esse assunto é mais ou menos assim: "Os escritores do Novo Testamento usaram os termos 'pastor', 'sacerdote', 'presbítero' e 'bispos' para descrever os encarregados de supervisionar a igreja. Há pouca menção do termo 'líder' ou 'liderança' no Novo Testamento". Além disso, sou com frequência lembrado dos problemas e abusos associados a questões de liderança.

Aqui é importante nos lembrarmos de algo que afirmei antes: se você quiser saber o que as pessoas querem dizer com o que dizem, observe o que elas fazem. Atos não apenas falam mais alto que palavras; eles também interpretam as palavras do indivíduo. Se quisermos saber o que as pessoas do século primeiro que nos serviram de exemplo queriam dizer com o que disseram, temos de prestar muita atenção no que elas fizeram. Na arena da igreja, precisamos ficar de olho em Jesus e no apóstolo Paulo.

Paulo, por intermédio de Lucas, instruiu assim os presbíteros de Éfeso:

> "Cuidem de vocês mesmos e de todo o *rebanho* sobre o qual o Espírito Santo os designou como bispos, para *pastorearem* a igreja de Deus, que ele comprou com o seu próprio sangue" (Atos 20.28).

Se você quiser saber a que Paulo se referiu ao falar em pastorear a igreja de Deus, siga-o pelo livro de Atos e tome nota do que ele *fez.* Alguma coisa na abordagem do apóstolo Paulo para o ministério faz você lembrar da versão de pastor do século XXI? Ao ler as epístolas de Paulo, o que vem à sua mente? O pastor típico? Talvez sejamos culpados por definir a terminologia de Paulo segundo nossas abordagens dos séculos XX e XXI para o ministério, em vez de examiná-la à luz de seus atos factuais.

Certa vez, depois que ministrei sobre esse assunto, um pastor da audiência ergueu a mão e perguntou:

— Andy, se Deus quisesse que a igreja fosse conduzida por líderes da maneira que você define *liderança*, por que então Jesus escolheu pescadores ignorantes, coletores de impostos e semelhantes para liderar a igreja primitiva? Por que ele não escolheu tipos educados e sofisticados como os fariseus?

Boa pergunta.

Eu sorri e disse:

— Na verdade, ele escolheu *sim* um fariseu. E esse fariseu fez a parte do leão de toda a obra. Em troca, teve de escrever a maior parte do Novo Testamento.

Você já parou para pensar nisso?

E digo mais, aqui está o que aconteceu. Depois que Jesus subiu ao céu, o Pai anunciou: "Muito legal aquele pessoal que você escolheu. Mas eles não realizarão grande coisa. Com certeza não 'irão por todo mundo'. É mais do que provável que fiquem perambulando por Jerusalém e ensinando quem quer que demonstre algum interesse. Por isso, preciso que você volte e encontre alguém com capacidade de liderar e capacitar homens e mulheres que liderarão e capacitarão outros homens e mulheres. Do contrário, nada disso sobreviverá ao século I. Necessitamos de alguém com *pedigree*. Alguém que as pessoas levem a sério. Alguém sem medo de correr grandes riscos".

Assim, Jesus voltou e procurou em todo o país o fariseu mais educado, com mais conexões políticas e *pedigree*, um homem zeloso e incapaz de aceitar um não como resposta. E, como se isso não bastasse, esse indivíduo ainda era cidadão romano! Então Jesus o colocou em uma dupla com um médico, não com um pescador ignorante, e juntos eles visitaram cada uma das principais cidades portuárias à margem do Mediterrâneo. Em seu rastro, deixaram uma fileira de pequenas *ekklesias* compostas por cristãos gentios e judeus. Essas comunidades se tornaram o núcleo da igreja.

Isso é *pastoreio* levado a sério.

Que estranho! Quando o assunto é liderança na igreja, costumamos ser rápidos em desprezar a importância de coisas como educação e talento. Os evangélicos, em particular, gostam de falar em "chamado" e "unção". Você já parou para refletir sobre o fato de que o apóstolo Paulo tinha todas as habilidades que asseguramos às pessoas não serem necessárias a fim de que elas sejam usadas por Deus? Proferimos tolices como: "Não importa sua capacidade, mas, sim, sua disponibilidade!". Mesmo? Você não escolheria um cirurgião por esse critério, escolheria? "Ei, doutor! Será que o senhor tem alguns minutos sobrando para retirar um apêndice?"

Sim, Deus usa o ignorante para confundir o sábio. Mas isso não faz da ignorância uma virtude. Sim, no momento em que você precisa saber o que dizer, o Espírito de Deus pode trazer à mente as palavras certas. Mas isso não é argumento contra a preparação. Ou é?

Considerar as exceções como regra, além de tolice, é antibíblico. Deus pode usar qualquer um que ele escolher? Claro. Quando consideramos nossos papéis, no entanto, faríamos bem em nos debruçar sobre as Escrituras que tratam das regras, não das exceções às regras. E Paulo não conseguiria ser mais claro. Eis sua interpretação de quem deveria fazer o quê:

> Temos diferentes dons, de acordo com a graça que nos foi dada. Se alguém tem o dom de profetizar, use-o na proporção da sua fé. Se o seu dom é servir, sirva; se é ensinar, ensine; se é dar ânimo, que assim faça; se é contribuir, que contribua generosamente; se é exercer liderança,[1] que a exerça com zelo; se é mostrar misericórdia, que o faça com alegria (Romanos 12.6-8).

[1] Προϊστάμεος, de προΐστημι, significa "governar, dirigir, ser o cabeça (de)"; em outras palavras, exercer posição de liderança. BAUER, Walter. **A Greek-English Lexicon of the New Testament and Other Early Christian Literature**, 2. ed. Chicago: University of Chicago Press, 1957, 1979. p. 707.

A versão resumida disso tudo: *Na igreja, faça o que Deus o capacitou para fazer*. Na igreja, não gaste um monte de tempo e energia tentando fazer algo para o que Deus não deu a você talento. Você não será bom nisso. Se você recebeu talento para liderar, lidere! Com zelo. Com seriedade! Paulo acreditava que a igreja precisava ser liderada. Devia saber do que estava falando. E você percebeu o que ele disse sobre *chamado* e *unção*? É, também não vi nada sobre isso.

Suponho que devamos seguir com os talentos.

Paulo era líder. Antes de se tornar seguidor de Cristo, ele já liderava. Capacidade importa. Talento importa. Jesus escolheu um líder talentoso a fim de conduzir a igreja para fora do mundo previsível e, durante algum tempo, confortável do judaísmo.

## O BOM PASTOR

Se você quiser saber o que Jesus queria dizer com o que disse, preste atenção no que ele fez. Se quiser saber o que Jesus queria dizer quando falou sobre ser o bom pastor, basta segui-lo ao longo dos Evangelhos. Aperte os cintos. Certo dia, Jesus convidou um homem para se juntar a ele, e o homem respondeu: "[...] 'Senhor, deixa-me ir primeiro sepultar meu pai' ".[2] Lembra-se da resposta do bom pastor? Não foi muito pastoral, como costumamos definir essa palavra, não é?

Jesus lhe respondeu: "[...] 'Deixe que os mortos sepultem os seus próprios mortos; você, porém, vá e proclame o Reino de Deus' ".[3]

Então outro senhor, que parecia nem prestar atenção na conversa, comentou: "[...] 'Vou seguir-te, Senhor, mas deixa-me

[2] Lucas 9.59.

[3] V. 60.

primeiro voltar e despedir-me da minha família' ".[4] Jesus, o bom pastor, retrucou: "[...] 'Ninguém que põe a mão no arado e olha para trás é apto para o Reino de Deus' ".[5] Traduzindo: *Você não é apto para ser meu seguidor*. Claro, Jesus necessitava de algum treinamento pastoral adicional. Ou talvez tenhamos interpretado mal o que significa pastorear a igreja. Se os Evangelhos são um registro confiável do que Jesus disse e fez, sinto-me tentado a concluir que o bom pastor era um grande líder. Jesus não se satisfez em reorganizar e melhorar o que havia; ele introduziu algo novo e estabeleceu líderes, cada qual no seu devido lugar para completar o que iniciara.

## Inventariando

O que estou prestes a dizer agora é duro. Mas é verdadeiro, estou convicto disso. Se ninguém o segue, se você se sente desconfortável pedindo às pessoas que o sigam, se só o seguem pessoas que em segredo você gostaria que seguissem qualquer outra pessoa, você pode não ser aquele que introduzirá e implementará mudanças em sua congregação local. A mudança requer visão. A visão sustentada requer liderança. E liderança é dom. Você pode se tornar um líder melhor? Sim. Todos podemos nos tornar melhores em praticamente qualquer coisa. Mas isso na verdade não é relevante para nossa discussão. A visão sustentada requer liderança. E a liderança é um dom. Se você o tem, Paulo diria a você para *liderar com zelo*. Se não tem, descubra os dons com que Deus o tem abençoado e se debruce sobre eles de todo o coração. Encontre uma posição na equipe que permita a você operar valendo-se dos seus pontos fortes. Esse é o modelo bíblico.

4 V. 61.
5 V. 62.

Igrejas e líderes de igreja que organizam e operam em torno dessa premissa se saem bem. Quem não o faz, infelizmente não o consegue.

Assim, ao considerar as mudanças que você sente necessidade de implementar em seu contexto atual, primeiro determine se você é ou não a pessoa para assumir a liderança desse encargo. Faça um inventário pessoal. Um inventário honesto. Meu pressentimento é que você já vem fazendo isso ao longo deste capítulo. Se você tem argumentado comigo em sua cabeça e escrito objeções nas margens das páginas, talvez não seja a pessoa certa. Caso se sinta mais à vontade solucionando problemas do que projetando a visão, você terá dificuldades com isso. Se a ideia de marcar uma reunião com seus influenciadores-chave para avaliar o modelo e a programação provoca "nós" em seu estômago, não o faça. Se você tem aversão a conflitos — ou ao risco —, não há necessidade de dar início a um processo que quase com certeza você não concluirá. Você se sairá melhor administrando o que foi passado a você e orando para que Deus levante um líder que desafie o *status quo* e introduza a mudança. Suas observações sobre o que precisa ser mudado podem ser perfeitas. Apenas você talvez não seja a pessoa para dirigir o processo.

## O NOSSO JEITO

Essa discussão me faz lembrar de uma conversa que tive com um pastor da nossa comunidade. A igreja dele procurava um pastor de estudantes. Ele começou a conversa reclamando do último ocupante do cargo. Sentia-se frustrado com a incapacidade do ex-ministro de conseguir exercer alguma influência sobre os alunos do ensino médio da nossa comunidade. Pedi que descrevesse a abordagem da sua igreja para o ministério estudantil. Quando sugeri que o problema talvez fosse um *o que* em vez de um *quem*, senti a resistência. Sugeri que a igreja dele repensasse o modelo de ministério estudantil antes de contratar outro pastor para o cargo. Além disso, recomendei que ele se reunisse com um dos diretores do nosso ministério estudantil a fim de ouvir algumas sugestões sobre como sua igreja poderia ajustar ou reestruturar seu modelo a fim de torná-lo mais propício à cultura estudantil.

A resposta dele foi bem direta: *Não adianta nada discutir como abordamos o ministério estudantil. Esse é o nosso jeito na igreja* ____________. Ele não argumentou que a igreja tinha a melhor abordagem. Não se tratava disso. Era evidente que ele não tinha a energia ou o interesse necessários para repensar a abordagem adotada. Era complicado demais. Em sua denominação, mudanças na programação exigiam o comparecimento diante de uma junta para defender uma tese. Ele não estava disposto a isso, e ponto final. Era burocrático demais. Queria alguém que fizesse a abordagem *deles* funcionar da melhor maneira possível. O que ouvi foi: *Preservar nosso modelo é mais importante do que alcançar estudantes da nossa comunidade*. Fui educado, mas direto.

— Por que eu haveria de recomendar a alguém a quem respeito que se junte à equipe de uma igreja casada com um modelo que até a equipe sabe que não é a melhor abordagem?

Ele sabia disso, mas não tentaria *liderar* sua igreja para uma direção diferente. Estava satisfeito em *administrar* o que herdara.

Felizmente, há exceções.

Montes delas.

Se você está se sentindo aliviado, como se talvez não fosse maluco afinal de contas, é bem provável que seja uma dessas exceções.

Talvez a melhor coisa na atual explosão de implantação de igrejas seja o fato de ela estar atraindo mais líderes para o campo da liderança eclesiástica. Eles não se incomodam de despertar todos os dias e enfrentar seus próprios problemas. Têm pouca paciência para lidar com os problemas deixados para trás por uma geração anterior. A implantação de igrejas oferece aos líderes a oportunidade de criar seus próprios desafios. De liderar. Mas nem todo mundo consegue criar os próprios problemas. A maioria é chamada para mergulhar em problemas alheios e consertá-los. Se é o seu caso, a melhor maneira de fazer isso é propondo perguntas estratégicas. As pessoas o odiarão por isso.

## Uma cultura de perguntas

Fazer as perguntas certas (e isso vezes sem conta, mais e mais) garantirá que a visão da sua igreja permaneça vital e a programação permaneça subserviente. Assim, ao encerrarmos este capítulo, quero deixar você com sete perguntas que levam os administradores a fugirem para os montes e os líderes a partirem para o combate. São perguntas às quais nossa equipe retorna ano após ano, relacionadas com praticamente todos os níveis da nossa organização. Elas nos provocam. Elas nos irritam. Obrigam-nos a lidar com certas coisas quando seria mais bem mais fácil ignorá-las. Mas, no fim, tornam-nos melhores. Sinta-se livre para reformulá-las, aperfeiçoá-las e então introduzi-las como se fossem suas. Ou introduza-as como estão e culpe-me pelo caos subsequente.

1. **Temos uma missão ou declaração de visão transmissível?**
   - Nossos membros e frequentadores sabem por que existimos?
   - De acordo com qual padrão medimos nosso sucesso como igreja... de verdade?

- Qual dos três alvos impulsiona a maioria das nossas decisões: alcançar pessoas, conservar pessoas ou pagar as contas?

2. **Pelo que somos apaixonados, mas que não é mais tão eficaz?**
   - O que amamos fazer que na verdade não está funcionando?
   - O que está interditado para discussão?
   - Temos algum "sofá velho" precisando ser jogado fora?

3. **Onde estamos produzindo energia?**
   - O que promovemos, mas que em segredo desejamos não ter de frequentar?
   - O que amaríamos deixar de fazer, mas continuamos fazendo por temer as consequências da mudança?
   - O que temos feito em termos programáticos, mas para o qual jamais sonharíamos em convidar um amigo para participar?

4. **Se fôssemos todos mandados embora da equipe e do conselho, e um grupo de fora (de líderes destemidos e comprometidos com a missão da igreja) assumisse, que mudanças seriam implementadas?** [6]
   - Qual a primeira coisa que eles fariam?
   - O que substituiriam?
   - O que se recusariam a custear?

[6] Tomei emprestada a pergunta de Andy Grove e a contextualizei. A versão dele diz: "Se fôssemos mandados embora e o conselho trouxesse um novo CEO, o que você acha que ele faria?". Em seguida, ele pergunta: "Por que você e eu não poderíamos sair pela porta mais próxima, voltar e fazê-lo nós mesmos?". GROVE, Andrew S. **Só os paranoicos sobrevivem**. São Paulo: Futura, 1997.

5. **O que medimos?**
   - Existe um relacionamento natural entre o que mensuramos e nossa missão?
   - Há coisas que deveríamos estar medindo para que nos deem uma leitura mais acurada de quão bem estamos cumprindo nossa missão?
   - O que temos medo de medir?

6. **O que celebramos?**
   - Existe uma relação natural entre o que celebramos e nossa missão?
   - Há coisas que deveríamos celebrar que ajudariam a reforçar nossa missão?
   - Celebramos alguma coisa reforçando um comportamento que não deveria ser reforçado?

7. **Se nossa igreja de repente deixasse de existir, a comunidade sentiria nossa falta?**
   - Se sim, por quê?
   - Com que valor contribuímos para nossa comunidade?
   - Como as pessoas de fora veem a nossa igreja?

Aí estão: perguntas para discussão durante as próximas sete reuniões com sua equipe. Alguma delas o deixam um pouco apreensivo? A mim, deixam, porque me obrigam a olhar com sinceridade a realidade atual. Essas perguntas me impedem de mentir para mim mesmo. Obrigam-me a liderar com liberalidade. Lembram-me de que não existe piloto automático para quem se alistou na liderança de uma igreja local. Essas sete perguntas me levam de volta a algo que escrevi anos atrás e que tenho a tendência de esquecer: *Anote sua visão à tinta;*

*tudo mais deve ser acrescentado a lápis. Planos mudam. A visão permanece a mesma.*

Portanto, líder de igreja, sejamos a geração que propõe perguntas difíceis e responde a elas com sinceridade. A geração que modela para a próxima geração como será se casar com uma missão que honra a Deus e, ao mesmo tempo, permanecer levemente enamorado de métodos e modelos. Amo o que diz meu amigo Craig Groeschel: "Para alcançar quem ninguém está alcançando, temos de fazer o que ninguém mais está fazendo". Parece bom. Mas saiba o seguinte: você jamais administrará, supervisionará ou pastoreará sua congregação a ponto de levá-la a ter essa mentalidade. Precisará *liderá-la* até esse ponto. E o fato de ter permanecido comigo até aqui é um bom indício de que você é a pessoa certa para isso!

*Conclusão*

# E SE?

Tarde de domingo. Estou exausto. Todo comunicador de fim de semana conhece a sensação. Foi um bom dia. Batizamos em todas as nossas igrejas da região de Atlanta. O batismo sempre me emociona. As histórias são inspiradoras. É fascinante ouvir nossa congregação festejar por pessoas que tornam pública sua fé. E ainda há aquele olhar que Sandra me lança. Um olhar que transmite algo que ela só verbalizou uma vez. Agora seus olhos dizem tudo.

Esse intercâmbio não verbal começou anos atrás, na sequência de uma história de batismo particularmente emocionante. Barry estava na casa dos 30 anos. Atravessara as complicações todas de crescer sem pai. Parou de frequentar a igreja na adolescência, quando a mãe não podia mais obrigá-lo a ir. Entregou-se a quase todos os vícios imagináveis. Casou cedo. Teve dois filhos. Estava em vias de destruir sua família quando alguém da vizinhança os convidou para visitarem a North Point. Ele não se interessou nem um pouco, mas a esposa sim. E ela foi. E amou. E os filhos também amaram. Foram as crianças que acabaram convencendo Barry a dar uma chance à nossa igreja. Mesmo assim, ele insistiu em que fossem em carros separados para o caso de resolver voltar para casa mais cedo. Acabou chegando atrasado à igreja. Não tentou encontrar a esposa. Estava ali para cumprir tabela. Por isso, encaminhou-se direto para nosso centro de adoração, onde procurou um assento na última fileira, a mais próxima da porta. Mas o que ele não sabia era que estávamos à sua espera.

Não, ninguém telefonou antes para avisar que Barry viria. Somos uma igreja para pessoas desigrejadas. Supomos que caras como ele aparecerão toda semana. Por Deus, projetamos o lugar para os Barrys do mundo. Estamos à procura deles. Por isso, quando um dos membros da nossa equipe de acolhimento viu um senhor solitário parecendo meio perdido, pouco à vontade e ostentando uma atitude que dizia: *Não fale comigo; na verdade, eu não queria estar aqui*, fez o que nossa equipe de acolhimento faz melhor: apresentou-se e conduziu Barry até a segunda fileira de assentos. Temos cerca de 50 assentos bem na frente para pessoas como Barry. Aprendemos há muito que quem chega cedo para conseguir os melhores lugares é quem menos precisa. Por isso, reservamos assentos para os retardatários. Mas as pessoas das nossas igrejas que abraçaram a visão ficam contentes em guardar lugar para quem mais precisa.

No domingo que Barry foi à igreja, estávamos no meio de uma série intitulada *Clube da Luta*. Falávamos sobre a importância de lutar pelos relacionamentos mais preciosos. Como Barry explicou em seu vídeo de batismo, "Foi como se acionassem um interruptor dentro de mim". Portanto, a decisão casual de ir à igreja para se livrar da cobrança da mulher e dos filhos se converteu em um encontro marcado por Deus. Seis meses mais tarde, Barry e a esposa eram batizados. No momento em que ele saía da água e nossa congregação começava a comemorar, Sandra se virou para mim com lágrimas nos olhos e sussurrou:

— E se nunca tivéssemos saído de lá?

Há muita coisa contida nessa pergunta. E se nunca tivéssemos deixado a segurança de uma igreja estabelecida, com um futuro cheio de possibilidades? E se não tivéssemos dito sim à sugestão divina que os dois sentimos no Silver Spoon Café, após sairmos do consultório de um neurologista tantos anos antes? E se tivéssemos simplesmente aceitado a primeira oferta de um bom emprego que surgiu? E se tivéssemos enveredado pelo caminho mais fácil, estabelecendo uma igreja semelhante àquelas em que fomos criados? E se, e se, e se? Uma pergunta inexprimível, porque na mesma hora traz à mente tudo que perderíamos se tivéssemos escolhido ficar em vez de partir. Mais importante ainda, no entanto, é ela nos levar a questionar o que teriam perdido os milhares de homens, mulheres e crianças que se conectaram ou se reconectaram com seu Pai celestial por meio das nossas igrejas. Outra pessoa convidaria a família de Barry para ir à igreja? Existiria uma igreja para a qual seria adequado convidá-lo? Ninguém sabe a resposta para essas perguntas. Contudo, tendo sido parte do grupo que resolveu fazer tudo que estivesse ao nosso alcance para criar uma igreja para gente como Barry, não podemos deixar de tentar imaginar tudo isso. Esse é o motivo pelo qual hoje, durante o batismo, quando Jake, um estudante da 10ª série da Alpharetta High School, descreveu como a fé em Deus e o pessoal do seu pequeno grupo lhe deram a força necessária para ele enfrentar a experiência do suicídio de um amigo querido, Sandra me lançou aquele olhar outra vez. E se?

## Brianna

Algo aconteceu hoje. Uma menina de 7 anos chamada Brianna apareceu em UpStreet, nosso ministério infantil do domingo, quase aos prantos. Brooke, a líder de seu pequeno grupo, notou que havia algo errado e perguntou se ela precisava de ajuda.

Brianna começara a frequentar o UpStreet cerca de quatro meses antes, graças ao convite de uma amiga. Agora a mãe também frequentava a North Point. Na verdade, ela costumava se sentar ao lado de Sandra e eu na primeira fileira no culto das 11 horas. O pai de Brianna é um alcoólico funcional. Passa semanas sem aparecer. Quando enfim volta para casa, mostra-se distante e às vezes verbalmente abusivo. Tanto a mãe quanto o pai querem pôr fim ao casamento. É só uma questão de saber quem vai entrar com a ação primeiro.

Brianna estava chateada aquela manhã porque mais uma vez o pai quebrara a promessa de buscá-la para irem juntos a algum lugar especial. E, como de costume, ele não ligara para explicar nada. Ela sabe que, na próxima vez em que vir o pai, ele nem tocará no assunto. Essa foi a história que Brianna extravasou em cima de Brooke, sua líder de grupo.

Brooke tem uma história própria. Na verdade, uma história idêntica. Não recebe notícias do pai há mais de um ano. Ela está com 16 anos. Faz parte do nosso programa estudantil de voluntariado, que recruta e treina estudantes do ensino médio para liderarem pequenos grupos de estudantes com idade para estarem cursando o ensino fundamental e os primeiros anos do ensino médio. Brianna contou para a mãe em diversas ocasiões que Brooke é a pessoa mais legal que ela já conheceu.

Assim, poucos minutos atrás, quando eu estava aqui sentado tentando decidir como encerraria nosso tempo juntos, Sandra entrou e me contou o que acabo de compartilhar com você em relação à conversa entre Brooke e Brianna desta manhã. Em seguida, ela me disse para pegar um lenço de papel antes de ouvir o restante da história.

Depois do grupo pequeno desta manhã, Brooke fez questão de conversar com a mãe de Brianna. Passou o número do seu celular para ambas e incentivou-as a utilizá-lo. A caminho da igreja para casa, Brianna, aos 7 anos de idade, mandou uma mensagem de texto para Brooke pelo fone da mãe e lhe agradeceu por ouvi-la. Recebeu uma resposta em segundos. Uma resposta de Brooke, a estudante do ensino médio de 16 anos que deve estar apenas pouco passos à frente de Brianna na jornada com Cristo. De Brooke, que nem sabe se tem o necessário para liderar um pequeno grupo. De Brooke, com seu próprio conjunto de problemas para trabalhar. De Brooke, que teve a oportunidade de servir de maneira significativa e a aproveitou. Aqui está seu texto:

> Oi, querida! Você é mais do que bem-vinda. Sei como é difícil, mas GARANTO que Deus é o melhor pai que existe, e ele nunca cancelará os planos ou ficará sem tempo para você, está bem? Você é uma menina incrível e precisa continuar sendo assim porque existe muita gente que ama você.

Sandra tinha razão. Precisei de um lenço de papel. De alguns, na verdade. Deus, amo minha igreja.

## Sua vez agora

E então, você quer mesmo fazer isso ou não?

Quer criar — ou fazer parte — de uma equipe responsável por criar uma igreja que os desigrejados amem frequentar? Está pronto para fazer algumas experiências? E fracassar em várias? Parte de você deseja se afastar do familiar e previsível para abraçar algo novo?

Você se sente satisfeito em passar o resto dos seus dias vivendo a igreja como sempre fez? Do jeito que sua tradição espera? Quer mesmo continuar a desenhar cultos e programas para os igrejados? Quer passar mais uma temporada de ministério fazendo coisas que tornam os incrédulos incomodados sem necessidade, só porque é confortável para você? Sei que sua abordagem atual é a mais fácil e barata e não chega nem perto de ser tão complicada quanto o que estou sugerindo. Minha esperança é que nosso tempo juntos tenha despertado, ou redespertado, algo em você que o leve a assumir um compromisso *mais difícil, mais caro* e *mais complicado*. Algo que você não é capaz de administrar. Algo que o obrigue a orar como você nunca orou antes.

Por falar em oração, pelo que sua igreja ora? Pelo que sua equipe ora? Pelo que seus presbíteros e diáconos oram? Pela bênção divina? Pela presença de Deus? Por um derramamento do Espírito Santo? Por segurança? No que diz respeito à "presença de Deus" e ao "derramamento do Espírito Santo", vocês estão um pouco atrasados. Tanto uma quanto o outro foram tratados no dia de Pentecoste.[1] Em relação à presença de Deus, Jesus prometeu estar *com* quem estivesse *fazendo discípulos*, não com quem estivesse *se reunindo para adorar*. Sendo assim, pelo que sua igreja ora, além de orar *por você* e pelo que você e sua congregação desejam que ele faça por *vocês*?

Pois bem, hesito até em tocar neste assunto. Lembra-se de pelo que orava a igreja do século I? Você sabe, aquela que operou debaixo da ameaça de extinção durante a primeira década? Eles deviam orar por proteção, como acontece com os cristãos norte-americanos. Falei para as pessoas da minha igreja para pararem de orar por proteção. É vergonhoso. Ainda mais quando há pessoas de outros países nos visitando. Proteção do quê?

A reunião de oração da primeira igreja sobre a qual sabemos alguma coisa ocorreu logo depois que Pedro e João foram libertados da cadeia com instruções de pararem de tocar naquele "nome" — ou veriam só uma coisa! Eles se reuniram com os líderes da igreja, relataram o que acontecera e realizaram uma reunião de oração. De acordo com Lucas, só pediram duas coisas

[1] V. Atos 2.

para Deus. Proteção não. Nem bênção. Nem um derramamento do Espírito Santo. Vou deixar que você leia por si mesmo.

> "Agora, Senhor, considera as ameaças deles e capacita os teus servos para anunciarem a tua palavra *corajosamente.*" (Atos 4.29)

É sério isso? Coragem. Pedro e João ainda recendiam a cadeia e pedem mais coragem para Deus. Foi a coragem que os lançou na cadeia, para começo de conversa. Eles deviam ter orado por *discernimento*. Mas não foi só isso que pediram.

> "Estende a tua mão para curar e realizar sinais e maravilhas por meio do nome do teu santo servo Jesus." (v. 30)

Em outras palavras, faça coisas que chamem a atenção do povo incrédulo para nós, a fim de que possamos lhes mostrar a sua direção. Eles oraram por cura, mas não pela própria cura. Pediram para Deus fazer algo poderoso por intermédio deles, mas não em benefício próprio. Estavam focados por completo naqueles do lado de fora dos muros de seu local de reunião. Foi uma lição que aprenderam no primeiro dia. Lembra-se do dia de inauguração da igreja do século I? Lucas nos conta que, nesse dia, todos os seguidores de Jesus estavam reunidos em um lugar quando de repente o Espírito desceu sobre eles. Lembra-se do que aconteceu a seguir? Um estudo bíblico? Nada disso. Um culto de adoração? Não. Uma reunião de oração? Tampouco. Eles já haviam feito tudo isso *antes* que o Espírito Santo chegasse. Hummmm. A partir do momento em que ele apareceu, *a igreja extrapolou os limites do prédio em que se encontrava*. Com os acontecimentos do dia de inauguração ainda frescos na mente, uma noite ou duas na cadeia não os deteria. Portanto, eles oraram por coragem. Não tinham a intenção de ficar parados. Não pretendiam manter as boas-novas dentro do prédio.

De volta então à pergunta original. Pelo que sua igreja ora? Se sua igreja não está orando por coragem, sou capaz de dizer por quê. Vocês não precisam dela. Como sei que não precisam dela? Porque oramos por aquilo de que necessitamos. Vagas no estacionamento. Paciência com os filhos. Emprego. Mas coragem? Quem precisa disso?

Todavia, no instante em que vocês resolverem voltar para o que a igreja foi comissionada desde o início, orarão por coragem. Não por força de um dever. Mas porque necessitarão dela. Se vocês resolverem entrar para o mercado dos desigrejados, se decidirem seguir o conselho de Tiago e afastar todo obstáculo do caminho daqueles que estão se voltando para Deus, precisarão de toda coragem que puderem reunir. Você terá de projetar uma visão corajosa. Necessitará implementar mudanças corajosas. Lutará com questões que requerem respostas corajosas. Sua nova direção exigirá uma liderança corajosa. As categorias se embaralham. A coerência sairá pela janela. Seu pessoal guardará lugares para os retardatários. Você deixará as pessoas irem embora no horário. Todos começarão a avaliar tudo pelos olhos e ouvidos dos desigrejados. As coisas ficarão meio malucas. E você amará isso. Jamais se dará por satisfeito com nada menos que isso.

Ainda não se convenceu?

Bem, sempre se pode recorrer ao que vou contar agora.

## A PARÁBOLA DO CARTÃO DE CRÉDITO

Imagine que você tivesse sete cartões de crédito na bolsa ou na carteira e perdesse um. Você não deixaria os seis restantes para sair em busca do perdido até achá-lo? Perdi um cartão de crédito há pouco tempo e nem uma vez saquei do que não perdera para descarregar minha obsessão em cima dele. Não experimentei nenhuma premência em relação aos cartões que não perdera. Não telefonei para ninguém para dizer que ainda tinha comigo o cartão da American Express. Mas comecei, sim, a dar telefonemas a torto e a direito para descobrir se alguém vira meu MasterCard perdido. Quando você perde algo importante, fica obcecado; não para de se preocupar com o ocorrido. Não pensa em outra coisa. Lembra-se da última vez em que não conseguia encontrar seu celular? Lembra-se do sentimento constrangedor, vergonhoso mesmo, de pânico que você começou a sobrepor a seu bom senso? Nenhuma das outras quinquilharias eletrônicas não perdidas e espalhadas pela casa lhe serviram de consolo, não foi? Você tinha uma missão. Por quê? Porque perdera algo importante.

Com o que sua igreja vive obcecada?

Com o que sua igreja se preocupa?

Igrejas para igrejados têm obsessão por coisas frívolas e irrelevantes. Eis o motivo pelo qual você tem pavor das reuniões do conselho, dos presbíteros e das comissões. Raras vezes se conversa sobre algo importante. Eles administram quem já foi achado. Sei que em seu coração há uma preocupação pelos perdidos. Mas essa preocupação está no seu cronograma, programação, estilo de pregação ou orçamento? Você sabe quanta diferença o cuidado que sente em seu coração faz na vida de alguém distante de Deus? *Nenhuma.* Nenhuma diferença. Seu pai amava você de coração. Mas foi o amor inserido no cronograma dele que fez a diferença, não foi? Você quer mesmo passar o resto dos seus anos de ministério sentindo algo em relação ao qual não faz nada?

Espero que não.

Sabe o que fiz quando enfim recuperei meu cartão de crédito perdido? Telefonei para minha esposa e disse:

— Alegre-se comigo: achei meu cartão de crédito perdido.

Não preciso contar como Jesus concluiu as três parábolas sobre coisas perdidas. Você sabe o que ele disse. Já até ensinou sobre o assunto! Na verdade, neste exato momento, está pensando em usar a ilustração do cartão de crédito em uma mensagem, não está?

Jesus disse que há mais regozijo no céu por uma pessoa recém-achada do que por aquelas que não estão perdidas. Você gostaria de saber por que não existe esse regozijo todo em sua igreja? Por ser uma igreja cheia de pessoas achadas.

Ora vamos, você quer mesmo passar a vida administrando o que *esteve* perdido em detrimento do que *continua* perdido?

Voltando à minha ilustração do cartão de crédito. Você tem minha permissão para utilizá-la, mas sob uma condição corajosa. No fim da mensagem, terá de dizer à sua igreja que, a partir de então, você avaliará tudo que a igreja faz e cada centavo gasto tendo em mente uma pessoa perdida, em vez de 99 achadas. Em seguida, terá de se sentar com seus influenciadores e criar um plano de transição. Se você não estiver disposto a isso, precisará arranjar outra ilustração.

Passei a vida na igreja. Por isso, sei que, mesmo que você não esteja disposto a reorganizar sua igreja em torno da Grande Comissão, ainda verá algumas pessoas abraçarem a fé. Pais insistirão em que os filhos sejam batizados. Seu santuário continuará a ficar cheio na Páscoa. Mas não foi para isso que você se meteu nessa, foi? Lembra-se de quando disse sim para Deus? Lembra-se de quando ele interrompeu sua vida e o chamou adolescente, universitário ou líder no mercado de trabalho? Você tinha sonhos. Queria fazer a diferença. Talvez seja hora de abrir mão do que você vem fazendo hoje e abraçar o que foi chamado para fazer lá na origem. Quanto à desculpa que acaba de saltar em sua mente, ignore-a por agora. Sonhe um pouco. Não custará nada a você.

Pense no tempo em que você lutava com Deus procurando saber se seu futuro era o ministério. Lembra-se disso?

## Meu desejo

Se você pudesse fazer um pedido por sua igreja sabendo que ele se tornaria realidade, seria que as celebrações mais ruidosas e turbulentas, e as mais emocionalmente carregadas em suas assembleias, fossem em reação às pessoas que confessassem a própria fé em público por meio do batismo. Quero que você seja capaz de se virar para seu cônjuge, ou alguém da sua equipe que tem partilhado sua jornada, e perguntar:

— E se?

E se tivéssemos nos recusado a agir com coragem? E se tivéssemos nos recusado a mudar? E se tivéssemos nos recusado a liderar? E se não tivéssemos permitido que Deus partisse nosso coração? E se tivéssemos resistido à sua sugestão? E se tivéssemos ignorado seu sussurro?

Veja o que teríamos perdido.

Veja o que *eles* poderiam ter perdido!

Então vamos lá.

Entrelacemos os braços com os líderes corajosos do Concílio de Jerusalém. Decidamos não fazer nada que torne desnecessariamente difícil a vida de quem está se voltando para Deus.[2]

Aprofundemo-nos.

Mas seja amplo o nosso abraço.

A ponto de o mundo inteiro saber que igreja não é para igrejados.

É para pessoas, só pessoas.

É para todo mundo!

[2] V. Atos 15.19.

*Apêndice A*

# FORMULÁRIO DE PESQUISA E AMOSTRA DE RESULTADOS DA NORTH POINT

## CONTEXTO

Em 22 de janeiro de 2012, aplicamos uma pesquisa aos participantes do culto de adoração de quatro das nossas cinco igrejas locais: Browns Bridge Community Church, Buckhead Church, North Point Community Church e Watermarke Church. Cada participante se autodefiniu como "novo visitante" (esteve presente cinco ou menos vezes) ou "frequentador habitual" (os demais). Réplicas das pesquisas aparecem nas páginas 332-333; nas subsequentes, apresentamos os principais resultados e o detalhamento dos dados.

## Pesquisa de Novos Visitantes

**(Presentes cinco ou menos vezes)**

1. Quantas vezes você já esteve na North Point?

| 1 | 2 | 3 | 4 | 5 |
|---|---|---|---|---|
| ☐ | ☐ | ☐ | ☐ | ☐ |

2. Nos últimos cinco anos, você frequentou habitualmente alguma outra igreja?

| Sim | Não |
|---|---|
| ☐ | ☐ |

3. De modo geral, até que ponto você ficou satisfeito com o culto de que acaba de participar na North Point?

| Muito satisfeito | Satisfeito | Nem satisfeito, nem insatisfeito | Insatisfeito | Muito insatisfeito |
|---|---|---|---|---|
| ☐ | ☐ | ☐ | ☐ | ☐ |

4. Baseado em sua experiência, você pretende voltar?

| Com certeza | É provável | Não tenho certeza | Provavelmente não | Com certeza não |
|---|---|---|---|---|
| ☐ | ☐ | ☐ | ☐ | ☐ |

5. Com base em sua experiência, você recomendaria a North Point a um amigo que hoje não frequenta nenhuma igreja?

| Com certeza | É provável | Não tenho certeza | Provavelmente não | Com certeza não |
|---|---|---|---|---|
| ☐ | ☐ | ☐ | ☐ | ☐ |

6. Qual das afirmações a seguir melhor descreve seu interesse em dar o próximo passo no envolvimento com a North Point?

   ☐ Tenho interesse e sei dar o próximo passo.
   ☐ Tenho interesse, mas não sei dar o próximo passo.
   ☐ No momento, não estou interessado em dar o próximo passo.

7. Gênero:

| Feminino | Masculino |
|---|---|
| ☐ | ☐ |

8. Idade:

| 18-24 | 25-30 | 31-35 | 36-45 | 46-55 | 56-65 | Acima de 65 |
|---|---|---|---|---|---|---|
| ☐ | ☐ | ☐ | ☐ | ☐ | ☐ | ☐ |

9. Etapa de vida:

   ☐ Casado
   ☐ Solteiro, nunca se casou
   ☐ Divorciado
   ☐ Viúvo

# Pesquisa de Frequentadores Habituais

**(Presentes mais de cinco vezes)**

1. Há quanto tempo você frequenta a North Point?

Menos de um ano ☐ 1 a 3 anos ☐ 3 a 5 anos ☐ Mais de 5 anos ☐

2. Nos cinco anos anteriores à sua vinda para a North Point, você frequentou alguma outra igreja?

Sim ☐ Não ☐

3. Quais dos próximos passos a seguir você já deu?

☐ Ministério Ponto de Partida
☐ NEXT
☐ Fusão
☐ Grupo de acesso
☐ Grupo comunitário
☐ Serviço Estratégico
☐ Outro

4. Nos últimos doze meses, quantas vezes você convidou alguém que não frequenta nenhuma igreja para vir à North Point?

0 ☐ 1 ☐ 2 ☐ 3 ☐ 4+ ☐

5. Gênero:

Feminino ☐ Masculino ☐

6. Idade:

18-24 ☐ 25-30 ☐ 31-35 ☐ 36-45 ☐ 46-55 ☐ 56-65 ☐ Acima de 65 ☐

7. Etapa de vida:

☐ Casado
☐ Solteiro, nunca se casou
☐ Divorciado
☐ Viúvo

## Pontos principais

- Em qualquer semana típica, cerca de 10% do nosso público é formado por pessoas novas para os Ministérios North Point.
- Temos 98% dos novos visitantes satisfeitos ou muito satisfeitos — um número extremamente alto.
- Cerca de 40% dos nossos frequentadores semanais são desigrejados. (Definimos *desigrejado* como quem não frequentou igreja nos últimos cinco anos antes de vir para uma das igrejas dos Ministérios North Point.)
- Com mais de 50% do nosso público na faixa dos 35 anos ou menos, os dados demográficos indicam que os frequentadores da Buckhead Church são bem mais jovens que os das demais igrejas participantes. Nas outras igrejas dos Ministérios North Point pesquisadas, apenas 25% dos frequentadores tinham 35 anos ou menos.
- O percentual de divorciados e solteiros (que nunca se casaram) vem subindo. Dos novos visitantes, 19% são divorciados (contra 11% dos frequentadores habituais); 39% são solteiros, nunca se casaram (contra 22% dos frequentadores habituais).
- De cada quatro novos visitantes, três têm interesse em dar o próximo passo. No entanto, dos três, um ainda não sabe como fazer isso.
- Dos nossos frequentadores habituais, 80% deram o próximo passo.

## Taxa de resposta e projeções

### Pesquisas preenchidas

| | Total |
|---|---|
| Frequentadores habituais | 5.610 |
| Novos visitantes | 550 |

### Projeções para domingo 1/22

| | Total |
|---|---|
| Público total | 22.412 |
| Frequentadores habituais | 20.396 |
| Novos visitantes | 2.016 |
| Novos visitantes em % | 9% |

**Observações:**

- Houve uma taxa de resposta de 27% em todas as igrejas dos Ministérios North Point.
- O culto das 11 horas da Buckhead Church foi o de projeção mais alta de novos visitantes: 443. (Embora os resultados por hora de culto só estivessem disponíveis no caso da Buckhead Church e da Browns Bridge Community Church, conseguimos fazer uma estimativa das quantidades por hora de culto também para as outras igrejas.)

## DADOS

### Igrejados *versus* desigrejados

*(Frequentadores habituais e novos visitantes)*

Nos cinco anos anteriores à sua vinda para a North Point, você frequentou alguma outra igreja?

| | Total |
|---|---|
| Sim | 62% |
| Não | 38% |

**Observações:**

- O percentual de frequentadores desigrejados é de quase 40%.
- O percentual de desigrejados é o mesmo que o de frequentadores habituais e novos visitantes.
- O culto das 18 horas da Buckhead Church contou com o percentual mais alto de desigrejados: 47%. (Embora as respostas por hora de culto só estivessem disponíveis para a Buckhead Church e a Browns Bridge Community Church, conseguimos calcular os números por hora de culto para outras igrejas também.)

### Interesse em novos passos (novos visitantes apenas)

Qual das afirmações a seguir melhor descreve seu interesse em dar o próximo passo no envolvimento com a North Point?

| | Total |
|---|---|
| Tenho interesse e sei dar o próximo passo. | 47% |
| Tenho interesse, mas não sei dar o próximo passo. | 26% |
| No momento, não estou interessado em dar o próximo passo. | 26% |

## Satisfação geral (novos visitantes apenas)

De modo geral, até que ponto você ficou satisfeito com o culto de que acaba de participar?

| | Total |
|---|---|
| Muito satisfeito | 74% |
| Satisfeito | 24% |
| Muito satisfeito + satisfeito | 98% |

**Observações:**

- Os índices de satisfação são extremamente altos.
- O percentual de frequentadores muito satisfeitos cai de 82% no culto das 9 horas para 71% no culto das 11 horas.

## Convidando pessoas (frequentadores habituais apenas)

Nos últimos doze meses, quantas vezes você convidou alguém que não frequenta nenhuma igreja para vir à North Point?

| | Total |
|---|---|
| 0 | 17% |
| 1-2 | 44% |
| 3+ | 39% |

**Observações:**

- Mais de 80% dos nossos frequentadores habituais convidaram ao menos uma pessoa para ir à igreja no último ano.
- As diferenças entre igrejas são desprezíveis, com exceção da Watermarke Church, com o maior percentual (48%) de frequentadores que convidaram três ou mais pessoas.

**Dando o próximo passo (frequentadores habituais apenas)**

Quais dos próximos passos a seguir você já deu? (Oferecemos as seguintes opções para nosso público regular escolher: Ministério Ponto de Partida, NEXT, Fusão, Grupos de acesso, Grupos comunitários e Serviço Estratégico [voluntariado em ambientes dominicais].)

| | Total |
|---|---|
| Percentual que deu o próximo passo | 80% |

**Observações:**

- O culto das 18 horas na Buckhead Church conta com o maior número de frequentadores que informaram já terem dado o próximo passo: 86%.
- O culto das 11 horas na Browns Bridge Community Church foi aquele em que mais frequentadores relataram não terem dado o próximo passo.

*Apêndice B*

# DESCRIÇÃO DO MINISTÉRIO PONTO DE PARTIDA

Sabíamos que, para edificar uma igreja que os desigrejados amariam frequentar, deveríamos estar preparados caso eles de fato aparecessem. Parte desse preparo consistia em criar um ambiente seguro para eles explorarem suas dúvidas sobre fé e Deus. Esse ambiente é o *Ponto de Partida.*

Quase toda igreja faz alguma coisa para as pessoas novas. A maioria, para as pessoas novas em *suas* dependências, não necessariamente novas na igreja em geral. Entretanto, tínhamos consciência de que desejávamos estar preparados para quem não sabia o que esperar. Ou, melhor ainda, para quem sentia medo do que esperava.

A missão da nossa igreja é levar pessoas a um relacionamento crescente com Jesus Cristo. A missão do Ponto de Partida é levar pessoas a um relacionamento crescente com Jesus Cristo, criando um ambiente de diálogo no qual elas possam explorar a fé e experimentar a comunhão.

Todos que vêm, esperam explorar a própria fé, mas muitos são surpreendidos pelas primeiras amostras de comunhão. Claro, relacionamentos duradouros não se formarão plenamente durante o Ponto de Partida. Todavia, à luz das discussões que acontecem e do laço comum partilhado pelos participantes, a experiência costuma levá-los a um próximo passo rumo ao Grupo comunitário.

O laço comum a que nos referimos é o relacionamento, ou a falta dele, entre os participantes e a igreja e a fé. Estabelecemos como alvo três tipos diferentes de pessoas:

- *As que estão buscando:* aquelas que têm curiosidade em relação a Jesus, Deus, a Bíblia ou o cristianismo
- *As iniciantes:* aquelas que são novas no relacionamento com Jesus Cristo
- *As que estão voltando:* aquelas com alguma experiência de igreja, mas que ficaram um tempo longe

Você perceberá que "Novo na North Point" não é uma categoria. Para os igrejados novos em nossa igreja, temos um ambiente denominado NEXT [Próximo]. Nele explicamos quem somos e no que podemos ser diferentes das experiências anteriores que tiveram com igrejas. É possível saber mais sobre o *Next* em www.insidenorthpoint.org/next/.

Queríamos que o Ponto de Partida tivesse mais a ver com dar o próximo passo em direção a Deus e menos com o próximo passo dentro da nossa igreja. Por isso, é evidente, ele não serve para todo mundo. Nem para todos os desigrejados. Algumas pessoas podem ser avessas ao cristianismo a ponto de não conseguirem se envolver em discussões significativas sem comprometer o ambiente. Ou talvez relutem em se comprometer com as exigências da preparação e da frequência à igreja.

Embora seja exigida alguma preparação dos membros de grupo, tentamos manter a ênfase no diálogo e longe do ensino. Não se trata de um curso de apologética ou de uma aula sobre teologia cristã. Nada mais natural que esses elementos tenham lugar de vez em quando, mas, em essência, o Ponto de Partida é um ambiente de diálogo.

Para informação mais aprofundada sobre o Ponto de Partida, por favor, visite a página www.insidenorthpoint.org/groups/starting-point/.

*Apêndice C*

# VITÓRIAS MENSURÁVEIS DO MINISTÉRIO

Esclarecemos a vitória para cada uma das nossas áreas ministeriais, da criança ao adulto. Além da vitória principal para o ministério, definimos diversas vitórias mensuráveis para cada área.

**Terra de Waumba — Nosso ministério para crianças em idade pré-escolar**

**Vitória principal:**
Causar uma primeira impressão a respeito do Pai celestial de tal maneira que se deixe uma impressão duradoura no coração da criança.

**Vitórias mensuráveis:**
1. As crianças frequentam a igreja.
2. Novas crianças se conectam.
3. Os pais firmam parceria conosco.
4. Os líderes voluntários permanecem conosco.

**Rua Acima — Nosso ministério para crianças da escola elementar**

**Vitória principal:**
Orientar as crianças a depositarem fé em Jesus e ensinar-lhes quem é Deus e como ele deseja que elas vivam.

**Vitórias mensuráveis:**

1. As crianças frequentam a igreja.
2. Os pais firmam parceria conosco.
3. As crianças dão o próximo passo.
4. Os líderes voluntários permanecem conosco.

**Coisa de Criança — O ambiente da entrada para crianças da escola elementar e seus pais**

**Vitória principal:**
Inspirar e capacitar com eficácia os pais no desenvolvimento espiritual dos filhos aplicando a *Grande Ideia* em casa.

**Vitórias mensuráveis:**

1. As crianças e os pais frequentam a igreja.
2. Os pais firmam parceria conosco usando o Take-Out.
3. As famílias convidam os amigos.

**Passagem — Nosso ministério para estudantes dos primeiros anos de ensino médio**

**Vitória principal:**
Inspirar e capacitar com eficácia os estudantes dos primeiros anos do ensino médio para desenvolverem a própria fé.

**Vitórias mensuráveis:**

1. Os estudantes frequentam o ministério Passagem.
2. Os estudantes frequentam um evento especial (acampamento, retiro etc.).
3. Os estudantes dão o próximo passo.
4. Os líderes voluntários permanecem conosco.

**Dentro para Fora — Nosso ministério para estudantes dos últimos anos do ensino médio**

**Vitória principal**:
Inspirar e capacitar eficazmente estudantes dos últimos anos do ensino médio para desenvolverem a própria fé.

**Vitórias mensuráveis:**
1. Os estudantes frequentam a Dentro para Fora.
2. Os estudantes frequentam um evento especial.
3. Os estudantes dão o próximo passo.
4. Os estudantes se oferecem como voluntários em um ministério pessoal.
5. Os líderes voluntários permanecem conosco.

**Programação do Culto — Nossa divisão responsável por criar ambientes adultos de adoração**

**Vitória principal:**
Criar experiências de adoração que fazem as pessoas desejarem retornar e dar o próximo passo.

**Vitórias mensuráveis:**
1. As pessoas voltam.
2. As pessoas dão o próximo passo.
3. As pessoas convidam outras pessoas.

**North Point *On-line* — Nosso ambiente *on-line* de adoração**

**Vitória principal:**
Propiciar um ambiente alternativo de adoração para os igrejados e um primeiro passo envolvente para os desigrejados.

**Vitórias mensuráveis:**

1. As pessoas entram *on-line* para viver a experiência.
2. As pessoas são fãs desvairadas da experiência.
3. As pessoas convidam outras pessoas para entrarem *on-line* e viver a experiência.

## Vida em Grupo — Nosso ministério de pequeno grupo para adultos

**Vitória principal:**

Criar ambientes de pequeno grupo nos quais as pessoas se conectam por meio de relacionamentos e crescem espiritualmente.

**Vitórias mensuráveis:**

1. As pessoas participam.
2. As pessoas desconectadas se conectam.
3. Os líderes se substituem.
4. Os líderes permanecem conosco.

## Ponto de Partida — Nosso ministério de pequeno grupo para desigrejados e incrédulos adultos

**Vitória principal:**

Criar um ambiente de diálogo no qual as pessoas podem explorar a fé e experimentar a comunhão.

**Vitórias mensuráveis:**

1. As pessoas frequentam um curso de orientação.
2. As pessoas participam de um grupo.
3. Os participantes dão um novo passo.
4. Os líderes se substituem.

## Solteiros — Nosso ministério para adultos solteiros

**Vitória principal:**
Levar adultos solteiros a um relacionamento crescente com Jesus Cristo.

**Vitórias mensuráveis:**
1. As pessoas frequentam uma reunião, série ou evento especial.
2. Os participantes da reunião dão o próximo passo.
3. Os líderes voluntários permanecem conosco.

## Vida de Casado — Nosso ministério para adultos casados

**Vitória principal:**
Ajudar casais casados a experimentarem o crescimento individual necessário em casamentos saudáveis.

**Vitórias mensuráveis:**
1. Os casais investem propositadamente em seu casamento.
2. Os casais tiram vantagem dos recursos do *Grande Encontro*.
3. Os casais convidam outros casais para um evento Vida de Casado.
4. Os casais ficam satisfeitos com sua experiência Vida de Casado.

## Rede de Assistência — Nosso ministério de assistência pastoral

**Vitória principal:**
Ajudar pessoas a crescerem como indivíduos e prover assistência em tempos de necessidade.

**Vitórias mensuráveis:**

1. As pessoas encontram o apoio assistencial de que necessitam.
2. As pessoas concluem seus programas.
3. As pessoas dão o próximo passo.
4. Os líderes da assistência permanecem conosco.
5. Os beneficiários da assistência retornam como líderes da assistência.

*Apêndice D*

# MISSÃO, ESTRATÉGIA E CRENÇAS DA NORTH POINT

## NOSSA MISSÃO

Conduzir pessoas a um relacionamento crescente com Jesus Cristo.

## NOSSA ESTRATÉGIA

Criar igrejas em que as pessoas são encorajadas e capacitadas a buscarem intimidade com Deus, comunhão com os de dentro e influência sobre os de fora.

## EM QUE CREMOS

**Sobre as Escrituras** — Cremos que a Bíblia inteira é a Palavra inspirada de Deus e que homens foram movidos pelo Espírito de Deus para escreverem as palavras das Escrituras. Portanto, cremos não haver erro na Bíblia.

**Sobre Deus** — Cremos em um Deus que existe em três pessoas distintas: Pai, Filho e Espírito Santo. Cremos que Jesus, o segundo membro da Trindade (o Filho de Deus), tornou-se carne para revelar Deus à humanidade e ser o Salvador do mundo perdido.

**Sobre a humanidade** — Cremos que todas as pessoas foram criadas à imagem de Deus para ter comunhão com ele, mas se afastaram desse relacionamento por causa do pecado da desobediência. Em razão disso, as pessoas são incapazes de recuperar o correto relacionamento com Deus por esforços próprios.

**Sobre a salvação** — Cremos que o sangue de Jesus Cristo, derramado na cruz, provê a única base para o perdão do pecado. Portanto, Deus oferece gratuitamente salvação àqueles que depositam fé na morte e ressurreição de Cristo como pagamento suficiente pelo pecado.

**Sobre a vida cristã** — Cremos que todos os cristãos deveriam viver para Cristo, não para si próprios. Pela obediência à Palavra de Deus e pela entrega diária ao Espírito de Deus, cada cristão deve amadurecer e conformar-se à imagem de Cristo.

**Sobre a igreja** — Cremos que a igreja é o corpo de Cristo, do qual Jesus Cristo é a cabeça. Os membros da igreja são aqueles que confiam pela fé na obra acabada de Cristo. O propósito da igreja é glorificar a Deus amando-o e tornando-o conhecido para o mundo perdido.

Esta obra foi composta em *Adobe Garamond Pro*
e impressa por Promove Artes Gráficas sobre papel
*Offset* 70 g/m² para Editora Vida.